本书为教育部人文社会科学研究规划项目"基于协同理论的大城市边缘区治理"（项目批准号：15YJA630077）资助的最终成果

徐晓波 著

城乡接合部土地收益分配问题研究

STUDY ON
LAND ACQUISITION
IN
CITY FRINGE

社会科学文献出版社
SOCIAL SCIENCES ACADEMIC PRESS (CHINA)

摘　要

　　本文以合肥市城乡接合部的 Y 县为例，研究了政府土地征收对收益分配的影响。土地征收应处理好政府与农民、企业的关系，把握好对公共利益的界定、程序和补偿。罗尔斯理论为我们研究规范政府行为、解决土地征收的补偿和程序问题提供了有益的借鉴。罗尔斯由无知之幕、原初状态，推导出两个原则：第一原则即平等自由原则，第二原则包括机会平等和差别原则；两个原则遵循的排序是：第一原则优于第二原则、机会平等优于差别原则。两个原则是通过实质正义、形式正义和程序正义来实现的，其目的是由重叠共识，建立良序社会。

　　罗尔斯的理论构成本文的分析框架。研究发现，政府自身的资源分配，如权力、税收在政府层级间的分配，也会影响政府－农民、政府－企业之间的利益分配。

　　从调研情况看，Y 县政府的土地征收损害了农民的权利、背离差别原则。该县政府土地征收依据的是法律和上级政府的政策；从形式正义看，土地征收要对上级的法律和政策、县级政府自己制定的政策一以贯之地执行，相同情况应该同样对待，政策执行的标准应该统一；从土地征收程序看，虽然规定了程序，但没有得到有效执行。由于政府土地征收失范，导致投机性建设和挂户的出现以及企业囤地和虚报预售价格，而政府往往又漠视、纵容这些违法违规行为，引起社会失序。

　　政府土地收益分配失范的原因在于政府自身的资源分配，主要存在干部晋升的锦标赛制、房屋征收补偿中抽象权力和具体权力配置的失衡以及分税制改革的不彻底等问题。

锦标赛制是由中国干部选拔任命的特点决定的，如干部逐级提拔、提拔范围相对封闭、在上一轮竞赛中胜出才可参加下一轮比赛。由于任期有限，一个有前途的干部应该不等到干完一届就被提拔，政绩在同时间赛跑，房地产业无疑成为提升政绩的最佳选择。研究发现，集体土地上房屋收益分配抽象权力和具体权力配置失衡，所谓抽象权力，就是法律、政策文本规定的权力；具体权力就是文本权力在实践中的运作。在一般组织中，抽象权力与具体权力的分配是反向关系，抽象权力自上而下、由大而小，具体权力自上而下、由小而大。例如，合肥市把房屋补偿政策的制定权给了乡（镇）政府、开发园区管委会（合肥市国有土地上房屋征收补偿的政策是市里统一制定的）。乡（镇）政府同时拥有抽象权力和具体权力，抽象权力失去对具体权力的监督，从而导致腐败。分税制改革旨在增强中央政府的财政汲取能力、宏观调控能力，但随着中央财政占 GDP 比重、中央财政收入占全国财政收入比重的提高，地方财政收入下降，财权上收，县级政府的事权并没有减少。第一财政（预算财政）用于吃饭，第二财政（土地财政）用于建设，所以土地财政也是不得已而为之，县级政府的城市建设、拆迁安置需要的巨额资金，都要靠自己筹措，中央提倡的 PPP 项目在地方实施并不理想。从这个意义上说，现阶段的土地财政有其必要性。

完善县级政府土地收益分配策略，首先要明确农民参与分配土地出让收入的资格，城乡接合部的土地增值主要是由位置和土地的稀缺性形成的，农民的劳动没有起作用，农民的贡献也是微不足道的，但农民凭借权利应该参与土地出让收入的分配。农民的权利并不仅仅体现为自由平等权，还应包括生存权、土地财产权、住宅权和政治权利等。同时，祖居户与外来户应享有有条件的平等，以差别原则提高补偿标准。

本研究认为，应该让集体土地与国有土地同权同价，农地直接入市，农民有直接谈判和议价权力；集体土地和国有土地上的房屋得到同等补偿；要统一房屋补偿政策，重构集体土地上房屋征收补偿中的抽象权力与具体权力，解决房屋补偿中的补偿标准混乱问题；对于土地收益分配中的历史遗留问题，用有利溯及加以解决；对于投机性建设问题的处理，坚持从局部到全局、无偿拆违的原则，保持标准的统一。关于程序，一要完善现有程序，二要有效执行现有程序。完善政府自身的资源分配形式：一是提倡人事安排中的"无知之幕"，淡化 GDP、不唯 GDP，在干部晋升中实行协商民主；二是建立事权财权匹配的分税制。

　　本文的创新之处主要表现在三个方面：一是运用罗尔斯理论的学术元素，分析县级政府土地收益分配中存在的问题并提出治理策略，不仅具有恰当性，而且在国内同类研究中具有独到性。二是从特定情境的地方性知识角度，分析土地收益分配政策法规在县域的实际执行，发现 Y 县政府存在选择性执行的问题。这种研究比纯粹的政策法规文本研究更有价值。三是采用深度描写、田野调查法，研究发现 Y 县政府将集体土地上房屋的征收补偿政策授权给乡（镇）政府及开发园区管委会制定[①]，使得乡（镇）政府、开发园区管委会同时拥有抽象权力和具体权力，从而导致土地收益分配的失范。这一见解在国内同类研究中同样具有独到性。

　　关键词：县级政府　土地收益分配　城乡接合部

---

① 《土地管理法》规定土地附着物（含房屋）的补偿标准由省级政府制定，但安徽省政府没有制定相应的标准；合肥市政府虽然制定了相关政策，但对所辖县市没有约束力。

Abstract

The dissertation takes Y county in Hefei as an example, to study the government land expropriation. Land expropriation is how to deal with the relationship between government and peasants, at the same time government must tackle the definition of public interests , procedure, compensation. The only purpose of land expropriation is public interest by relative law in China, so jurisprudential circle focus on how to define public interest. On Rawls Theory of the Just-natured System and its enlightenment is that to regulate government , to solve problem of compensation and procedure. The two principles of justice were derived from the veil of ignorance and the original state, and Rawls presented us with two major principles of equal justice, freedom and equality principles of the first, the other is the difference between principles and the principle of equal opportunities. His two principles to follow this sort: the first principle is superior to the second principle, the principle of equal opportunities than differences. If two principles are employed in system, system should be demonstrated by substantive justice, formal justice and procedural justice. System Justice is to build a well-ordered society.

Analytical framework is justice of two major principles-substantive justice, the formal justice, and the procedural justice- well-ordered society. The distribution of the system justice is the distribution of the government between the government and the people by the principle of justice. We find that distribution of government's own resources, such as the power and tax within hierarchy will affect the distribution of benefits between the government and farmers, the government and the enterprises.

From the perspective of two major principles, Y county government's land expropriation damage the rights of farmers, violate the difference principle. From the substantive justice, land expropriation of county government is based on law and superior government policy. It may be doubted that whether these system is justice mor legitimacy. From the formal justice, government must implement superior law and policy , and the polices that they are made by themselves consistently. The standard of policy implementation should be unified, otherwise policy escapism is inevitable. Irregular governmental behavior leads to peasants and enterprise illegal activities, while government treats these illegal activities with illegal activities.

Irregular governmental is composed of three reasons. The first is that local governments officials are promoted by tournament model, which is characterized by cadres promotion step by step, Relatively closed arena, incentive incompatibility, etc. If eliminated, it means losing the political future. Superior governments assess subordinate governments by quantitative index, if subordinate leaders want to succeed in the contest, they have two choices- narrowing the gap or overrunning the rivals. For subordinate leaders , Performance is in race against time, Real estate is the best choice .

The second is that abstract power and substantial power are distributed unbalance. Abstract power is set in law and policy, and substantial power is that abstract power is working. Generally speaking, they are disposed reversely, house compensation is prior to land compensation, resettlement compensation, compensation for young crops, because it is the largest , but the most important decision-making was left to township-village government and Development Zone Administrative Committee. Township-village government ocupy two powers which means without transformation from the abstract into the substantial, proving its legitimacy and rationality. So corruption has aroused.

The reform of tax system since 1994 is aimed at to improve central government financial draw ability, macro control ability, with the increase of the proportion of central fiscal GDP, the central fiscal revenue accounting for the national fiscal revenue has been risen, while the local fiscal revenue has been declining, the public expenditure has been rising at the same time. So county-level government has no choice but to depend on land finance. City infrastructure, removal and resettlement require huge amounts of capital, and he PPP project advocated by central government is not ideal in local government, so land finance has its rationality. Perhaps land finance overdraft future wealth, but infrastructure is permanent, housing placement will be resolved sooner or later, if the government solve it nowadays , which will ease the burden of the latter government.

To adjust the governmental , we should make it clear that the qualifications of peasants to participate in the allocation of land expropriation fee, namely obey the justice of two major principles. The qualifications of peasants is by means of right.

From the point of view of substantive justice, the same price with the right of state-owned land and collective land, Collective land and state-owned land have the equal right to compensation. Reform the way of examination of cadres, let people to decide the prospect of cadres. Difference principle require to raise government compensation offer, land discount and land development supply a gap of implementing standard using past to judge present , while it is reversely-using future to judge present.

Formal justice means to unified housing compensation policy. To implement the principle of equality of opportunity, migrants and local residents are conditional equality. A new working mechanism of unifications should be insisted to change the disorder standard for housing compensation. The problems left over by history, to solve them with favorable retroactivity. Resolution to the speculative building, to adhere to from local to global, removal of illegal construction for free.

To fulfill procedure justice, one is to improve the existing procedures; the other is to implement existing procedures effectively. If existing procedures are not implemented effectively, more of the program would be useless.

The dissertation innovation lies in three aspects: the first, application of the theory of system justice, the research on the policy of land expropriation as a local knowledge and its deep description. Analysis the problems existing in the land expropriation of the government from the three dimensions of the system justice o and its adjustment; The second , from text and context to understand , we are not pure land expropriation legal policy of the text analysis, but in the specific context of the effect of its implementation; The third , from the bottom of legal policy operation and legal policy role to investigate the government land expropriation, we found that the collective land expropriation compensation policy in Hefei city is made by Township Government and Development Zone or Park Administrative Committee that is authorized by county government, which caused all kinds of chaos in land expropriation. Thus they own abstract power and concrete power, which leads to anomie actins in land expropriation. This is a unique view in the same kind of research in China.

Keywords: Governmental of County-level; Land Income Distrbution; City fringe

目 录

图表目录

绪　论

一　选题背景与意义

（一）选题背景

1. 时空压缩背景下的中国城镇化

自 20 世纪 80 年代末以来，信息技术革命方兴未艾，资本主义生产方式从福特主义向弹性生产转变，交通方式更加方便快捷，地球变成"地球村"。美国地理学家大卫·哈维提出的时空压缩（Time-space Compression）概念，"标志着那些把空间和时间的客观品质革命化了，以至我们被迫、有时是用相当激进的方式来改变我们将世界呈现给自己的方式的各种过程。我使用'压缩'这个词语是因为可以提出有力的事例证明：资本主义的历史具有在生活步伐方面加速的特征，而同时又克服了空间上的各种障碍，以至世界有时显得是内在地朝我们崩溃了"①。哈维更多的是在哲学思辨层次思考人与空间关系及人的主观感受，如果从经验层次来看中国的城镇化，也是一个时空压缩的过程。

（1）从时间上看。城镇化率从 20% 提高到 40%，英国经历了 120 年，法国 100 年，德国 80 年，美国 40 年，而我国仅仅用了 22 年

---

① 〔美〕大卫·哈维：《后现代的状况——对文化变迁之缘起的探究》，阎嘉译，商务印书馆，2003，第 204 页。

（1981～2003 年）。① 并且在其后，每年至少以 1 个百分点的速度在提高，到 2014 年中国城镇化率为 54.77%。②

（2）从空间看。人口、资源、资本、技术、机会在向城市集聚，全国在向北上广集聚；从区域看，则向区域性大城市集中，如华中地区的武汉、西北地区的西安、西南地区的重庆、成都，从而在全国形成长三角、珠三角、京津冀、山东半岛、中原经济区、成渝经济区六大城市群。长三角、珠三角、京津冀三大城市群，以 2.8% 的国土面积集聚了 18% 的人口，创造了 36% 的国内生产总值；③ 在省域范围内向省会（首府）城市集中，造成城市首位度畸高。④ 在县域范围内向城关镇集中，其他小城镇萎缩。从 20 世纪 80 年代开始，费孝通开始关注中国小城镇建设，认为"小城镇建设是发展农村经济和解决人口出路的一大问题"，并提出解决乡村剩余劳动力的两种方式：离土不离乡、离乡不背井。⑤ 然而小城镇发展并不尽如人意，存在吸纳农村转移劳动力能力弱化、乡村空心化、农民难以普遍富裕等问题。⑥

2. 快速城镇化过程中各种社会问题的凸显

（1）历时性问题的共时性呈现。自 1958 年 1 月起施行《中华人民共和国户口登记条例》，我国一直实行严格的户籍管理，限制农民向城

---

① 陆大道：《2006 年中国区域发展报告——城镇化进程及空间扩张》，商务印书馆，2007，第 37 页。

② 国家统计局网站，http://data.stats.gov.cn/swf.htm? m = turnto&id = 432。

③ 中共中央国务院：《国家新型城镇化规划（2014～2020 年）》，2014 年 3 月。

④ 1939 年，马克·杰斐逊（M. Jefferson）提出了城市首位律（Law of the Primate City），这是对国家城市规模分布规律的概括。他提出这一法则是基于观察到一种普遍存在的现象，即一个国家的"首位城市"总要比这个国家的第二位城市大得异乎寻常。为了计算简化和易于理解的需要，杰斐逊提出了"两城市指数"，即用首位城市与第二位城市的人口规模之比的计算方法：S = P1/P2。为了改进首位度两城市指数的简单化，又有人提出其他评价指标体系，如经济、社会服务能力、科技创新等首位度。按照位序—规模的原理，所谓正常的两城市指数应该是 2，正常的四城市指数和十一城市指数应该是 1。尽管四城市或十一城市指数更能全面反映城市规模的特点，但有些研究也表明了它们并不比两城市指数有显著优势。事实上，两种方法的结果有很大的相关性，一般情况下选用两城市指数方法，显得更为简单实用。

⑤ 费孝通：《论小城镇及其他》，天津人民出版社，1986，第 33～34 页。

⑥ 李培林：《小城镇依然是大问题》，《甘肃社会科学》2013 年第 3 期。

市流动。自此以后，户籍成为农村人和城市人身份分野的标志，在计划经济时代农村人只能通过升学、参军、招工等有限的形式改变身份。身份的背后是附着在其上的种种社会福利，如医疗、养老、住房和升学等。国家通过以户口为标志的二元制度，实现了优先发展重工业所需要的资本原始积累。在改革开放以后直到今天，在户籍管理上有了某些改革，农民有了迁徙的自由，但要实现市民化、融入城市，它仍然是一个制度性障碍。要在短期内解决一项已经实行了半个多世纪的政策遗留下的种种问题，其难度可想而知，不可能毕其功于一役。

（2）各种社会问题开始显现。17 世纪的英国化学家波义耳提出了波义耳定律，即一定质量的气体，在温度不变的情况下，它的压强和体积成反比关系。套用这个公式，可以解释城镇化的空间压缩带来的问题，一定质量的气体，可以理解成一国一定时期内所有资源的总和；温度不变，可理解为现有的政治、经济、文化等制度保持稳定；体积缩小，可理解为城市化的空间被压缩，压强增大：于是各种问题产生了。雾霾来了，它从教科书中走来，原来雾霾不只是来自伦敦的传说，它就发生在我们身边。一场场挥之不去的雾霾成为我们心头的阴影，回望城市间的一片混混沌沌，像是世界末日，令人恐怖。但雾霾也有"贡献"，在普通人的字典里"霾"由一个生僻字变成了常用字。虽然我们的城市没有拉美和印度的贫民窟，但是"蜗居蚁族"却成为一部分人现实生活的写照。在流光溢彩的城市面具下，城管和小贩每天在上演猫捉老鼠的游戏，他们都是这个社会的边缘群体，但他们都要按照各自不同的生存逻辑去生活，于是产生了摩擦、碰撞。宝马撞人事件不断在各地上演，它代表着富有阶层的傲慢，宝马不仅要占有道路的特权，还要宣示对穷人的剥夺，宝马撞人折射出贫富差距向贫富冲突的转变。

3. 快速城市化带来的是土地征收矛盾的井喷式爆发

2015 年，全国群体性事件达十余万起，以征地拆迁冲突、环境污染冲突和劳动争议为主，其中征地拆迁引发的群体性事件占一半左右。[①]

---

① 李培林等编《中国社会形势分析与预测（2016）》，社会科学文献出版社，2016，第 256 页。

2005～2010年，安徽省政府收到征地补偿标准争议裁决申请141件，涉及土地面积4万多亩，其中涉及征地拆迁补偿78件，占争议裁决申请案件的55.3%；2006～2010年，安徽省政府收到涉及征地的行政复议申请86件，占行政复议案件总数的15.3%，占土地行政复议案件数量的39%；2008～2010年，安徽省国土资源厅接待和收到征地信访件4044件，占其信访总数的65%，其中涉及征地拆迁补偿信访件占信访总数的35%。① 这些群体性事件和上访的产生主要是由政府行为失范造成的。1999～2011年，县级政府土地违法案件数量、涉及土地面积和耕地面积的比重均值分别为37.20%、48.41%和48.39%，镇（乡）级政府占比平均分别为51.11%、34.16%和37.56%，而市级政府占比平均分别为9.44%、12.02%和11.09%，省级政府占比平均仅为2.25%、5.41%和7.45%。② 可见，县、镇（乡）级基层政府的土地违法案件数量、涉及土地面积和耕地面积所占比重均在80%以上。

由此可见，征地拆迁中产生的矛盾，不再是地方性的、局部的，而是全国性的。强制拆迁、拆迁安置补偿问题、农民被上楼等，弱者的反抗在遇到强者的漠视之后，使已经绝望的弱者选择了弱者的武器：自杀或他杀，他要么剥夺自己的生命，要么剥夺别人的生命，积累起来的怨恨一定要以血还血或把自己在公权面前归零。征地拆迁矛盾成为影响社会稳定的导火线，成为风险社会中"蝴蝶煽动的翅膀"。

4. 科研的需要

2015年，笔者主持教育部社会科学规划课题"基于协同理论的大城市边缘区治理"（项目编号：15YJA630077），大城市边缘区（城乡接合部）治理包括社区治理、户籍治理、城中村改造、社会治安、邻避效应等。2015年上半年，在调研中发现，土地征收是诸多问题中最突出的问题，本项研究也是笔者承担的教育部课题的最终成果。

---

① 安徽省人民政府法制办和安徽省国土资源厅联合课题组：《安徽省征收集体所有土地房屋拆迁补偿问题研究》，安徽省政府法制办网站，http://www.ahfzb.gov.cn/content/detail/566a90daf3cd010f3e20708e.html，2016年6月7日。

② 饶映雪：《地方政府土地违法行为的治理研究》，华中科技大学博士学位论文，2013，第37页。

（二）研究意义

1. 理论价值

政府土地征收行为失范的主要原因在于农民权利的缺失，农民缺少监督政府的权利，自己合法的权利又没有得到保障。因此，首先应该还权于民，以保证政府的土地征收符合公共利益、符合法定程序，同时提高补偿标准。

从制度正义的三个维度，即实质正义、形式正义、程序正义来分析政府的征地行为具有抽象性、概括性，这种分析路径具有可推广性，可用此路径去分析其他地区的土地征收。

地方性知识的存在使法律政策运行与文本规定相背离，在对土地征收政策的深描中发现，集体土地上房屋征收补偿政策是由乡（镇）政府制定的，进而导致抽象权力和具体权力配置的失衡。地方性知识具有普遍性，深描法可以以小见大、依次类推；田野调查深描法的运用，避免了同类研究中的宏大叙事、将目光聚焦在上层而忽略了底层。

2. 实际应用价值

本项研究可以为政府解决实际问题提供政策建议和决策参考。政府行为失范既有县级政府作为依据的法律、政策的问题，又有其执行自己制定政策的问题，还有程序方面的问题。与此对应，就应该从上述三个方面去治理政府征地行为。

县级政府土地征收的失范，会在农民、企业中起到反向的示范作用，引起社会失序。治理县级政府土地征收失范，可以提高县级政府社会治理水平。政府在土地征收中如何处理与农民的关系，吸纳农民参与土地征收政策的制定，实现治理主体的多元化，是现阶段维持社会稳定、建立社会秩序不容忽视的问题。创新社会治理的手段，治理政府土地征收，首先要依法，依法行政不仅要以"限制国家权力"和"以人为本"的核心价值精神建构国家体制；其次，还要依靠政策，发展社会事业，提供公共服务，保障失地农民的生计。对于一切社会治理体系而言，秩序、公平与效率、服务等，都是基本的价值。①

党的十八届三中全会提出推进国家治理体系与治理能力现代化，"郡县治、天下安"，自秦设县以来，县治都是中国基层组织管理最基本的行政单元，是整个国家治理的基础，是整个国家治理网络的重要节点，只有县级政府的治理能力提高了，才能夯实国家治理能力的根基，提高国家治理能力。

二　相关研究述评

（一）城乡接合部研究述评

1936 年，德国地理学家赫伯特·路易斯首次提出城市边缘区（city fringe）概念，它有不同的表述，诸如"边缘区""城乡交错带""内缘区""城市边缘带""城市影子区""乡村—城市边缘带""乡村边缘带""城乡接合部""城市远郊区"等。城市边缘区这一概念目前多被学术界使用，城乡接合部在实务中使用较多。国外对城市边缘区的研究始于 20 世纪 30 年代，而我国起步较晚，始于 20 世纪 80 年代后期。国内外学者对城市边缘区的研究包括内涵、特征、范围界定、问题研究、演化机制、理论研究等。

1. 国外研究

城乡接合部的划分是城乡接合部研究的基础，划分的依据是与城市地域结构相关的。划分的理论依据、评价见绪表 1。国外的城乡接合部研究，一是理论丰富，研究方法着重于推理演绎。二是各种理论主要是以欧美为中心提出的，而发展中国家的城市化与西方明显不同，表现为高人口增长率、快速城市化、工业化速度缓慢等，城市化进程不一样，城乡接合部的特征也不一样，因此这些理论不完全适用于中国。

---

① 张康之：《社会治理中的价值》，《国家行政学院学报》2003 年第 5 期。

绪表 1　城乡接合部的划分及其理论

提出者和理论	时间	主要观点	评价
伯吉斯的同心圆理论	1925	将城市空间在结构上由内而外划分为中央商务区（CBD）、住宅区和通勤区三个同心圆	揭示了城市空间地域分异的基本规律
霍依特的扇形理论	1939	城市空间扩展并不完全是以内核为中心向外均匀发展的，而是在部分区域呈扇形发展	有助于认识城市边缘区的空间分布特征，但城市空间发展不是一个规则的扇形，实际是沿城市交通干道从中心城区向郊外呈扇形延伸，最终变成块状
哈里斯—乌尔曼的多核心理论	1945	由于环境、地价、征地和企业性质等因素的限制，因而会在与中心城区相隔一定距离的地点呈蛙跳式发展，出现成组、成团布局形式	避免城市蔓延；有利于城市功能要素向边缘区的扩散，缓解了城市中心区土地、空间资源的匮乏
迪肯森的三地带理论	1947	从市中心向外按中央地带、中间地带和外缘地带或郊区地带顺序排列	是在伯吉斯的同心圆理论基础上提出的地域结构理论
塔佛的理想城市模型	1963	中央商务区 – 中心边缘区 – 中间带 – 外缘带 – 近郊区	城市地域结构不是均匀分布的，而是有交错
麦吉的殖民化城市模式	1967	现代城市是由前工业社会城市和工业社会城市两种文化相互作用发展起来的	是在东南亚港口城市空间结构的模式上提出的
洛斯乌姆的区域城市结构	1975	由内而外分成城市核心区、城市边缘区、城市影响区、乡村腹地	是从土地利用形态出发提出的空间结构理论
穆勒的大都市结构模式	1981	由内而外分成衰落的中心城市、内郊区、外郊区和城市边缘区	是对哈里斯—乌尔曼的多核心理论做了进一步扩展

资料来源：根据相关资料整理。

2. 国内研究

国内城乡接合部的研究按照学科划分可分为城市地理学（城市规划与设计）的专属时期和多学科并进时期，综合运用了社会科学和自然科学的研究方法。

（1）城市地理学的专属时期（1989～2000 年）。20 世纪 80 年代后期，随着城镇化的发展，城乡接合部问题引起理论界的重视，最先开始研究这个领域的是一批地理学学者如顾朝林、崔功豪、陈佑启等人（由于城市地理学与城市规划与设计专业具有相关性，这批学者的研究具有两栖性），以顾朝林的《简论城市边缘区研究》一文发表为标志。[①]随后相关论文相继问世，内容包括城乡接合部的内涵、特征、范围、演化机制等。陈佑启着重对土地利用模式、演变与空间布局进行研究，[②]孙胤社比较了中国和西方国家城镇化的不同，认为中国城乡接合部的形成属于"工业导向型"，有别于西方的"居住导向型"。[③] 1995 年顾朝林的《中国大城市边缘区研究》出版，该书系统地研究了城乡接合部的划分、功能及组成要素、人口特征、社会特性、经济特性、土地利用、空间演化规律等。

在方法上，以北京、上海、广州、南京等大城市为个案，既有定性研究又有定量研究，尤其是在城乡接合部范围的界定上定量研究运用的非常纯熟，主要有人口密度梯度率分析法[④]、断裂点分析法[⑤]、景观紊乱度分析法[⑥]、突变检测分析法[⑦]等。随着指标选项的多样化，又发展出新的方法，如模糊综合评价指标法[⑧]、K—Means 空间聚类法[⑨]等。

（2）多学科并进时期（2001 年以后）。随着时间的推移，原先的开拓者或拓宽了研究领域，或在某一领域继续深耕。例如，陈佑启在土地利用方面的研究。

城乡接合部的研究仍在继续，吸引了其他学科研究者的加入，学科呈现多样化，如自然地理、管理科学与工程、农业经济与管理、摄影测量与遥感、社会学、政治学、艺术学等学科。自 2005 年以后，博士研

---

① 顾朝林：《简论城市边缘区研究》，《地理研究》1989 年第 3 期。

② 陈佑启：《城乡交错带土地利用模式探讨》1997 年第 4 期；《城市边缘区土地利用的演变过程与空间布局模式》，《国外城市规划》1998 年第 1 期。

③ 孙胤社：《大都市区的形成机制及其定界》，《地理学报》1992 年第 6 期；《城乡边缘带的人口空间组织》，《经济地理》1995 年第 2 期。

④ 顾朝林：《中国大城市边缘区研究》，科学出版社，1995，第 63 页。

⑤ 陈佑启：《试论城乡交错带及其特征与功能》，《经济地理》1996 年第 3 期。

⑥ 程连生：《北京城市边缘带探讨》，《北京师范大学学报》（自然科学版）1995 年第 1 期。

⑦ 章文波：《利用遥感影像划分城乡过渡带方法的研究》，《遥感学报》1999 年第 3 期。

⑧ 李世峰：《大城市边缘区地域特征属性界定方法》，《经济地理》2006 年第 3 期。

⑨ 王海鹰：《基于逻辑回归模型的城市边缘区界定方法研究》，《测绘通报》2010 年第 10 期。

究生成为城乡接合部研究的主力军，研究更加深入。研究者由原来的两栖型向某一领域的专门化方向发展，如城市规划与设计专业关注景观生态的规划，管理学强调城乡接合部组成要素的空间均衡、公共空间的营造。同时，对土地的研究不再是简单的农地流转，而是在更为广阔的土地利用/覆被变化（Land Use and Land Cover Change，LUCC）的视野下，去探讨土地利用的动力机制、土地覆被的变化，建立土地利用/土地覆被变化的模型，内容的扩大使自然地理的加入成为必然。具有人文情怀的社会学聚焦边缘人群，阶层分化、贫富差距、"黄赌毒"、居住空间等都成为研究主题。城乡接合部党的领导不可或缺，如何完善党建工作、探索党建工作的新路径是政治学要回答的问题。

个案研究仍然受到青睐，北上广的研究热度不减。不过个案的选择扩大到其他大城市，如天津、重庆、武汉等。由传统的野外调研法、地图法，向现代计量方法、模糊数学、多元统计转变，地理信息系统技术（Geographic Information Systems，GIS）、遥感技术技术（Remote Sensing，RS）和复杂性科学应用普遍。GIS 和 RS 技术可以将表格型数据转换为地理图形，具有及时、快捷、高效、直观等特点，为城乡接合部土地利用/覆被变化、生态环境、景观分析、城市边界控制等提供有效的技术手段。

国内城乡接合部的研究成果以归纳总结为主，缺少推理演绎方面的成果，因而城乡接合部理论相对缺乏。综观当前关于城乡接合部的研究，仍然有待深入。一是学科视角有待转换。现有的研究多从城市地理学、城市规划与设计等学科出发，在城乡接合部的研究中更多强调的是应然性，而忽视了实然性。由于学科研究范围的限制，城市地理学、城市规划与设计等学科把政府在城乡接合部治理中的作用作为一个外生变量；而从行政管理的角度来研究城乡接合部，既有应然性的价值判断，又有实然性的事实描述；把政府作为内生变量，强调政策在价值的权威性分配中所起的作用，如土地、财政、社会政策等在城镇化过程中的作用。二是忽视了政策在城乡接合部治理中的作用。

20 世纪 90 年代美国地理学界推出一本总结性的著作《重新发现地

理学》认为：两个方面的动力都可以推动学术进步，一是这个学科在发展中提出的问题，其他学科都来参与攻关；二是这个学科发展出的理论和方法，被广泛运用于解决其他学科提出的学术问题。① 城乡接合部的研究属于前者，它虽由地理学家最先提出，但由于问题本身的动态性、复杂性和综合性，并非某一学科所能解决。行政管理学的介入，为城乡接合部的研究带来新的分析工具——政策分析，它以问题为中心，而不是以学科为中心的知识产生方式，围绕政策问题的解决而整合来自各学科的知识和方法。戴维·伊斯顿认为：政策是对价值的调整，价值即有用的东西，可指利益、资源、机会等。利益既是联系城乡接合部各主体的纽带，也是矛盾产生的根源，土地征收中各利益主体都有各自的利益需求并相互冲突，如何均衡各自利益需求并消弭矛盾，应是城乡接合部研究中给予充分关注的问题。

（二）政府土地征收研究述评

1. 国外政府土地征收研究

西方政府土地征收严格遵守法律，照章办事。广为流传的德国威廉皇帝与磨坊主的故事，得出的结论是"磨坊主的磨坊风能进，雨能进，但皇帝不能进"。它代表一个民族对法律的信仰，对私权的尊重。西方国家在法律中严格界定了公共利益、合理补偿、正当程序，研究者对这三个概念更多地从学理上进行探讨。

（1）公共利益。公共利益是一个"罗生门"式的概念，帕森斯说："'公共利益'这个词组有些模棱两可。"② 安德森认为："不可能对这个概念进行一个普遍接受的和客观的界定。"③ 布坎南对此同样持否定态度："假如存在着可以客观定义的'公共利益'，这与我们所说的契

---

① Rediscovering Geography Committee Board on Earth Sciences and Resources Commission on Geosciences, Environment, and Resources National Research Counci, Rediscovering Geography: New Relevance for Science and Society (National Academy Press, 1997), p. 171.

② 〔美〕帕森斯：《现代社会的结构与过程》，梁向阳译，光明日报出版社，1988，第152页。

③ James E. Anderson, Public Policy-making: An Introduction (Houghton Mifflin Company, 2003), P. 134.

约主义视角不一致。"① 一些法学家也认为："'公共利益'属于含义模糊的'不确定的法律概念'。"②

一方面有人认为公共利益是个含混不清的概念，另一方面研究者从未停止探索的步伐。从学理上讲，公共利益是不特定多数人的利益，是普遍接受的概念。行政管理实践要求必须对它做出明确的界定，它是一个与个人利益相对应的客观存在。公共利益由于理论、实践上的原因被蒙上阴影，不管我们是否认识到、是否按照公共利益的要求去做，它都存在，它具有分享机会的无差异性、分享方式的双重性（自愿或强制）。

公共利益的外延在各国都有扩大的趋势。在美国（法律称为 public use）早期，杰弗逊和汉密尔顿等虽然尽力维护国家政权的自然法基础，但同时还要促进国家经济的高速发展，为此在联邦宪法中使用正当程序（due process）条款，抵制任何有可能侵蚀政府对土地征收的权力，这就是法学家们所说的政府权力的扩张和警察权力的扩张。③ 地方政府与上一级政府对于土地征收有不同的态度，不同层级的政府对于征地有不同的反应，地方政府如果得到同意，它们更倾向于使用征地权，而高一级政府（比如在国家层次）会选择限制征地行为。④

（2）合理补偿。研究者利用计量经济学构建了各种补偿模型，集中讨论何为公平补偿。迈克尔曼认为政府征地给予补偿取决于三个因素：效率所得（efficiency gains）、败德成本（demoralization cost）和安置成本（settlement cost）。⑤ 麦斯里构建了政府财政幻觉（fisical illu-

---

① 〔澳〕杰弗瑞·布伦南、〔美〕詹姆斯·布坎南：《宪政经济学》，冯克利等译，中国社会科学出版社，2004，第 43 页。

② 〔德〕卡尔·恩吉斯：《法律思维导论》，郑永流译，法律出版社，2004，第 133 页。

③ DeWitt, Kevin Lee, Private property rights, eminent domain and the judiciary, University of Louisville, 1991, PHD, p. 124.

④ Meng Wang, "Essays On Eminent Domain And Property Rights," ProQuest LLC (2013), p. 5.

⑤ Michelman, "Land Assembly and the Holdout Problem under Sequential Bargaining," *American Law and Economic Review* 2 (2013), p. 380.

sion）的征地模型，即只考虑经济成本而忽略社会成本。[①] 但是如果政府不是中立的第三方，政府的补偿责任就会被扭曲，并降低补偿标准。

被征收人获得补偿是毫无争议的，至于什么是公平补偿是有争议的。特布将补偿的范围从经济补偿扩大到生态补偿。[②] 福兰克和迈克尔曼使用功利主义和罗尔斯正义理论提出补偿的系统理论，它有两个核心概念：消极成本与和解成本。[③] 消极成本指由于政府不补偿带来的所有的负面影响之和，和解成本指政府履行补偿责任的所有成本；如果和解成本大于消极成本，政府不补偿，反之政府做出补偿。美国农村发展研究院（Rural Development Institute，RDI）的报告建议，征地补偿应该以公平市场价为参照，同时规定最低补偿标准。[④] 英国规定："土地强制取得的法定补偿根本原则被描述为等价原则，亦即补偿额应尽可能使所有权人处于没有被征收过一样的相同境况。"[⑤]

（3）征地程序。土地征收作为政府强制取得的一种方式，无论是大陆法系还是英美法系都有完备的程序法以保证结果的公正。这基于成熟的法治国家对于程序的认识，程序不可或缺，程序大于利益。因此，这些国家专门探讨土地征收程序的并不多，他们是在行政征收程序的大背景下讨论土地征收程序的。

西方国家有完善的法治，政府严格执法，因此政府征地行为就不是实践中的问题，而更多的是理论上的探讨，以最大限度保护被征收人的利益。因此，在对政府征地行为的研究以演绎法居多，归纳法较少，而演绎法又以假设演绎为主，用具体材料来验证、修正或否定前面提出的理论。

---

① Miceli, *Compensation for Regulatory Takings: An Economic Analysis with Application* (Jai Press, 1996), p. 321.

② Turnbull, "Irreversible development and eminet domain," *Journal of Housing Economics* 19 (2010), p. 4.

③ Frank I. Michelman, "Property, Utility, and Fairness: Comments on the Ethical Foundations of Just Compensation," *Law*, *Harvard Law Review* (1967), p. 80.

④ RDI, *Eminent Domain System and Right of Peasant* (Princeton University Press, 1999), P. 212.

⑤ The Law Commission, Toward a Compulsory Purchase Code: Compensation (a consultation paper), 2008 - 12 - 01. http://www.tso.com.u k.

2. 国内政府土地征收研究

国内关于政府土地征收的研究主要包括以下内容：

（1）土地产权。城乡接合部集体土地所有权主体混乱，出现"一地两府"和"一地多主"的现象。集体土地所有权主体模糊，谁来代表集体，是乡（镇）政府、行政村还是农民？对于集体土地产权有两种针锋相对的观点。周其仁在《还权赋能》中将成都土地制度改革概括为集体建设用地直接入市、增加现存征地制度弹性，探索在非征地模式下配置土地，以确权为基础，为逐步缩小征地范围、全面改革征地制度准备条件。① 其实质就是土地私有化。② 贺雪峰同样以成都市田野调研为基础，得出了完全不同的结论。成都城乡统筹经验的本质是在中国现行土地制度安排框架下，政府通过土地财政主导并推动经济高速发展和城市快速扩张，相应提升城市基础设施水平以及提高城市为经济建设服务的能力，从而形成巨大的经济总量；这个经济总量的一部分投射到不可移动的土地上面，形成土地级差地租，以适应城市扩大和城市发展的需要，这使得城郊农村的土地具有了远高于农业用途的非农使用的增值收益，由此形成快速经济发展和城市扩张中的良性循环，进而为顺利完成城市化的历史性使命提供了可能。③ 周贺之争的对象是广阔的农村土地，但是城乡接合部的土地无疑是他们争论的焦点。

（2）土地市场。由土地产权的不同导致不同的土地市场，国有土地使用权可以直接进入市场交易，农村集体土地依法不能进入土地一级市场，国家垄断土地一级市场，集体土地必须征用为国有土地后才能进入市场。国家法律对国有土地和集体土地入市的差别对待，形成城乡接合部利益上的尖锐冲突，滋生了各种投机性建设，如小产权房、违法建设等。

---

① 周其仁：《还权赋能》，《国际经济评论》2010 年第 2 期。

② 主张私有化的还有杨小凯、秦晖、华生、陈志武、文贯中等学者，主张公有化的有温铁军等人，盛洪等人主张农民永佃。

③ 贺雪峰：《破除"还权赋能"的迷信》，《南京师范大学学报》（社会科学版）2013 年第 4 期。

（3）土地征收补偿。研究者将我国的征地补偿分为不同时期，如计划式、市场—计划混合式土地征收补偿制度，[①] 普遍认为现在的补偿标准偏低、农民的利益表达不畅、对公共利益界定模糊等。研究者对国内的征收补偿做出分类，比较国外的土地征收补偿制度，为国内提供借鉴。有人提出了我国土地征收补偿制度改革的综合方案，包括放开集体建设用地市场、集体建设用地事后市价补偿、引入土地发展权收购和转让交易、集体农业用地农用价格和发展权价格补偿、私人征收补偿等。[②] 还有人从变革集体土地所有制，建立完善的征收程序制度、建立公正的征收补偿制度入手，重构我国征地补偿制度。

（4）失地农民社会保障。失地农民社会保障主要集中在三个方面，即土地征收补偿、社会保障制度和政府责任。失地农民社会保障资金的一部分来源于土地征收补偿，而征收补偿又与土地制度有关，因此要让农民有充分完整的土地权利，使农民在土地征收过程中有与政府、开发商讨价还价的能力。失地农民社会保障制度属于本来就不健全的社会保障制度的一部分，要以全局的观念，把原有碎片化的社会保障统一起来，统一城镇居民社会保障与职工社会保障，统一城乡社会保障。社会保障政府承担兜底责任，同样在失地农民社会保障中，政府的责任义不容辞、不可推卸。

（5）土地征收中各利益主体的关系。国家权力与农民权利、征收权与土地规划权是两个公权，不动产财产权与土地发展权是两个私权利。土地征收中征收权与不动产财产权冲突：不动产财产权变动，补偿请求权产生，回复请求权产生。平衡征收权与不动产财产权的路径是公共利益要件。应该把重点从公益要件的内容范围转移到确认公共利益的方法与程序上来。[③] 也有人从政治学的角度考察权力与权利的关系，认为"改革开放后经营城市之风盛行，征地权的行使错位严重侵害了农民的土地权利。农民以法抗争、依法抗争成为改革开放后农民捍卫土地

---

① 刘征：《我国土地征收补偿制度研究》，华中师范大学博士学位论文，2013，第37~40页。
② 夏清滨：《土地征收补偿的一般标准研究》，山东大学博士学位论文，2015，第15页。
③ 叶芳：《冲突与平衡：土地征收中的权力与权利》，华东政法大学博士学位论文，2010，第1页。

权利的重要方式。农民的集体维权行动是一种对国家权力的压迫性反映，推动权力与权利的博弈向着均衡的方向发展。"① 国家权力与资本，在资本城市化中，权力依赖资本，去拓展城市空间，忽略了农民的土地发展权。

（6）征地违法行为研究。有人分析了政府征地行为违法的动机，在判断标准和时间上的不确定性会弱化地方政府对治理力度的感知；仅针对"行为"本身进行治理具有局限性，应综合考虑政治、经济因素。对违法行为的治理，单一的治理手段具有一定的局限性，需要在事前预防、事中监督和事后惩处方面三管齐下。② 有人分析了政府征地行为违法的制度原因，即宏观制度安排——财税制度，微观制度安排——土地产权和管理制度，并据此提出对策。③

（7）征地冲突研究。有人从政府与农民关系出发，分析了征地冲突的诱因、动力、主体的博弈过程、调适机制。④ 针对征地冲突，有人提出了专门的治理对策，征地冲突应基于共赢逻辑，变零和博弈为合作博弈，治理手段需要不断创新，调整诉讼外解决机制，征地冲突成员构成"三三制"，即地方政府官员、村委会干部、耆老及其他社会成员等。⑤ 还有人利用利益相关者理论，从定性和定量的角度分析征地冲突的原因，提出避免冲突的对策。⑥ 征迁乱象的一个重要源头是"政"（微观治理），"制"（中观制度）的改进无法替代"政"的问题。微观治理有术无道，具体表现为群众参与式微、"半正式行政"、官僚机构内部的科层制加强、官僚机构内部的动员制加强。征迁中归根结底要解决两个问题，一是如何"合法"定义"政府暴力"，二是如何"合理"定义"特殊户"。⑦

① 孙鹤汀：《征地纠纷的政治学分析》，知识产权出版社，2011，第84页。
② 饶映雪：《地方政府土地违法行为的治理研究》，华中科技大学博士学位论文，2013。
③ 李相范：《土地违法行为的经济学分析》，吉林大学博士学位论文，2010。
④ 李红波：《征地冲突研究》，华中科技大学博士学位论文，2007。
⑤ 齐睿：《我国征地冲突治理问题研究》，华中科技大学博士学位论文，2011。
⑥ 涂姗：《转型时期的农村土地冲突研究》，华中科技大学博士学位论文，2009。
⑦ 耿羽：《征迁政治》，华中科技大学博士学位论文，2013。

（8）政府土地征收呈现不同的面相，国内由于法律政策本身不完善，同时不完善的法律政策又没有得到有效执行，因此土地征收既是一个实践问题，也是一个理论问题。实践问题带来更多理论上的归纳总结、原因分析和对策探讨。现有研究忽略了利益在征地行为中的作用，政府征地行为失范，应该寻找制度原因，既有的制度是对政府行为的约束。制度是对利益的确认，对利益的分配，它保护了某些人、某些组织的利益，也会出现制度对某些利益诉求确认的空白。政府征地要处理好政府与利益相关者的关系，从公共利益和程序上约束政府的行为，从合理补偿入手保护农民利益。

已有的对于土地征收中利益相关者的研究，失之于简约，或关注土地征收的某一方面；如土地产权、征收补偿等，或强调政府、农民和企业三角关系中的一对关系，如权力与权利、权力与资本的分析框架。土地征收的关键是利益的划分，政府、企业和农民都有各自的利益诉求，分析三者之间的利益关系，厘清土地的宏观制度与微观运行，关注制度的内生性变化，把土地制度涉及的多主体作为内生变量，全面理解土地征收。

（三）制度正义研究述评

1. 制度

战国时期政治家商鞅在《商君书》中说："凡将立国，制度不可不察也，治法不可不慎也，国务不可不谨也，事本不可不抟也。制度时，则国俗可化，而民从制；治法明，则官无邪；国务壹，则民应用；事本抟，则民喜农而乐战。"商鞅强调制度的重要性，但并未给出明确的定义。诺斯认为制度"是人类设计的一种约束，用以把人与人之间的相互作用系统化，它是由正式约束如规则、法律、宪法和非正式约束如行为规范、社会惯例、施加于人的行为准则以及它们的实施特征构成"①。"制度是为人类设计的，构造了政治、经济和社会相互关系

---

① 〔美〕道格拉斯·诺斯：《制度、制度变迁与经济绩效》，杭行译，上海三联书店，1994，第 3 页。

的一系列约束。"①

2. 正义

（1）中国传统的正义概念"有时指的是在道德上正当的事情，有时指的是某些领域里的正义（比如说法律正义或公平裁决等），有时它所表达的是一种正义感（如对于行侠仗义的赞赏等）。与当代的社会正义概念相比，中国古代的正义观念更缺少权利的意识，更多的是对道德正当性的意识"②。没有表达其公共制度、公共规则和公共秩序的现代意味。③

（2）西方对正义问题的研究经历了古代个人正义、古典契约正义和现代功利正义三个阶段。④古希腊正义的主题是个人行为正义，以亚里士多德为代表，他认为："所谓公正，一切人都认为是一种由之而做出公正的事情来的品质，由于这种品质人们行为公正和想要做公正的事情。"⑤近代契约正义在 17～18 世纪占主导地位，如霍布斯、康德等人，罗尔斯的契约理论与古典契约理论的区别是非自利的契约论与自利的契约论、原初状态与自然状态、无知之约与有知之约、社会正义与权力合法性。⑥罗尔斯的契约理论是建立政治制度的道德原则，是与社会历史分开的；而原初状态是一种理论假设，是罗尔斯构建正义理论的逻辑起点；功利主义把大多数人的最大幸福作为评判制度的根本标准，罗尔斯基于自由主义的传统主张认为，少数人的正当权利也是不容侵犯的，也是要受到保护的。

（3）制度经济学以制度为研究对象，关注制度变迁。制度经济学流派纷呈，与行政管理学、政治学密切相关的是公共选择理论。代表人物有戈登·塔洛克、詹姆斯·布坎南、肯尼斯·约瑟夫·阿罗和安东

① 〔美〕道格拉斯·C. 诺斯：《经济史中的结构与变迁》，陈郁等译，上海三联书店，1991，第 226 页。

② 陈少峰：《正义的公平》，人民出版社，2009，第 32 页。

③ 万俊人：《正义二十讲》，天津人民出版社，2008，第 3 页。

④ 曹玉涛：《论罗尔斯制度正义的优先性及其启发意义》，《西南大学学报》（社会科学版）2005 年第 2 期。

⑤ 《亚里士多德全集》第八卷，中国人民大学出版社，1992，第 94 页。

⑥ 于建星：《罗尔斯契约论方法批判》，《社会科学论坛》2010 年第 10 期。

尼·唐斯等人，公共选择理论把经济学的研究方法引入政治学领域，在经济人假设和个人主义的约束条件下，研究政府官员及政府的决策。但是，总体上讲制度经济学对正义的研究涉及不多，对公平正义的研究以哲学家为主。[①]

3. 西方制度正义的研究

所谓"制度正义是指某一项制度的建立是否具有合法、合理的根据，是否被赋予了正义的属性，是否彰显了绝大多数人的利益"。对制度正义的研究，哲学家从不同的角度做出了不同的解释（见绪表2）。

绪表 2 制度正义理论各流派

提出者和理论	时间	主要观点	依据
亚里士多德的分配正义	公元前4世纪	比值平等、矫正性的算术平等	价值论
边沁的功利主义	1789	最大多数人的最大幸福	只要能增加幸福的总量，就值得认可
罗尔斯的分配正义	1971	所有社会基本善都应该被平等的分配，除非某些不平等分配有利于最少受惠者的最大利益	自由平等原则优于机会平等、差别原则，机会平等优于差别原则
诺齐克的持有正义	1974	一个社会总的持有状况是否正义，依赖于每个人的持有是否正义	最弱意义的国家、个人是目的而不仅仅是手段；他们若非自愿，不能够被牺牲或被用来达到其他目的
阿玛蒂亚·森的分配正义	20世纪80年代	内在能力和外在权利相结合，实现人的自由发展	经济学与伦理学的结合
德沃金的资源平等思想	20世纪80年代	敏于志向、钝于禀赋	在与罗尔斯的争论和对阿玛蒂亚·森回应的基础上提出的，将平等与正义看作同义语

---

① 《宪政经济学》是制度经济学为数不多涉及分配正义的专著，但是布坎南对于实现分配正义的手段限于税收和转移支付，不像政治正义论者那样诉诸社会政策。该书还强调规则（制度）本身的正义，规则必须是获得同意的，同时税收和转移支付是在宪政框架下设计的。该书还提出契约，不过其契约的基础是不确定而不是罗尔斯的无知之幕。见〔美〕杰佛瑞·布坎南、〔澳〕詹姆斯·布坎南《宪政经济学》，冯克利等译，中国社会科学出版社，2004，第111~149页。

续表

提出者和 理论	时间	主要观点	依据
桑德尔、麦金太尔等的社群主义	20 世纪 80 年代后期	正义的本质在于如何处理各种关系或利益，在这些关系和利益的处理过程中，应充当一个重要标准，而且应得东西的分配与一个人的身份以及他道德上的功过及优劣有关	正义与德行的融合
马克思的正义思想	19 世纪 40 年代	按劳分配、按需分配	在劳动价值论的基础上提出，生产力高度发达、社会财富极大丰富的共产主义社会

罗尔斯是制度正义的集大成者，具有承前启后的学术地位。前承亚里士多德、霍布斯、康德、边沁等人，后启诺齐克、阿玛蒂亚·森、德沃金等人，他的研究为后人树立了学术标靶，后人对其理论批判的基础上，提出了不同的正义理论，推动了制度正义研究的发展。在制度正义的研究中，利益是基础，国家—市场—个人是必须面对的关系，在这关系后面隐含着对自由、平等、个人权利等要素不同程度的侧重。罗尔斯推崇自由平等，诺齐克重视个人权利，折射出国家—个人的不同关系，前者主张国家干预，后者要求国家放任。阿玛蒂亚·森同罗尔斯一样同样重视自由，但他的自由（freedom）超越了罗尔斯的自由（liberty）。阿玛蒂亚·森侧重政治自由，确保个人权力和利益不受国家侵犯；不赞成诺齐克以个人权利作为利益分配的基础，不仅仅是国家的外在赋予或个人奋斗，人的可行能力是利益实现的转化机制，外在权利是保障，两者结合才能实现人的自由发展。[①] 德沃金通过"荒岛拍卖"和"保险"否定了罗尔斯的原初状态和无知之幕，也否定了他的差别原则；而阿玛蒂亚·森强调能力平等在德沃金看来，很有可能会导致与福利平等观相同的观点，这也是不能接受的，因此他主张敏于志向、钝于禀赋。敏于

---

① Amartya Sen, *Utilitarianism and Beyond* (New York：Cambridge University Press，1982），p. 124.

Amartya Sen, *Capability and Well—Being Source* （Oxford：Clarendon Press, 1995），p. 172.

志向：每个人都拥有平等的资源，都有平等的选择权；钝于禀赋是对人的天赋差别的矫正。① 桑德尔批评了罗尔斯"权利优于善"的哲学基础（即康德式自由主义、理论预设）、原初状态和两个原则，他认为自由平等原则和机会平等、差别原则在共同体中，正义原则（权利原则或自由原则）是内在于善的，道德共同体的价值高于道德个体的价值。② 作为社群主义的代表人物，麦金太尔同罗尔斯的争论同样集中在权利与善的关系上，他认为善优于权利，他把善扩大到个人与共同体的关系上，从原初状态的个人到共同体下的个人，麦金太尔同桑德尔一样，同样把正义归结为德行。③

自 20 世纪 70 年代以后，对制度正义的研究是在对罗尔斯制度正义的批判中向前发展的，批判者只是从罗尔斯制度正义理论大厦的某一侧面对他进行批判，罗尔斯作为集大成者有其他人不可比拟的广度，如罗尔斯对于实质正义、形式正义、程序正义的论述，以重叠共识达致良序社会的研究，是其他人望尘莫及的。

以罗尔斯为代表的制度正义理论与马克思不同，前者是在不动摇现有资本主义制度基础上，对现存制度的修补；而马克思则是在生产关系的基础上讨论分配问题，资本占有剩余价值是不正义的，因而要推翻资本主义制度，实现共产主义。

4. 中国制度正义的研究

在中国，传统正义观的核心是"义"，"义利之辨"是中心论题；崇高的道德理想，是永恒意义；缺失制度正义，是中国传统正义观的根

---

① Ronald Dworkin, *Sovereign Virtue*: *The Theory and Practice of Equality* (Harvard University Press, 2000), p. 65 – 119.

② Michael J. Sandel, *Liberalism and the Limits of Justice* (Cambridge university Press, 1982), p. 65; Michael J. Sandel, ed: *Liberalism and its Critics* (Basil Blackwell publisher, 1984), p. 57 – 76; Michael J. Sandel, *Democracy's Discontent*: *American in Search of a Public Philosophy* (Harvard Universtiy Press, 1996), p. 96.

③ Alasdair McIntyre, *A Study in Moral Theory* (University of Notre Dame Press, 1981), p. 25; Alasdair McIntyre, *Whose Justice? Which Rationality?* (University of Notre Dame Press, 1988), p. 100.

本缺陷；差等思想，是中国传统正义观中值得分析的问题。①

在计划经济时期，政府对社会控制的"全能主义"②（totalism），国家权力无限扩张，全面渗透到个人、社会的方方面面，从恋爱、婚姻、家庭到升学、就业、住房。国家以平均主义乌托邦式的意识形态作为社会整合的基础，通过高度的政治动员和以意识形态为基础的大众参与来达到政治精英所确定的政治目标。国家对利益的分配是通过社会政策来体现的，此时的社会政策具有非全民性。"社会被人为地分为不同的板块，同一板块内实行相同的社会政策，不同板块之间的社会政策有着明显区别。社会政策惠及农村板块的内容无法同城市相比，农村与城市在社会政策方面形成了巨大的落差。"③

改革开放后，大量出国留学人员译介了西方制度正义方面的著作，这些都有助于国内研究人员开阔眼界、接触不同的理论，但是国内对于制度正义的研究还是以"中国问题"为导向的，对不同时期出现的不同问题，引起学者们的反思，对政府提出制度安排的要求。国内制度正义研究的主题是分配的正义、分配正义的工具是社会政策。

改革开放初期，我国提出以"经济建设为中心""效率优先、兼顾公平"，按照王绍光的理解，"从1978年开始到20世纪90年代中期中国只有经济政策、没有社会政策"④ 其实这一时期应该是以经济政策为主，社会政策很少。经济上去了却忽略了诸如公平、权利保护、贫富差距、生态环保等问题。"效率优先、兼顾公平"的提法是有问题的，它"对中国社会经济的发展会产生广泛的负面影响，对现代社会的制度建设不利，对改革和发展的有机统一不利，对公正合理的社会结构的形成不利，延缓了合理、健全的社会政策的制定。"⑤

① 刘宝才：《中国传统正义观的内涵及特点》，《西北大学学报》（哲学社会科学版）2007年第6期。
② 邹谠：《二十世纪中国政治：从宏观历史与微观行动的角度看》，香港牛津大学出版社，1994，第3页。
③ 吴忠民：《从平均到公正：中国社会政策的演进》，《社会学研究》2004年第1期。
④ 王绍光：《大转型：1980年代以来中国的双向运》，《中国社会科学》2008年第1期。
⑤ 吴忠民：《"效率优先，兼顾公平"究竟错在哪里》，《北京工业大学学报》（社会科学版）2007年第2期。

20 世纪 80 年代的双轨制经济，产生了"官倒"，只要有批文，一件商品就可坐地起价。对此，经济学家们提出"腐败经济学"[①] 的概念，认为腐败扭曲了社会资源的分配，造成公共资源流入个人腰包。其实"官倒"只是腐败的初级形式，到了后来腐败呈现出更高级的形态。20 世纪 90 年代末的国企改革，一大批国有企业关、停、并、转，下岗工人以"买断工龄"形式为改革付出了代价。2004 年刮起的"郎旋风"，引起社会对国有资产流失的关注。2003 年的"非典"暴露了我国对公共卫生投入的不足。2005 年 7 月 28 日，国务院发展研究中心社会发展研究部副部长葛延风的课题组发布的医改研究报告称："中国医改基本上是不成功的。"[②] 课题组强烈批评了医疗改革的市场化倾向，认为违背了医疗卫生事业的规律，"不恰当地借鉴了西方福利国家改革的经验""市场化的过程变成了政府推卸社会责任和逐步减弱公共投入的过程"。[③]

以 1999 年西部大开发为标志，经济政策向社会政策转变，包括最低生活保障、生活救助、养老、医疗、教育、住房、农业税等，在缩小地区差距、人群间的贫富差距、化解社会矛盾等方面发挥了重要作用。政府已经意识到市场不是万能的，"政府通过再分配的方式，尽力对与人类生存权相关的领域进行'去商品化'，让全体人民分享市场运作的成果，让社会各阶层分担市场运作的成本，从而把市场重新'嵌入'社会伦理关系之中"。[④] 但社会政策仍然具有碎片化的特征，农村与城市、企事业单位与机关单位之间，政策不同、标准各异，因而造成社会不公、运行成本增加等。

就在学者们反思改革、政府要为社会承担何种责任时，理论界又适时提出"公共服务均等化"，当时主要是从"三农问题"出发，探讨农

---

① 樊纲：《渐进改革的经济学分析》，远东出版社，1996，第 28 页。
② 葛延风：《中国医疗卫生体制改革研究报告》，《医院领导决策参考》2005 年第 19 期。
③ 徐月宾、张秀兰：《中国政府在社会福利中的角色重建》，《中国社会科学》2005 年第 5 期。
④ 王绍光：《大转型：1980 年代以来中国的双向运》，《中国社会科学》2008 年第 1 期。

民负担过重、如何实现农民减负，统筹城乡发展。①

　　国内关于制度正义的研究，一方面是从中国问题出发，由分配的正义问题，进而要求政府做出制度安排，满足人民的利益诉求；另一方面则是学术探讨，与西方各种理论展开学术对话，出版了大量的专著，发表了大量的论文。吴忠民提出保证社会公正的四个原则，即权利保证原则、事前原则、事后原则、社会调剂的原则。② 这与罗尔斯正义的两个原则有相通之处。对罗尔斯的研究以何怀宏、万俊人、姚大志等为代表，他们在对罗尔斯理论进行深入解读的同时，回应了现实中的问题，但与问题导向的研究不同，他们是由理论到问题，而不是问题—社会政策—制度安排。如何怀宏的《良心论》就从中国传统文化中的恻隐、忠恕、诚信、仁爱、敬义等出发，探讨道德及社会的重建之路；其《良心与正义的探求》上篇仍然具有本土风格，只是在下篇加入了对西方正义的探讨。③ 姚大志教授对西方制度正义论诸家均有较深的研究，他在分配正义论方面的研究与其他人的争鸣意义更大。④

　　国内对于制度正义的研究分为问题导向、学术探讨两个方面，前者遵循问题—社会政策—制度安排的路径，后者并无强烈的政策冲动，更多的是形而上的思辨。在分配正义的研究争鸣中，学者们超越了西方文本的束缚，就分配正义的原则是"平等"还是"应得"提出各自的见解。国内外的制度正义论者都把问题集中在政府依据某种正义原则进行

---

① 从笔者接触的资料看，关于公共服务均等化的专著最早可能是项中新的《均等化：基础、理念与制度安排》（中国经济出版社，2000）。学术界对于这个问题的普遍关注是在2006年以后。
② 吴忠民：《社会公正论》，山东人民出版社，2004，第32~36页。
③ 何怀宏：《良心论》，北京大学出版社，2009；《良心与正义的探求》，黑龙江人民出版社，2013。
④ 姚大志：《分配正义：从弱势群体的观点看》，《哲学研究》2011年第3期；段忠桥：《关于分配正义的三个问题——与姚大志教授商榷》，《中国人民大学学报》2012年第1期；姚大志：《再论分配正义——答段忠桥教授》，《哲学研究》2012年第5期；姚大志：《三论分配正义——答段忠桥教授》，《吉林大学社会科学学报》2013年第7期；段忠桥：《何为分配正义——与姚大志教授商榷》，《哲学研究》2014年第7期；姚大志：《论分配正义》，《社会科学》2015年第5期；王立：《也论分配正义——兼评姚大志教授和段忠桥教授关于正义之争》，《哲学研究》2014年第10期。

分配，但忽略了一个重要的方面，即政府自身的资源分配（如权力、税收等）也会对政府依据某种正义原则进行分配产生影响。

三　若干重要概念的界定及阐释

（一）城乡接合部及其特征

1. 城乡接合部的界定

定量分析法在人口急剧变化、行政区划调整频繁的地区，很难适用，有人认为城乡接合部的人口密度特征一般介于城市与农村之间，显示出过渡性。[①] 其实随着房地产业的发展，新建住宅小区几乎都集中在城乡接合部，其人口密度可能要大于城市。并且人员流动速度快，户籍管理部门也很难统计出精确的数字，它们给出的数字也是测算出的。在定量分析中，指标的选取也有很大的经验性，各指标之间缺少联系，研究者都选取自己认为重要的指标去构建评价体系。比如，断裂点法中的基础设施指标[②]，有人选取公路密度、人均医疗床位数、在校学生占总人口比重等一些地上能看得见的为主要指标；如果选地下看不见的，如地下管网等可能就是另外一种结果。教育、医疗当然应该考虑，但是新建小区的固定活动场所、户外活动设施、养老机构的数量和等级也不应忽视。断裂点法的一级指标偏重经济，忽视社会因素，如公益类组织、各种群众性团体等。在解译遥感影像的过程中，解译人员从自身便利出发，分类解译指标的建立具有较大的随意性和主观性，尤其是在应用遥感数据的过程中，为消除随机变化的影响，突出城市用地比率圈层变化的总体特征，往往人为选取统计窗口。统计窗口过大、过小，都会造成统计结果的失真，要么造成偶然性因素加大，要么造成边界不清晰。定量研究的路径是确定的，概念的操作化，意味着测量指标的选择；问卷设计就是问题的定型，数据的收集和处理，也是按照规定的程序进行。

---

① 顾朝林：《中国大城市边缘区研究》，科学出版社，1995，第65页。
② 相关指标见陈佑启《试论城乡交错带及其特征与功能》，《经济地理》1996年第3期。

它不能容纳意外的发生，法国历史学家勒鲁瓦·拉迪里在《蒙塔尤》中认为：资料的偶然性是研究的黄金法则。① 所以，定量研究的局限在于适合分析稳定的城乡接合部特点，而在变动不居的行政区划调整中，在城镇化高歌猛进时，较适合用定性的方法。

笔者把城乡接合部界定为：城市和农村的过渡地带，具有向城市过渡的指向性。城乡接合部的特征具有二元性、中介性和变动性，一是经济、人口等方面存在明显的城乡二元结构特征，由于在城市周围形成了卫星城，原有工业外迁，或新兴产业蛙跳式在城乡接合部布局。城乡接合部吸引了大量外来人口和城市外迁人口，外来人口来此谋生、购置商品房，城市外迁人口在此居住，人口每天在城市和城乡接合部之间做钟摆式移动。二是景观和社会形态处于城乡之间的中介状态，城乡接合部聚集了资金、技术、人口、信息和商品，是郊县的工业聚集区，是城市的扩张区，是商贸和物流的集散区；由于处于城市和乡村的过渡带，有时成为政府管理的"盲区"，成为"黄赌毒"的滋生地，制假造假、假冒伪劣产品的生产地，传销人员的"天堂"。三是处于由农村向城市的变化当中，城乡接合部受双向作用力的挤压——城市扩张和农村城市化，如果城市周围有卫星城，则处于卫星城和城市之间，农村用地被城市建设用地蚕食，农用地逐渐减少，城市建设用地逐渐增加，直至农用地完全消失，变为真正意义上的城市。

2. 城乡接合部的特征

城乡接合部的特征以土地利用为代表。

（1）城乡用地互相嵌套。既有国有土地，又有集体土地，土地权属复杂。城市用地逐渐扩张，农业用地逐渐缩小。

（2）城市建设不断蚕食农村用地。城市道路延伸、工业外迁、地下管网铺设、公园修建等，使农业用地缩小，尤其是道路的修建，城乡接合部的工业布局沿道路轴状延伸，商贸和住宅也沿道路延伸，直至道路变成城市街道。

---

① 〔法〕勒鲁瓦·拉迪里：《蒙塔尤》，许明龙译，商务印书馆，1997，第 11 页。

（3）农村用地被城市管网线绿化带分割。既有地上的，如高压走廊、绕城高速、铁路线、防护绿地、绿化隔离带等，也有地下的，如给水排水管道、电缆光缆。

（4）伴随城市蔓延，城市从内缘区向外缘区扩张，在"摊大饼"的过程中，原有的城乡接合部会变成城市建成区，并继续层层向外扩大。

（二）土地征收及其相关概念的比较

土地征收是国家为了公共利益，依法定程序，以补偿为前提，强制取得公民、法人和其他组织土地的行为。在我国，由于实行土地公有制，土地征收主要是把农民集体所有的土地变成国有土地。关于征收的目的法律有规定，公共利益是唯一的目的，但实际上，非公共利益的征收要多于公共利益的征收。以安徽省为例，"十二五"期间财政收入累计完成 1.7 万亿元，[①] 土地出让收入达到 7661 亿元，[②] 土地出让收入相当于财政收入的 45%，在市县级政府这个比例还会更高。

土地征收必须遵守法定程序，征收的对象是公民、法人和其他组织的土地，在城乡接合部既有集体土地，也有国有土地。对集体土地的征收是性质的改变，集体土地变成国有土地，而国有土地政府已经履行过征收程序，国有土地是房屋的征收，是国家依法收回建设用地。

征收与补偿在有的国家被称为"唇齿条款"，有征收就有补偿。补偿的原则一般有下列几种，一是完全补偿。该原则主张所有权神圣不可侵犯，土地征收破坏了法律面前人人平等的原则。该原则站在被征收人的角度，穷尽被征收人的一切损失，主张政府要给被征收人尽可能多的补偿。二是不完全补偿，即适当补偿、部分补偿。强调"所有权的社会义务性"，所有权不是绝对的，对土地征收应给予适当补偿。该原则

---

① 王晓峰：《安徽财政收入"十二五"迈上 4000 亿元新台阶》，合肥在线，http://news.hf365.com/system/2016/01/20/014854960.shtml，2016 年 1 月 20 日。

② 孔令晖：《安徽"十二五"土地出让收入近 7700 亿新增耕地超 110 万亩》，安徽国土资源厅网站，http://www.ahgtt.gov.cn/news/show.jsp? row_id = 2016030000013870，2016 年 3 月 3 日。

站在征收人的立场，认为土地征收降低了交易成本，增进公共福祉，但是对被征收人的利益保护不够。三是公平补偿。它是对完全补偿和不完全补偿原则的修正，在政府与个人之间保持利益均衡。

我国法律并未规定补偿的原则，从实际执行看，属于不完全补偿。由于不同的土地所有制，国家的补偿标准也不相同。征地补偿标准由省级政府统一制定，范围精确到乡镇，所以争议不大。关键是对房屋的征收补偿，一般国有土地上的房屋补偿标准要高于集体土地上的房屋补偿标准，这个矛盾在城乡接合部因为居民处于熟人社会的小圈子会被放大，钉子户、上访户就产生了。

1. 土地征收的特点

土地征收在不同的国家和地区有不同的称谓，在德国称为"Enteignung"（征收），美国称为"Eminent Domain"（最高土地权的行使），英国称为"Compulsory Purchase"（强制收买）或"Compulsory Acquisition"（强制取得），日本称为"土地收用"或"土地收买"，法国称为"Expropriation"（征收）；在中国香港地区称为"官地收回"，中国台湾则称为"土地征收"。以上尽管称谓不同，但都具有如下特点。

（1）强制性。它以国家或地区强制力为后盾，被征收人的意愿不是征收的前提条件。政府只要履行相关程序，并给予被征收对象补偿，即产生法律效力。《中华人民共和国土地管理法实施条例》（以下简称《土地管理法实施条例》）第 45 条规定：违反土地管理法律法规规定，阻挠国家建设征收土地的，由县级以上人民政府土地行政主管部门责令交出土地；拒不交出土地的，申请人民法院强制执行。

（2）结果不可逆。集体土地一旦成为国有土地，再由国有变成集体所有仅仅是理论上的可能性，同时国有土地上的个人房屋被国家征收，再想恢复原状也不可能。正是意识到这一点，被征收人往往极力维护自己的利益，以使补偿最大化。个人补偿最大化的手段可能是合法的，也可能是非法的，也可能是非法的而得到政府默认的行为。

（3）征收主体的确定性。《土地管理法》和《土地管理法实施条例》规定，市、县政府拟订征收土地方案，分批次逐级上报有批准权的政府，建立了由市、县政府统一征地制度。《土地管理法实施条例》第 25 条规定：市、县人民政府土地行政主管部门根据经批准的征收土地方案，会同有关部门拟订征地补偿、安置方案，在被征收土地所在地的乡（镇）、村予以公告，听取被征收土地的农村集体经济组织和农民的意见。征地补偿、安置方案报市、县人民政府批准后，由市、县人民政府土地行政主管部门组织实施。2011 年生效的《国有土地上房屋征收与补偿条例》第 4 条规定，市、县级政府负责本行政区域的房屋征收与补偿工作，与征地主体基本一致。

2. 土地征收是城镇化的必然结果

中国现在处于快速城镇化阶段，城镇化远没有结束，还存在较大空间。土地是城镇化的载体，无论是传统的土地城镇化还是现在以人为核心的城镇化，抑或是为城镇化提供动力的工业化，都要落实到具体的空间，都会引起空间的扩张，土地征收也会随之产生。

新型城镇化是以人为核心的城镇化。农民工徘徊在城市与农村之间，现有统计口径是按照常住人口来计算城镇化率的，如果按照户籍人口来统计，城镇化率则要低很多。随着各地各项社会政策的出台落实，户口的门槛将逐渐降低以致消失，农民工的养老、医疗、就业、居住、子女入学等政策将会逐渐完善，还会有大量的农民工成为市民，城市规模还会进一步扩大，土地征收不可避免。工业化为城市提供动力，工业化吸纳了农村劳动力。城镇化不能没有工业化，工业化为城镇化提供产业支撑，解决农民工的就业问题，入城农民越多，就越需要更多的产业发展，产业聚集同样会导致城市规模扩大，产生土地征收。

3. 土地征收与相关概念的比较

（1）土地征收与房屋征收。土地征收的外延大于房屋征收，征收房屋的目的是获得宅基地（按用途分属于农村建设用地），同土地的属性一样，农村宅基地也是归集体所有。在城镇化过程中，土地征收可能包括也可能不包括房屋征收，两者有时同时发生，有时单独发生，房屋征收的难度比土地征收的难度要大，很多悲剧都发生在房屋征收过程中，因为房屋属于个人。如果说在土地征收中，存在搭便车心理，那么在房屋征收中，政府在面对每一个个体时，集体行动的搭便车心理让位于个体行动的逻辑，每一个个体都争取利益最大化。土地征收的补偿标准现在由省级政府统一规定；而在执行中，房屋征收补偿相当混乱，政出多门，补偿标准不一致。例如，合肥市 2014 年 12 月 1 日起实施的《合肥市集体土地上房屋征收与补偿暂行办法》（有效期 3 年），规定在辖区范围内可参照执行，但实际上是一县一政策，一工程一政策。

（2）土地征收与土地征用。多数研究者并没有严格区分两者的含义，原因在于我国《宪法》没有区分土地征用和土地征收，统称"征用"；在《土地管理法》中是同义反复，并无实质的区别，如集体土地"征用"为国有土地的情形，实质上是征收；如临时用地的情形，实质上是征用。为了理顺市场经济条件下因征收、征用而发生不同的财产关系，同时也为了表述的规范，2004 年国家立法机关先后修正了《宪法》，修改了《土地管理法》，除个别条文外，《土地管理法》中的"征用"全部修改为"征收"。也有人对两者作了区分，认为"第一，土地权属不同。第二，具体目的不同。第三，补偿的内容和标准不同。土地征收补偿包括土地补偿费、安置补助费、青苗及地上附着物补偿费，而土地征用补偿仅为临时使用费和青苗及地上附着物补偿费。同时，因土地征收变更了土地所有权，农民永久失去了土地使用权，其补偿标准也比土地征用要高很多"[1]。

（3）土地征收与土地出让、划拨。土地征收，即农业用地转为建设用地，国家是唯一合法的征收主体，由县级以上政府具体实施；在土地出让阶段，由国家垄断，国家是唯一合法的出让主体，土地的市场交易主体只能发生在开发商和国家之间，除国家之外，任何单位、个人、组织均不得出让土地。土地划拨，根据《土地管理法》《城市房地产管理法》《城镇国有土地使用权出让和转让暂行条例》，是指县级以上人民政府依法批准，在土地使用者缴纳补偿、安置等费用后将该幅土地交

---

① 曲颂：《基于农民满意度的征地补偿制度实证研究》，中国农业科学院博士学位论文，2015。

付其使用，或者将土地使用权无偿交付给土地使用者使用的行为，一般没有使用期限的限制，主要用于城市基础设施和公共事业。土地征收是土地出让、划拨的前置阶段，集体土地只有在征收后，才能出让、划拨。在土地征收与土地出让、划拨之间，还有一个土地开发环节，把"生地"变成"熟地"，做到"三通一平"（通电、通路、通水、土地平整）、"五通一平"（通电、通路、通水、通信、排水、土地平整）或"七通一平"（通电、通路、通水、通信、排水、热力、燃气、土地平整）后，施工单位才能进入现场作业。

（三）县级政府的类型及县级政府土地征收

城乡接合部土地征收的主体既可以是市级政府（设区的市）也可以是县级政府，因为个案的选择，本研究把征收主体限定为县级政府。

1. 县级政府的类型

首先要定义政府的概念。"政府"作为社会公共权力的主体，一般有狭义和广义两种用法：前者是指行使国家权力的行政机关；后者是指行使国家权力的全部机关，包括立法机关、行政机关和司法机关。从更广的意义上讲，中国共产党组织也包含在当代中国政府之中。[1] 笔者使用广义上的政府概念，它符合中国的实际，在党政关系上，党是决策机构，政府更多的是执行，自中央到地方都是这样，只不过到了基层乡（镇）一级党委的执行功能增加了。在政府与国家的关系上，政府代表国家，政府是国家权威性的表现形式，[2] 是实现国家目标的手段。一个国家在短期内可能没有政府，如美国的政府破产，处于无政府状态。从长期看，绝大多数国家都是由政府来行使权力，维护社会秩序。国家的构成要素包括政府、主权、领土、人口等，其中政府是国家最重要的构成要素。

县级政府是中国《宪法》规定的四级政府中的一级地方政府，由于中国事实上的五级政府，即中央—省级—市级—县级—乡级，县级政

---

① 张立荣：《论有中国特色的国家行政制度》，中国社会科学出版社，2002，第60页。
② 〔美〕迈克尔·罗斯金：《政治科学》，林震译，华夏出版社，2001，第38页。

府受市级政府领导，这是 20 世纪 80 年代的市辖县改革的结果。与县级政府平行的有市辖区、县级市、自治县、自治旗政府等。与上文中的政府概念相一致，这里的县级政府取广义，包括同级党委、人大、政协、司法机关等。笔者研究的是城乡接合部的县级政府，而城乡接合部是县和市辖区的交界处，所以县级政府包括市辖区政府、县级市。

2. 县级政府土地征收

县级政府土地征收是指县级政府以公共利益为目的，依法定程序，以补偿为前提，强制取得土地的行为。政府土地征收具有以下含义。

（1）政府土地征收是一个动态过程。土地市场是变化不居的，土地市场受房产市场的影响，而房产市场既可能供大于求，也可能供不应求；房产市场既有刚性需求，也有投机，有泡沫。这都需要政府在土地市场上做出相应的调整。政府与社会是一个互相调适、互相适应的过程，要不断适应土地利益相关者农民和企业的行为，还要引导企业和农民的行为。

（2）政策是政府土地征收的手段。政策的制定，既存环境构成了政策制定的前提条件，"在与其他组织的关系中，官僚组织履行的每一项社会职能都在政策空间中有一个特定的区位"[1]。政策空间是用来说明政府组织之间的关系的，"根据官僚组织的特定职能区域，政策空间可以被分割为三个领域带：中心领域、无人地带和外部领域"[2]。中心领域官僚组织是社会政策的唯一决定者，无人地带很多官僚组织都具有某些影响，外部领域就是其他官僚组织起支配地位的地方。超出中心领域的官僚组织就会面对其他组织的"领域"之争，尤其在外部领域横向的组织和纵向组织之间，其实是府际关系问题，如在市县之间为土地展开的博弈。政府试图扩张进入其他组织的领域，领域之争的实质是利益之争，是横向政府间的竞争、纵向政府间的利益争夺，由此产生政策

---

① 〔美〕安东尼·唐斯：《官僚制内幕》，郭小聪等译，中国人民大学出版社，2006，第226页。

② 〔美〕安东尼·唐斯：《官僚制内幕》，郭小聪等译，中国人民大学出版社，2006，第227页。

之间的矛盾，下级对上级政策的规避，同级政府或机构之间的政策冲突，个体与集体的矛盾等。

（3）政府土地征收的目的可能是公共利益，也可能是政府利益。安东尼·唐斯把政府行为的动机归结为"权力、金钱、收入、声望、便利、安全、个人忠诚、精通工作的自豪感、为公共利益服务的渴望、对特定行动计划的承诺"①。与其他制度经济学家不同的是，安东尼并没有把政府、公务员的行为归结为完全的自私自利，政府行为是人的行为，而人是自私的，可能为了一己之利，牺牲公共利益；也可能为了公共利益。有人把公共利益作为土地征收的唯一目的，在实践中很难做到，即使完全界定清楚公共利益，政府的每一种土地征收行为都能在法律中找到对应的规定，实际上还是不能限制政府在公共利益之外的土地征收。但无论是为公共利益的征收，还是基于政府利益的征收，政府获得的土地出让收入只能用于公共利益。为了提高人民福祉，为了让大多数人享受到城镇化的成果，居民（外来人口、本地人口）受到公平对待，不出现歧视性的政策，给农民工的城市融入创造公平的环境，给失地农民的补偿公平公正。

四　本项研究的方法、框架及创新

（一）研究方法

本课题综合运用公共管理学、城市地理学、城市规划与设计、经济学、法学等多学科及跨学科的理论开展研究工作，主要采用以下方法。

1. 规范分析

搜集、整理、归纳国内外相关研究，确定政府主导的城乡接合部土地征收应该如何去做，要取得怎样的理想结果，需采取什么样的行动和手段。

---

① 〔美〕安东尼·唐斯：《官僚制内幕》，郭小聪等译，中国人民大学出版社，2006，第92页。

2. 实证分析

重视事实描述，本研究一方面采取参与观察、个案研究的质性方法；另一方面使用官方统计资料、原始数据等定量方法以及访谈，在事实与价值之间发现差距，找到调适政府征地行为的方向。笔者于 2015年 3 ~ 7 月，在合肥市 Y 县进行实地调研。此次调研得到 Y 县县委、县政府的大力支持，Y 县县委政研室、县委党校配合笔者调研，同全县土地、财政、规划、民政、房管、城管、公安、招商、有关乡（镇）、开发园区等部门座谈，并同上述部门的领导进行访谈；深入 3 个行政村的 3 个自然村，同行政村领导、自然村负责人、祖居户、外来户座谈、访谈，参与观察 3 次县执法局、公安局、DB 镇等组织的拆迁活动。

3. 利益分析

土地征收是土地增值收益在政府与农民之间分配的问题，由于产权制度缺陷，政府虽具有分配的优先性，但也要体现分配的公平，不能忽视农民正当的利益诉求，在效率与公平之间寻求均衡。土地征收的目的应该符合公共利益，土地出让金的使用也只能用于公共服务。对于农民的补偿，一方面要提高补偿标准，另一方面要保证农民按时足额拿到应该得到的补偿，避免补偿款被挤占挪用甚至侵吞。

本文所使用的数据、材料除非特别说明，均来自 Y 县《统计年鉴》《Y 县县志》或由访谈对象所提供。城镇化发展迅速，中央出台宏观政策的频率高、数量多，本文引用涉及合肥市的宏观政策、省市县政府政策、各种数据等，除非特别说明，截止时间为 2015 年底。

（二）框架结构

本文的框架结构包括绪论、五章和尾论。

绪论部分主要介绍选题背景、研究意义、国内外研究述评、基本概念的界定及阐释、研究方法及创新意图、案例简介。

第一章阐述本项研究的理论工具——罗尔斯制度正义理论阐述。介绍罗尔斯《正义论》的主要思想及制度正义的学术元素，分析制度正义理论对研究政府土地征收问题的适用性。

第二章是对合肥市 Y 县政府土地征收的缘由及做法的概括。合肥市的城市扩张是 Y 县城乡接合部土地征收的主要原因，Y 县自身的城市和产业发展则是内因。介绍 Y 县政府土地征收的基本做法。

第三章是对 Y 县政府土地征收失范的表现及后果审视。从正义的原则，实质正义、形式正义、程序正义，社会失序三个方面来分析，一是违背正义的两个原则，二是从实质正义、形式正义和程序正义三个方面分析 Y 县政府征地失范，三是带来的后果是农民和企业行为的失范。

第四章是对 Y 县政府土地征收失范原因的制度分析。包括干部晋升中的锦标赛制、集体土地上房屋征收补偿中抽象权力与具体权力分配的失衡和分税制改革的不彻底。

第五章是在制度正义视角下对县级政府土地征收失范策略探讨。一是体现正义两个原则，保障农民权利；二是彰显实质正义；三是维护形式正义；四是保障程序正义。

尾论部分包括本项研究结论、不足和展望。结论是对文章的总结，内容涵盖还权于民、还利于民、提高治理能力、建立良序社会等；个案研究的不足在于难以保证样本的代表性，但个案研究都有从个案扩展到全体的冲动；如何走出个案，笔者打算使用扩展个案法扩大研究范围，同时扩大研究内容。

（三）创新意图

1. 制度正义理论的运用

城市规划与设计、城市地理学两个学科近年的研究都出现了空间转向，重点研究城乡接合部空间生产的三个因素，即权力、资本、技术，多运用遥感技术（Remote Sensing，RS）和地理信息系统技术（Geographic Information System，GIS），强调空间分配、消费和正义。社会学也出现了空间转向，研究者从社会空间的角度，提出了相应的对策：发展社会保障、保证基本人权、实现居住正义。较之空间生产理论，罗尔斯制度正义理论的两个原则、程序正义、形式正义、实质正义等，便于全面理解城乡接合部县级政府的土地征收，对土地征收具有较强的解释力。

2. 研究作为地方性知识的土地征收的政策法律

笔者借鉴美国人类学家吉尔兹在《地方性知识》中倡导的地方性知识（local knowledge）和深度描写（deep description，以下简称深描），来研究政府土地征收行为。如同有些西方学者尽管对某一概念做了深入研究，但并没有定义这个概念一样，吉尔兹对于地方性知识也没有下过定义，倒是译者对它做出了解释："它是一种具有本体地位的知识，即来自当地文化的自然而然的东西，固有的东西。"[①] 中国学者给出了符合中国思维方式的定义，"地方性知识"的意思是："由于知识总是在特定的情境中生成并得到辩护，因此我们对知识的考察与其关注普遍的准则，不如着眼于如何形成知识的具体的情境条件。"[②] 地方性知识并不单纯是一种"知识"，它可以指规则、规范、思维方式、行为方式和行动逻辑。地方性知识要在文本（text）和情境（context）中加以理解，对于法律政策我们不是纯粹的文本静态分析，而是在具体的情境中考察其实际执行的效果。如何处理宏观政策、法律与地方性知识的关系，在土地征收中具有普遍性。在宏观层面，中央和上级政府的法律政策对于土地征收提出了要求；在微观层面，上级的法律、宏观政策要在地方场域中实施，地方性知识就是一个不容忽视的问题。地方性知识会对上级的法律政策做出主动和被动适应，过滤掉法律政策与己不利的规定，对法律政策选择性执行。上级政府在明知下级政府违法违规、政府明知农民和企业违法违规，而又默认这种行为的情况下，其背后的原因就不是静态的文本分析所能解释的。

3. 对土地征收政策的深度描写

吉尔兹由地方性知识，开创了深描的显微研究方法。深描强调描写和观察方式的特定化、情境化、具体化，并确立小范围的、定性在情境

[①] 〔美〕克利福德·吉尔兹：《地方性知识》，王海龙等译，中央编译出版社，2000，第14、16页。

[②] 盛晓明：《地方性知识的构造》，《哲学研究》2000年第12期。

中的前提要求。① 本研究既不是纯文本分析，也不是纯规范分析，而采用田野调查，深入最底层，了解到土地征收中政府行为的失范，由于政府行为的失范还诱致农民和企业的行为失范。笔者发现，集体土地上房屋的征收补偿政策是由县政府授权乡（镇）政府制定，虽然这不能扩大到全国，但至少在安徽省是这样。尽管《土地管理法》规定土地附着物的补偿（包括房屋）标准由省级政府制定，但安徽省并没有制定集体土地上的房屋征收补偿标准。合肥市政府虽制定了相关政策，但对所辖县（市）没有约束力；县政府把制定集体土地上的房屋征收补偿标准授权给乡（镇）政府、开发园区，这就使乡（镇）政府、开发园区集抽象权力、具体权力于一身，使房屋征收补偿留下了巨大的寻租空间，因而城乡接合部的开发园区、乡（镇）政府成为腐败重灾区，行政村、居委会的领导也出现小官巨贪。

五 本项研究案例简介

（一）合肥市简介

合肥市是安徽省省会城市，古称庐州。1912 废庐州府，设合肥县。截至 2015 年末，全市总面积 11445.1 平方公里（含巢湖水面 770 平方公里），其中合肥市城市建成区面积 416 平方公里、常住人口 407 万人。合肥市现辖四县（Y 县、肥西县、长丰县、庐江县）、一市（县级巢湖市）、四区（瑶海区、庐阳区、蜀山区、包河区），并有四大开发区（合肥高新技术产业开发区、合肥经济技术开发区、合肥新站综合开发试验区、合肥巢湖经济开发区）。合肥将很快形成"米"字形高速铁路网（沪汉蓉、北京—福州、京九、商丘…合肥—杭州、合肥…郑州…西安、合肥—蚌埠…连云港）②，水运港、航空港等建设全面提速，推

---

① 〔美〕克利福德·吉尔兹：《地方性知识》，王海龙等译，中央编译出版社，2000，第21 页。

② "—"表示已经开通，"…"表示将要开通。

动了进出口贸易迅速增长。合肥将建成内陆航运中心，实现通江达海，利用长三角一体化通关优势，集装箱经上海直接出口；开通"合新欧"国际货运专列。为了实现调结构、转方式、促升级的目的，培育出新型平板显示、太阳能光伏、新能源汽车、生物制药等一系列特色产业，冰箱、彩电、洗衣机、空调产量居全国首位。

（二）Y 县简介

Y 县位于合肥市东部，全县总面积 2206 平方公里，人口 105 万，沪汉铁路贯穿东西，商合杭铁路、京福铁路经过南部，有沪汉蓉和京福两条线路的高铁站，南邻巢湖，是全国百强县，境内有两个镇被列为 2014 年版全国重点镇，DB 镇、CZ 镇属于合肥市 "1331" 规划的 4 个城市组团之一。Y 县与合肥市的历史源远流长，1949 年 1 月 21 日，合肥县解放，2 月 1 日合肥县一分为三，即合肥市、Y 县和肥西县，属江淮解放区第五行政区。中华人民共和国成立后，先后属皖北行署和巢湖、滁县专区。1952 年安徽省人民政府成立后，Y 县分属滁县专区和蚌埠专区及合肥市。1961 年 4 月后又先后属滁县和巢湖专区。1983 年 7 月复归合肥市管辖。

Y 县与合肥城区的接合部是合肥东部副中心片区，是融入长三角的重要节点，该区域定位为合肥主城区的综合功能拓展区，积极承接长三角地区产业梯度转移，以招商引资和大项目带动为主线，全面实施产城一体化、工业强区战略，着力建设城乡统筹示范区、城市功能拓展区、缝合强镇连接区、承接产业转移交通门户区，争取发展成为功能完善、产业集聚、就业充分、环境优美、交通便捷、配套齐全、宜居宜业的产城一体化新区。

合肥城区与 Y 县交接处位于 Y 县境内的 DB 镇、CZ 镇、ZX 乡、CL 镇以西地区，就是笔者定义的城乡接合部，但本研究的研究区域仅限于 DB 镇和 CZ 镇建成区以西与合肥城区的接合部。而 ZX 乡和 CL 镇与合肥城区交界处，工业不发达，土地征收问题不突出，故不作为研究对象。由于行政区划不断地调整，合肥市瑶海区与 Y 县交界处的很多地区原本就是 Y 县的。为了叙述的方便，本文把研究对象 Y 县境内的 DB

镇、CZ 镇建成区以外向西与合肥城区交接处，简称为 Y 县城乡接合部。Y 县城乡接合部具有如下特点。

1. Y 县城乡接合部既是合肥市边缘，也是卫星城的边缘

由于历史的原因，DB 镇、CZ 镇作为合肥的卫星城，它们与合肥的结合部属于工业导向和居住导向型。Y 县城乡接合部既是合肥市的边缘，也是所属卫星城的边缘，处于城市蔓延的中间地带，从东西方向向中间挤压，农村空间被逐渐压缩、农用地逐渐减少，地价逐渐攀升。笔者在调研中得知，在 DB 镇与合肥之间土地的出让价格已经达到每亩 400 万元，在合肥市瑶海区境内的龙岗工业园（原为 Y 县，后划归合肥）地价为每亩 800 万元，所谓的产城一体，现在变成房地产与城市一体了。[①]

2. 作为横断面的城乡接合部之间不是匀质的

Y 县城乡接合部，是合肥的工业聚集区。Y 县中北部按照产业发展布局，重点发展现代农业、农产品贸易集散中心、初级农产品加工业及为工业园区作配套的产业或生态农业。ZX 乡、CL 镇与合肥之间，属于未开发地区，人口、建筑密度较低，主要以为城市服务的蔬菜、园艺为主，粮食生产退居次要地位；而在 DB 镇、CZ 镇与合肥城区的接合部，则以工业为主，遍布开发区、产业园，人口集聚、居民小区林立。

3. 马赛克式急剧变化的生态景观

这一地区显示出亦城亦乡的特点，开发园区、居民小区嵌入田园之中，这里已经是准城市，基础设施，如道路交通、垃圾处理、水电气、排水管网等都渐趋完善。城市道路指状延伸，纵横交错。随着人口聚集，道路逐渐变成街道。但这是马赛克式的，一条道路两边会出现截然不同的景观：一边绿树掩映、井然有序，另一边垃圾遍地、污水横流；一边是新建住宅小区、另一边是农村的平房；工厂院墙外就是庄稼地。每时都有微小的马赛克在变化，一块块马赛克的变化累积起来，逐渐向

---

① 这是 2015 年上半年，笔者调研时的价格。2016 年春节过后，合肥房价一路飙升，也带动了地价上涨。

城市过渡。

4. 城乡接合部存在不同的利益主体

城市空间的扩展，政府要"以地生财"，获得更多的土地财政、更多的 GDP。企业在不同地域、不同时间、企业家的个人特质会形成自己独具特色的企业文化，城乡接合部有外来企业，境外、国外、省外的企业，在世界变成地球村时，它们已经高度国际化、现代化，与国际、国内保持产品、信息、资金、技术的交流；思维方式、行为方式既体现自身的企业文化，又体现对效率、效能的一贯追求。在城市化的大潮中，城乡接合部的农民显得迷茫，试图在土地增值收益中增加自己的份额是其本能；过惯了日出而作、日落而息的生活，推土机打乱了他们生活的宁静；失去土地以后，他们要面对未来生活的不确定；由农民变为工人，8 小时工作制打乱了他们的生活节奏；外来人口的涌入，使当地的熟人社会变成半熟人社会；高楼、工厂、马路割裂了他们的生活空间；他们眼里的外来农民工是乡下人，这些乡下人也试图和他们获得土地收益。"农村的作用是个变数：它不是稳定的根源，就是革命的根源。"① 更准确地说，农民是个变数，城市化中流动的农民不能成为流民，来到城乡接合部的农民其正当利益诉求应该满足，要制定社会政策，让他们融入当地。但是外来农民工在城乡接合部也会面对祖居户、当地政府的排斥，在他们正当合理的要求不能满足时，他们会选择投机甚至违法。城乡接合部在土地征收中各主体的利益分配是不公平的，政府、企业和农民通过不同的力量获得不同的利益，权力之大大到可以不受制约；资本不仅可以利用权力，还可以获得权力；权利是脆弱的，它要受到资本的挤压，权利在没有成为自主的权利时，它就要受到权力同情式的认可。

---

① 〔美〕亨廷顿：《变化社会中的政治秩序》，王冠华、刘为等译，上海人民出版社，2008，第 311 页。

第一章

本项研究的理论工具：罗尔斯理论阐述

20世纪后半期，当凯恩斯主义大行其道时，也带来了副产品，即高通货膨胀与高失业率相伴生的滞涨状态。1970～1980年，美国的失业率超过了4%，通货膨胀率在1979年达到13%。与此同时，贫富差距悬殊、阶层分化明显，1970年在美国，最贫穷的1/5人口收入仅占国民收入的3.6%，最富的1/5人口收入占国民收入的44.1%。① 美国出现了城市郊区化，富人迁往郊区，城市成了新移民、失业者、黑人居住的地方。种族歧视问题长久没有得到解决，美国宪法的人权保护成为一纸空文。各种社会运动风起云涌，如绿色和平运动、女权运动、反女权运动、民权运动等。关于权力和利益的分配问题再次叩响哲学家的大门。

一　罗尔斯制度正义理论的学术元素

1971年，罗尔斯出版《正义论》发表，是对现实的回应："正义的主要问题是社会的基本结构，或更准确地说，是社会主要制度分配基本权利和义务，决定由社会合作产生的利益之划分的方式。"② 《正义论》

---

① David W. Blight, *A People And A Nation*: *A History of the United States* (Cengage Learning, 2011), p. 867.

② 〔美〕约翰·罗尔斯:《正义论》，何怀宏等译，中国社会科学出版社，1988，第7页。

的主要目的是制度设计一个合理的标准和原则，即正义原则，而他的正义原则主要是用来处理分配问题的，即一个社会依据什么原则来分配权力、利益、义务。

（一）两条基本原则：自由平等原则及机会平等、差别原则

基于无知之幕、原初状态、人的理性，罗尔斯提出了其正义的两个原则。[①]

第一个原则是自由平等原则。每个人对所有人所拥有的充分恰当的、平等的基本自由体系相容的类似自由体系，都应有一种平等的权利。第二个原则是社会的和经济的不平等应这样安排，使它们适合于最少受惠者的最大利益；依附于机会和平等的条件下，职务和地位向所有人公开。

第一个原则是支配社会基本权利和义务分配的原则；广为流传的还是第二个原则，它包括差别原则和机会平等原则，第二个原则是支配社会和经济利益分配的原则。机会平等原则是无知之幕必然的推导结果，机会平等的核心是前程为人才开放，属于事前原则。决定一个人的机会有天赋、教育、职业；还有家庭，父母生活的终点是子女生活的起点，子女是在父母的起点上实现社会化、融入社会的。但机会平等是有缺陷的，如天赋、家庭等诸多要素个人不能选择，人生而平等，但无不在枷锁之中，人的起点是不平等的，因而需要差别原则。"那些先天有利的人，不论他们是谁，只能在改善那些不利者的情况下从他们的幸运中得利。"[②] 罗尔斯以对弱者的关怀，使他更像一个慈善家。

两个原则遵循字典式的排序，第一原则优于第二原则，机会平等优于差别原则。

（二）三个维度：实质正义、形式正义与程序正义

罗尔斯从三个方面对制度提出要求。实质正义要求制度本身必须是正义的，形式正义要求制度的执行必须是正义的，程序正义强调借助程

---

① 〔美〕约翰·罗尔斯：《正义论》，何怀宏等译，中国社会科学出版社，1988，第75页。

② 〔美〕约翰·罗尔斯：《正义论》，何怀宏等译，中国社会科学出版社，1988，第97页。

序达到结果的正义。实质正义是指制度本身符合正义的两个原则，突出强调制度最终能够使各种利益分配达到平衡。"需要一系列原则来指导在各种不同的决定利益分配的社会安排之间进行选择，确定了社会合作的利益和负担的适当分配。"① 形式正义是"类似情况类似处理，有关的同异都由既定规范来鉴别"，"是对正义原则的坚持，是对体系的服从。制度确定的正确规范被一贯地坚持，并由当局恰当地给予解释"。② 罗尔斯将程序正义分成三种，即纯粹的程序正义、完全的程序正义、不完全的程序正义。纯粹的程序正义（比如赌博）是只要人们遵守程序，不管结果是什么样，都必须接受，不存在判定结果正当性的标准，而是存在公平的程序。完全的程序正义典型形态就是均分蛋糕，它有两个要求，一是对什么是公平的分配有一个独立的标准——蛋糕均分，二是设计一种保证达到预期结果的程序——动手切蛋糕的人最后领取自己的那份。标准容易确定，程序也容易设计，但政府既是设计者，又是执行者，它在分好蛋糕后，往往拿走最大的一块。完全的程序正义只能是理想状态。不完全的程序正义指的是虽然在程序之外存在衡量什么是正义的客观标准，但是百分之百地满足这个标准的结果得以实现的程序却不存在。虽然我们无法设计出一种程序可以保证正当的结果一定会实现。但是，我们还是需要设置一个抑制性程序或者半程序，以保证政策结果的正当性。不完全的程序正义达至的结果是政府利益被抑制、强势利益集团不能够俘虏国家，保证公众的利益得以实现。

（三）一种社会目标：建立良序社会

正义的分配要达到的目的是建立良序社会。"每个人都接受、也知道别人接受同样的正义原则，基本的社会制度普遍地满足、也普遍为人所知地满足这些原则。一个社会，当它不仅被设计得旨在推进它的成员的利益，而且也有效地受着一种公开的正义观管理时，它就是良序社

---

① 〔美〕约翰·罗尔斯：《正义论》，何怀宏等译，中国社会科学出版社，1988，第 4～5 页。
② 〔美〕约翰·罗尔斯：《正义论》，何怀宏等译，中国社会科学出版社，1988，第 58 页。

会。"① 良序社会的人民具有德行，"正义感是人类合群性的首要动机基础。人生而没有正义感，犹如人生而拥有瑕疵的人性"；"缺少正义感的人，不仅缺乏友情、爱心和互信的纽带，而且缺乏体验不满和表达愤怒的能力，换言之，缺乏正义感的人，将缺乏蕴含在人性概念之下的基本态度和基本能力"②。良序社会体现人的尊严、体面，"尊重人的体面是正义的一个条件，但是在民主自由的意义上，并非所有体面社会都是正义的"③。尊重人权、物质富足、有自由权利等是体面的前提。④ 良序社会是宽容的社会，"在良序社会中，与人为善（具体地说具有有效的正义感）的确是一种善"⑤。良序社会还要求国家在处理与公民的关系时，要有所妥协，尤其在公共利益与个人利益冲突时，公共利益没有当然的优先性。

二 罗尔斯制度正义理论对研究政府 土地征收问题的适用性

文章合为时而著，歌诗合为事而作，自《正义论》出版至今，先后被翻译成几十种语言，风行世界，以致形成"正义论产业"，这大概是研究分配正义的罗尔斯意想不到的结果。

城乡接合部在今天成为"问题"，而土地征收则是诸多问题中最难解决的"问题"。英国古典政治经济学创始人威廉·配第说："土地是财富之母。"中国古人也说："地者万物之本源，诸生之根菀。"中国历史是农耕文明，土地是重要的生产资料和生活资料，占有土地就意味着拥有财富和权力。同时，土地还是维系农民家国情结的重要载体，对故土的乡愁、对国破家亡的黍离之悲无不与土地相连。王朝更替、农民起

---

① 〔美〕约翰·罗尔斯：《正义论》，何怀宏等译，中国社会科学出版社，1988，第 5 页。
② J. Rawls, *A Theory of Justice* (Cambridge, MA: Harvardd University Press, 1999), p. 630, 427.
③ S. Freeman, *Rawls* (London and New York: Routledge, 2007), p. 429.
④ J. Rawls, *A Theory of Justice* (Cambridge, MA: Harvardd University Press, 1999), p. 427.
⑤ J. Rawls, *A Theory of Justice* (Cambridge, MA: Harvard University Press, 1999), p. 505.

义、税收改革都与土地有直接或间接的关系。到了明清，推崇农本思想，重农抑商，土地更是成了首选的投资对象，商人赚来的钱不是用来扩大再生产，而是买田置地。在中国革命史上，早在第一次国共合作时期，毛泽东就指出："农民问题乃国民革命的中心问题……农民问题不在现在的革命运动中得到相当的解决，农民不会拥护这个革命。"① 农民问题就是土地问题，中国共产党在不同时期制定了不同的土地政策，以扩大革命的基础，壮大同盟军。中国革命是农民革命，没有农民的支持，不能实现农民对土地的要求，就不可能取得革命的胜利。

中国的改革，发端于农村，也是从土地开始的。1978 年冬，安徽凤阳小岗村农民在"秘密契约"上摁下红手印，开始"大包干"，拉开中国改革的序幕。可以说，土地承载了中国历史，从过去、现在通向未来。新型城镇化方兴未艾，中国历史又将翻开新的一页。城乡接合部是城镇化的前沿，是变化最剧烈、各种矛盾最集中的地区，各种矛盾因地而起、因地而生。

（一）土地征收是利益分配行为

城乡接合部土地征收的各利益主体围绕土地追求不同的利益（见图 1 - 1）。政府通过土地国有化、招拍挂，获得土地出让收入，土地出让收入应用于公益事业，间接满足了政府利益。政府的作用表现在：制定具有强制性的关于土地征收的政策，其他利益主体必须服从；地方政府的"GDP 崇拜"，在招商引资过程中对外来投资企业开出土地、税费等方面的优惠条件，土地财政对房地产企业的依赖，工业企业、房地产企业的需求很容易通过政策表现出来；工业企业通过较低的地价、房地产企业通过建造楼房出卖后获得的利润，农民在土地被征收后获得较低的补偿。房地产开发商为经济发展增加了 GDP，使政府增加预算外财政收入——土地出让金。2015 年，全国土地出让收入为 3.29 万亿元，虽然比 2014 年下降 4.7%，但仍占地方财政收入的 47.6%。② 房地产业

① 《毛泽东选集》（第一卷），人民出版社，1991，第 15 页。
② 国家统计局网站，http://data.stats.gov.cn/easyquery.htm? cn = C01。

为地方经济的发展做出了贡献，成了特殊利益集团。房地产业绑架了政府，让政府的政策实现自己的利益，忽视其他相关者的利益；政府为开发商所利用，开发商看上的地或拿到的地，政府会千方百计尽量满足其要求，在土地征收和房屋征收中手段粗暴；政府对其违法违规的行为视而不见；开发商利用其资本优势获取政治资源，有的成为省市县各级人大代表、党代表和政协委员，再利用其政治身份提高与政府的议价能力，获取更多的利润。农民在土地征收中缺少知情权、参与权、表达权，只是被动执行征收政策，缺少行之有效的参与渠道。在政府不能满足其正当权利要求时，他们的行为也会失范、违法或违规。

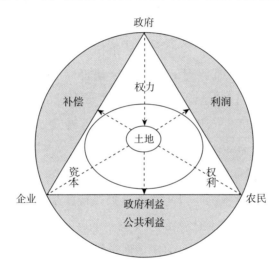

图 1-1　城乡接合部土地收益分配中的利益主体

（二）土地征收应遵守罗尔斯正义的两个原则

在土地征收过程中，国家的征收权力会同农民的各项权利产生碰撞，由于国家与农民地位不对等，权力没有明显边界，当权力缺少约束、权利无法对抗权力时，权力就会恣意妄为，损害农民的权利。应然性要求农民有自由迁徙权，要以平等为基本条件，即祖居户与外来户在身份上的平等，消除户籍产生的土地征收补偿的不平等；集体土地同国有土地的平等，集体土地可以进入土地一级市场，农民得到的不是有限的征地补偿，而是直接参与土地出让收入的分配。由这个平等推而广之是农民要享有更广泛的、不限于《正义论》设定的权利，包括政治权利、住宅权、土地财产权、生存权等。

机会平等同样要求农民有迁徙自由、祖居户与外来户身份平等、集体土地与国有土地同权同价，而差别原则是退而求其次的选择，如果机会平等做不到，提高农民过低的补偿标准、提高其征地补偿占土地出让金的比重，具有可操作性、现实性。

（三）土地征收应符合实质正义、形式正义、程序正义的要求

1. 土地征收的依据是国家的法律和政策

县级政府在土地征收中，更多的是依据法律和上级政策，自己能够制定的政策并不多。例如，法律对土地所有制确认，国家宏观政策指引，像土地用途管制、耕地保护、土地出让招拍挂等。省级政府制定征地补偿标准，确定统一年产值、征地片区综合地价标准以及它们的倍数，其范围精确到乡（镇）；确定除征地补偿以外其他土地的补偿倍数，如林地、果园年产值的倍数；市级政府确定林地、果园等的统一年产值，制定国有土地上房屋的补偿标准。这些法律和政策本身是否正义值得考量。

2. 土地征收制度的形式正义问题

土地征收政策能不能一以贯之地得到执行，是形式正义问题。由于地方政府在政策执行中奉行"上有政策、下有对策"，它的本质是"相关政策主体之间基于利益得失的考虑而进行的一种博弈过程，政策目标的实现程度取决于博弈参与者的策略选择，而博弈参与者的策略选择从根本上又取决于作为博弈规则的制度"①。有的采取"断章取义，为我所用""阳奉阴违，拒不执行""左顾右盼，等待观望""讨价还价、政策攀比"等，因而出现"中梗阻"现象。②

城乡接合部土地征收的主体是县级政府，一方面它们要执行上级的政策，为了自身利益，就出现了政策的变通和规避，如《土地法》中

---

① 丁煌：《"上有政策、下有对策"——案例分析与博弈启示》，《武汉大学学报》（哲学社会科学版）2004年第6期。

② 钱再见、金太军：《公共政策执行主体与公共政策执行"中梗阻"现象》，《中国行政管理》2002年第2期。

规定达到一定的征地面积必须上报国务院批准，县级政府就化整为零，分期分批上报到省级政府，规避国务院的审批；有权批准征收土地的只能是国务院和省级政府，而省级政府却擅自把审批权下放到市级政府。另一方面县级政府还要执行自己制定的政策，由于政出多门、执行主体多样，使县级政府自己的征收政策因人、因项目而异。

3. 土地征收制度的程序正义问题

合法的土地征收包括三个条件，即符合公共利益、程序正义、合理补偿。就土地征收程序而言，《土地法》规定了"两公告、一登记"，征用土地的市、县人民政府在收到省或国务院征收土地批准文件之日起10个工作日内在被征地所在村进行"两公告，一登记"，由国土资源部门组织实施，第一次公告《征用土地公告》，第二次公告《征地补偿、安置方案公告》，然后进行补偿登记。其存在的问题是特殊制度缺乏一般化使用的规定、没有体系化为一般程序和特别程序、步骤不完善、顺序不合理、时限欠缺等，即便是这样一个千疮百孔的程序在实践中也没有得到有效执行。

（四）土地征收，应有利于建立良序社会

土地征收是利益的再分配，如果国家所得畸高，而农民所得畸低，就会引起农民心理失衡。土地征收不能成为对农民利益的侵占，由于我国集体土地产权的缺陷，农民在土地增值收益分配中处于不利地位，农民权利在面对国家权力和资本时，显得不堪一击。由于利益表达渠道匮乏，农民正当的利益诉求很难通过正常的渠道表达，因而更多地选择非制度化的表达方式，如越级上访等，以致在政府与农民、企业与农民之间形成剧烈的矛盾冲突，甚至酿成血案，出现很多悲剧。政府作为土地征收中起决定作用的力量，在利益发生矛盾冲突时，如何寻找交集、寻找共识，建立良序社会，就显得迫在眉睫。

综上所述，土地征收中的诸多问题契合了制度正义理论的范畴，制度正义理论对于土地征收有较强的解释力，也能为解决问题提供相应的对策。

三 本章小结

本章介绍了本项研究的理论工具，体现在罗尔斯《正义论》中的相关理论，其学术元素主要包括自由平等原则、机会平等原则和差别原则，以及实质正义、形式正义、程序正义，良序社会等内容。土地征收中的问题适合运用正义理论来分析，因而制度正义理论对研究政府土地征收问题具有适用性。

第二章

合肥市 Y 县政府土地收益分配的做法概观

一 Y 县政府土地征收的缘由

合肥城市发展经过 20 世纪 60 年代的"小团城"模式、20 世纪 80 年代以前的"风扇叶"模式、20 世纪 90 年代的"摊大饼"模式，直到现在的指状延伸、逐步填充模式，合肥市的城市规模还处于成长期，人口、用地规模将会进一步扩大，城市首位度在安徽省还要进一步提高，势必会不断占用郊县的土地。

改革开放后，县域行政区划调整曾出现"撤县建市""撤县（市）设区""省直管县""强县扩权"等重要模式。吊诡的是 1997 年"撤县设市"甫一停息，2000 年"撤县（市）设区"风潮又起，绵延至长三角、江三角、京津冀和辽中南等地区。连"强县扩权"改革最彻底的浙江省，其中心城市的规模也在扩大。在 1992 年浙江的改革中，对萧山、余杭等 13 个经济发展较快的县市进行扩权，扩大基本建设、技术改造和外商投资项目的审批权；1997 年浙江省再次对萧山、余杭两市下放权力，使其享有地级市的基础建设和技术改造项目、对外经贸、金融、计划管理、土地管理、出国（境）等 11 项审批权限。然而经过两轮扩权，萧山、余杭最后还是并入杭州，2001 年 2 月，萧山市和余杭市被撤销，设立萧山区和余杭区，与杭州市原六个区构成一个新杭州；

2014 年 12 月，经国务院批准，撤销富阳市，设立杭州市富阳区。2000 年，广州市的番禺、花都撤市改区，广州变身为滨海城市；2014 年，从化市、增城市撤市建区。2000 年以后，南京的江宁、江浦、六合先后撤县建区，南京最近的一次行政区划调整则是 2013 年 3 月，溧水、高淳撤县设区。中心城市的发展，既可以发挥其集聚功能，又可以发挥其辐射功能，使更多的人享受城市的公共服务，提高生产力发展，增强资源配置效率，实现城市和农村的协同发展，促进产城一体、城乡一体、以城带乡、以工促农，让城市化惠及更多的人，让农民增加收入，提高生活质量，让农民有更多的获得感，在就业、养老、医疗和居住等方面逐渐缩小与城市的差距。撤市设区在不同地区引起不同的反应，因撤市设区而起的集体表意行为也屡屡见诸报端。2010 年 10 月，根据此前制定的区划调整方案，三门峡市下辖的灵宝市（县级）撤市建立虢州区，消息传来遭到灵宝市的强烈反对，上访、请愿、游行不断。不得已，三门峡市停止灵宝撤市建区的决定。主要原因在于三门峡市的经济总量小，带不动新并入的灵宝市，此外历史文化也是一个不容忽视的因素。

合肥市在撤县（市）设区的风潮中没有跟风，主要在于合肥市的辐射能力弱，经济总量偏小。2000 年，合肥市的 GDP 是 324.7 亿元，而同期南京市为 1020 亿元、杭州市为 1382 亿元、广州为 2383 亿元，合肥和上述城市不具有可比性。2000 年，合肥经济总量在全国城市排名第 49 位，低于许多沿海县级市；在全省的经济首位度偏低，GDP 仅占全省的 10.73%。合肥市是在县城的基础上发展而来的，不像其他省会城市，在新中国成立前就是省会。新中国刚成立时，合肥老城区面积仅为 5.2 平方公里，实际建成区面积不足 2 平方公里，人口仅有 5 万人。当时没有像样的工业，只有手工业；1954 年开始投资建厂，上海的 50 家内迁企业成为合肥市的工业基础。直到 20 世纪 50 年代，安徽省高层还在为省会在合肥还是芜湖争论不休。1958 年，毛泽东视察安徽，回京后给安徽省委书记曾希圣写信："合肥不错，为皖之中，是否要搬芜湖呢？从长考虑，比较适宜，以为如何？"这才平息了另选省会的争论。

撤县（市）设区之后，全国出现省直管县、强县扩权改革，主要有财政突破与体制创新的浙江模式、强县带动与弱县激励转移的湖北模式、强县放权与弱县扩权的河南模式、放管结合与以扩促强的四川模式、市县分置与扁平化管理的海南和重庆模式等。[①]"强县扩权"是上级向下级放权，"撤市设区"则是上级向下级收权。

改革开放后，合肥市的行政区划经历了三次调整。1983 年 7 月，Y 县、肥西县复归合肥市管辖（1958 年 7 月，Y 县、肥西县、巢县划归合肥市。1961 年 4 月，三县划出）。2002 年 3 月，对原来下辖的东市区、中市区、西市区、郊区进行拆分、合并或重组，成立瑶海区、庐阳区、蜀山区、包河区。2011 年 8 月，安徽省行政区划调整，撤销原地级巢湖市，原居巢区改设县级巢湖市，由安徽省直辖、合肥市代管，庐江县划入合肥市。

合肥市城市规模扩大是 Y 县土地征收的主要原因。合肥市委、市政府要把合肥打造成区域性特大城市，比肩南京、杭州。"十二五"期间，生产总值接近 6000 亿元，财政收入突破 1000 亿元，人均生产总值突破 10000 美元，工业总产值接近 10000 亿元，常住人口城镇化率超过 70%。[②] 但其城市规模偏小，限制了其集聚和辐射能力的发挥。2015 ~ 2017 年，市政基础设施、公共设施建设计划需新增 30 平方公里，工业项目建设计划需要新增 26.25 平方公里，房地产开发等其他项目建设计划需要新增 18.75 平方公里。[③] 与南京、杭州相比，差距仍然很大。2013 年末，合肥市建成区面积 393 平方公里，杭州为 462.48 平方公里，南京为 713 平方公里。合肥市的城市扩容不可避免，合肥市委表示：稳妥推进"撤县建区""改县设市"。[④]

---

① 孙学玉：《我国强县扩权实践模式的案例分析》，《学海》2008 年第 1 期。
② 合肥市统计局网站，http://tjj. hefei. gov. cn/8688/8689/n/。
③ 高国忠解读《合肥市土地利用总体规划调整》，合肥市政府信息公开网，http://zwgk. hefei. gov. cn/zwgk/public/spage. xp? doAction = view&indexno = 002990781/201509 - 00025，2015 年 9 月 24 日。
④ 《中共合肥市委关于制定国民经济和社会发展第十三个五年规划的建议》，2015 年 12 月。

（一）合肥市的区界重组

为了满足城市空间扩张的需要，在市辖行政区划范围内，可以采用撤县（市）设区和区界重组两种做法。合肥市采用后一种做法，并分成两种情况：一是对一个或几个市辖区进行拆分、合并或重组，如2002年区划调整；二是不断兼并毗邻三县（如巢湖、庐江被巢湖隔开，不临合肥）的土地，2002年2月，国务院下发《关于同意安徽省调整合肥市部分行政区划的批复》，Y县两个乡（镇）23个行政村（居委会）约81.8平方公里的土地划归合肥市瑶海区管辖；2010年10月，为支持合肥新站综合开发试验区拓展需要，又将约24.54平方公里土地的4个新行政村交由新站综合开发试验区管委会托管；2012年12月，安徽省民政厅下发《关于同意调整合肥市瑶海区与Y县部分行政区划的批复》，Y县将上述4个行政村正式划归瑶海区管辖。合肥市占有的资源包括以下几方面。

1. 占有基础设施

为了发展工业企业，招商引资，合肥市周边的Y县在城市基础设施上投入了巨资，通过规划、拆迁实现"三通一平"、"四通一平"。

在Y县划归合肥的土地上有一个省级经济开发区，1991年Y县决定在与合肥市区接壤处开辟工业小区，1992年成立"合肥龙岗工业区"，2001年升级为省级开发区，更名为"合肥龙岗综合经济开发区"。开发区建立后，成为Y县招商引资的龙头、市场经济的示范点和县域经济的增长点。1992～2005年，开发区投入15亿多元用于基础设施建设，共修建11条道路，完善供电、供水、路灯、绿化等配套设施，重点路段硬化、亮化、美化、绿化，重点区域实现道路、供电、供水、供气、通信、排水、有线电视、宽带网络和项目用地的"八通一平"。铺设自来水管道20多公里；新建自来水厂1座，日供水5万吨；拥有220千伏和10千伏变压所各1座；区内设电信支局，开通程控电话5万门；国家"西气东输"工程在区内建有加气站；区内污水处理厂、有线电视站、医院、商场、超市、幼儿园、学校等服务设施齐全。拆迁房屋35万平方米，兴建住宅约40万平方米，初步实现由农村向小城镇转变，同时抓好市容环卫工作。区内各主干道有专人负责，整治市容市貌。

2. 占有原土地上工业企业的税收

原有土地上的工业企业，随区界重组一起交给合肥市。在Y县与合肥市的交界处，聚集该县主要的工业和商贸，市政府拿走了这一块，就等于拿走这个县相当一部分的财税来源。

龙岗综合经济开发区占地10.7平方公里，常住人口2万多人，是Y县及合肥市重要的加工制造业基地和商贸区，2008年工业产值44.4亿元，每年商贸交易额100多亿元。2006~2008年，开发区每年财政收入都超过3亿元，2008年达到3.76亿，占同年全县财政收入的32.1%；开发区占Y县六成以上的房地产市场份额。2009年11月，龙岗开发区正式移交瑶海区，Y县失去重要的财税来源。现在来看龙岗开发区，也并没有发展工业，只是地价、房价上涨，房地产业一枝独秀。

合肥市的城市规模还处于扩张之中，未来还会继续"蚕食"Y县，Y县的干部群众也颇多不满，"好地都被合肥占了""税源也被合肥拿走""我们还有什么"。合肥如果继续东扩，划走笔者研究的边缘区部分，那Y县就要跌出安徽省一类县，以致退出全国百强县。

3. 占有级差地租Ⅱ

划归合肥市的106.34平方公里的土地，如果按照20%的比例发展房地产，按照Y县每亩400万元计算，土地出让金就是400万元×（21.268×1500）＝1276亿元。这么多土地划归合肥市后，地价还会涨，至少涨一倍。

在同一块土地上，经过长期的投入，无论是连续追加到哪一级土地上，一般都会提供不同的生产率。这些追加投资提供的生产率，只要高于原来劣等地的生产率，就会产生超额利润，并形成级差地租Ⅱ。当然这里的级差地租Ⅱ，还是与地理位置有关系。

（二）不同权力对土地征收的影响

光绪三十四年十二月二十七日（即1909年1月18日）清朝颁布《城镇乡地方自治章程》在中国历史上标志着以农为本、重农抑商的农耕社会第一次聚焦城市。1939年《中华民国都市计划法》出台，标志权力以其强制性要求城市按照自己的意志去发展。1949～1978年，通过户籍、街居、人民公社等一系列制度，限制了城市的发展。改革开放后人口流动，实行市场经济，1999年住房制度改革，取消单位福利分房，房地产开始得到发展。2012年新型城镇化提出后，中央又密集出台了一系列政策。法国学者福柯痴迷于城市空间的拓展，他认为权力起着"一种生产性的实践或者说生产性网络"①，尽管福柯的权力是一种微观权力，属后现代范畴。但从空间扩展来理解权力不无启示。城市空间扩展带来的结果必然是土地征收。

有三种不同的权力作用在城市空间上，发改委制定国民经济和社会发展规划，国土部门制定土地利用规划，规划部门制定城乡发展规划，它们之间的关系是"发改管目标，国土管指标，规划管坐标"。这三个不同部门制定的不同标准，在现实中出现矛盾是不可避免的，现在有些地方正在探索"三规合一"。"三规合一"并非只有一个规划，那样就会出现第四个规划，它的本意是统筹、协调。土地作为城市空间扩展的载体，这三个规划都指向土地。

1. 合肥市城市建设目标

合肥市发改委在国民经济和社会发展第十一、十二、十三个"五年规划纲要"中都明确了建成区面积、市区常住人口和城镇化率等相关指标，从表2-1中可以看到除城镇化率以外（因为行政区划调整，庐江县和县级巢湖市划入合肥），各项目标都能如期完成。

表2-1 合肥市城市建设的预期目标和完成情况以及"十三五"规划预期目标

相关指标	原有基础	"十一五"规划		"十二五"规划		"十三五"规划	
	2005年	目标	2010年完成	目标	2015年完成	目标	2020年完成
建成区面积（平方公里）	224.7	300	310	410	416	500	

① 谢立中：《现代性与后现代性社会理论》，北京大学出版社，2004，第163页。

续表

相关指标	原有基础	"十一五" 规划		"十二五" 规划		"十三五" 规划	
	2005 年	目标	2010 年完成	目标	2015 年完成	目标	2020 年完成
市区常住人口（万人）	224	300	310	400 以上	407	500	
城镇化率（％）	50	60 左右	65	75	70	75	

资料来源：合肥市国民经济和社会发展第十一、十二、十三个 "五年规划纲要"。

2. 合肥市土地利用规划

《合肥市土地利用总体规划（2006～2020 年）》规定：到 2010 年，中心城区总人口达到 300 万人，规模边界范围内建设用地 300 平方公里；2020 年，中心城区总人口将达到 360 万人，规模边界范围内建设用地 360 平方公里。合肥市（不含巢湖市、庐江县）建设用地总规模调增为 1377 平方公里，新增 276 平方公里。《合肥市土地利用总体规划（2006～2020 年）大纲》对于土地利用目标的规定：

耕地与基本农田保护目标。至 2010 年，耕地保有量 374843.71 公顷；至 2020 年，耕地保有量 374027.39 公顷。2006～2020 年，耕地净减量控制在 3537.24 公顷以内。其中，2006～2010 年，耕地净减量控制在 2720.92 公顷以内。规划期内，基本农田保护面积目标为 322429.96 公顷。

土地整理复垦开发补充耕地目标。2006～2020 年，新增建设用地占用耕地 22821.52 公顷，通过土地整理复垦开发补充耕地 22821.52 公顷。其中，2006～2010 年，新增建设用地占用耕地 8311.77 公顷，通过土地整理复垦开发补充耕地 8311.77 公顷。2011～2020 年，新增建设占用耕地 14509.75 公顷，通过土地整理复垦开发补充耕地 14509.75 公顷。

建设用地控制规模。至 2010 年，建设用地规模控制在 126051.97 公顷；至 2020 年，建设用地规模控制在 137749.31 公项。2006～2020 年，净增建设用地 22890.56 公顷，其中 2006～2010 年净增建设用地 11193.22 公顷；2011～2020 年净增建设用地 11697.34 公顷。

土地集约利用目标。2006～2020 年，将人均建设用地由 226.23 平方米降至 194.51 平方米；力争将人均农村居民点面积由 263.28 平方米降至 230.00 平方米；中心城区人均建设用地由 100.31 平方米降至 100.00 平方米；地均 GDP 由 1246.50 万元/平方公里提高至 13023.81 万元/平方公里。

3. 合肥市 "141" 和 "1331" 城市发展规划

《合肥市城市总体规划 (2006～2020 年)》提出 "141" 空间发展格局，即形成一个主城、四个城市组团、一个滨湖新区的空间结构。一个主城为二环以内、312 国道以北的范围；四个城市组团为东部组团 (指 Y 县 DB 镇、CZ 等城镇)、西南部组团、西部组团、北部组团；一个滨湖新区是指在巢湖西北岸地势较高的地带，以巢湖综合治理为契机，建设滨湖新区，进一步提升城市品位和形象。

2011 年，巢湖市 (县级) 和庐江县划归合肥，修编工作随之开展。2013 年合肥市规划局公布《合肥市城市空间发展战略及环巢湖地区生态保护修复与旅游发展规划》(以下简称《规划》)，该《规划》提出 "1331" 规划，第一个 "1" 即是原先的 "141"；第二个 "3" 则为巢湖、庐江和长丰 3 个城市副中心；第三个 "3" 则为 "新桥临空产业基地、庐南重化工基地和巢北产业基地" 3 个产业新城；最后一个 "1" 为环巢湖示范区。

除此之外，合肥市政府还把城市建设用地指标分解给所属各县 (市)，各县 (市) 必须完成。2008～2014 年，Y 县为合肥市提供占补平衡指标 15000 亩，其中从县级项目调剂给市占补平衡指标 6000 多亩；为合肥市每年提供增减挂钩指标 300 亩。合肥市也支付给各县 (市) 购买指标的费用，各县 (市) 分利，不分指标。

二　Y 县城市建设、产业发展及其成就

（一）制定与上位规划相适应的规划

城市国民经济和社会发展规划、土地利用规划、城市发展规划等体现的是政府意志。关于土地利用规划，《土地管理法》第 18 条规定：下级土地利用总体规划应当依据上一级土地利用总体规划编制。国土资源部办公厅曾经印发《市县乡级土地利用总体规划编制指导意见》要求规划层级的衔接：上级规划布局明确落位的用地安排，在下一级规划中要严格落实；上一级规划不做明确、具体安排的用地，在下一级规划中安排，但用地安排以上一级规划为指导，不能与上一级规划相冲突。规划层级之间的衔接主要包括空间布局和指标两个方面，一是用地布局安排要衔接一致，市县级规划通过确定下一级规划的耕地保有量、基本农田保护面积、城乡建设用地规模、人均城镇工矿用地、新增建设用地占用耕地等主要用地指标，实现层级之间主要指标的衔接；二是通过自上而下分解下达主要用地指标，实现上级规划对下级规划的控制。《城乡规划法》规定，县政府编制的城关镇总体规划、镇人民政府组织编制的镇总体规划都要经过上级人民政府批准，因此土地利用规划、城市发展规划县镇政府没有发挥的余地，必须与上级保持一致。比如，Y 县 DB 镇只能往东、往南、往西发展，不能向北发展，这是由合肥市的城市规划决定的。县级政府编制国民经济和社会发展规划，在发展经济、改善民生、城市建设等方面发挥的余地相对较大，但是也必须与市政府的规划保持一致。

（二）城市建设：资本城市化

在城镇化过程中，权力借助资本的力量，席卷长城内外、大江南北，中国仿佛是世界上最大的工地，到处都可见到高高的脚手架，听到轰鸣的工程机械，奔跑在马路上的渣土车把建筑垃圾从一处运到另一处，一座座高楼拔地而起，荒郊变成城市、马路四通八达……农民工进

城、子女随迁入学，圆了很多人的城市梦；新生代农民工从思维到习惯已经摆脱了土地的束缚，他们对土地已经没有感情，固守土地只能意味着贫穷，从土地上解放出来才是光明大道；农民工进城，资本下乡，土地流转，农民脚踩城市、农村，进可入城、退可回村，获得打工和土地两份收入⋯⋯

2015 年，Y 县城镇化率达到 51.5%，工业化率 57.1%，三次产业结构为 14.0∶64.5∶21.5。2008 年以来，每年城市建设投入超过 20 亿元，东部组团主干路网形成，与合肥对接，有 6 条道路直通合肥主城。DB 镇、CZ 镇城乡接合部人均拥有道路面积 11 平方米，绿地率 38.7%，绿化覆盖率 42.6%，人均公共绿地面积 9.7 平方米。DB 镇城区面积 20 平方公里，CZ 镇城区面积 15 平方公里，两镇连成一体。城乡接合部建成 5 座污水处理厂，处理规模 53 万吨/天；两座民用自来水厂，供水能力达 12.5 万立方米/天；供水管网 570 公里，供水覆盖 DB 镇、CZ 镇、城乡接合部、合肥市毗邻部分地区。

继法国哲学家列斐伏尔提出空间生产理论之后，他的追随者英国地理学家大卫·哈维提出资本城市化理论，哈维是在马克思关于资本与城市研究的基础上开始他的研究的。资本能够带来剩余价值的价值，"资本不是一种个人力量，而是一种社会力量"。城市基础设施的完善，能够降低生产成本，"城市愈大，搬到里面来就愈有利，因为这里有铁路，有运河，有公路；可以挑选的熟练工人愈来愈多；由于建筑业中和机器制造业中的竞争，在这种一切都方便的地方开办新的企业⋯⋯花费比较少的钱就行了；这里有顾客云集的市场和交易所，这里跟原料市场和成品销售市场有直接的联系"。① 在城市与农村的关系上，"资产阶级使农村屈服于城市的统治。它创立了巨大的城市，使城市人口比农村人口大大增加起来，因而使很大一部分居民脱离了农村生活的愚昧状态。正像它使农村从属于城市一样，它使未开化和半开化的国家从属于文明

---

① 《马克思恩格斯全集》第 2 卷，人民出版社，1995，第 320 页。

的国家，使农民的民族从属于资产阶级的民族，使东方从属于西方"①。马克思在《1857～1858 年经济学手稿》中，论述了资本在全球的扩展，"资本一方面要力求摧毁交往即交换的一切地方限制，夺得整个地球作为它的市场；另一方面它又力求用时间去消灭空间，就是说，把商品从一个地方转移到另一个地方所花费的时间减到最低限度"。

回归经典、重读经典，哈维在对《资本论》的解读中提出了资本的三次循环理论。② 资本第一次循环是马克思对产业资本的分析，资本投向生产资料和消费资料，通过资本积累、循环和周转，实现增值，生产过程是价值形成过程和增值过程的统一。剩余价值的产生，以流通领域为条件。在扩大再生产过程中，资本积累或剩余价值资本化是其基础。

资本第二次循环是投向环境建设，如房地产，资本是实现住房分配商品化、货币化的市场化手段。2002～2012 年，中国城镇新建住房共 81 亿平方米，城镇居民人均住房建筑面积由 24.5 平方米提高到 32.9 平方米，已超过国际文明居住人均 30 平方米的标准。③ 早在 2011 年，国家统计局发布的《全国城镇居民收支持续增长 生活质量显著改善》报告显示，2010 年底，我国城镇居民家庭自有住房率为 89.3%，其中 38% 的家庭拥有商品房。④ 此外，资本还投向基础设施，赚取更多的利润。城市环境是人造环境，地上和地下景观都被改造过，打上人的活动印记，道路、桥梁、公园、中央商务区（CBD）、购物中心、写字楼、休闲娱乐场所、学校、厂房、住宅、地下管网等，既具生产性又有消费性。

资本第三次循环是为了解决资本城市化的矛盾，资本要改变方向，投向社会，具有社会性。此时，资本投资已经不是为了追逐利润，而是

---

① 《马克思恩格斯选集》第 1 卷，人民出版社，1995，第 276～277 页。
② David . harvey，*The Urbanization of Capital*（Basil Blackwell，1985）.
③ 统计部门从 2013 年开始不再计算城镇和农村的人均住房面积。《中国统计年鉴（2013）》，中国统计出版社，2013，第 169 页。
④ 国家统计局：《全国城镇居民收支持续增长生活质量显著改善》，国家统计局网站，http://www.stats.gov.cn/ztjc/ztfx/sywcj/201103/t20110307_71321.html，2011 年 3 月 7 日。

为了人的生产与再生产、化解社会矛盾。资本在第一次、第二次循环中造成资源分配和占有的不平等，人与人之间的贫富差距拉开，资本不得已投向了教育、医疗卫生等社会领域。

Y县城乡接合部的资本循环。在Y县城乡接合部的城市化过程中，资本的第一次循环依靠廉价劳动力、廉价土地主要发展工业；由于市场有限，不断加大投入造成产能过剩，资本回报率下降。这也是很多传统制造企业的瓶颈期。廉价劳动力时代正在结束，低成本工业化产生的城乡差距、区域差距、贫富差距等多重矛盾，已经不足以支撑新型城镇化往前推进。资本的第二次循环用于房地产、工业固定资产投资等；目前，Y县资本处在第一次和第二次循环阶段，正在向科技创新、教育、卫生等社会公共事业转移。

1. 产业发展

（1）工业。基于快速城市化的发展要求，Y县产业发展规划坚持"区域协调、分类分业、集群发展"，目前主要有工业品种400余个，其中有20多个产品曾获省优、部优称号。大力发展以化工、钢铁业废料为原料的新材料产业，培育骨干企业，建设绿色化工及新材料产业集群；支持马鞍山钢铁（合肥）公司的建设，建设钢铁及钢材深加工产业集群；承接江淮汽车等一批在国内外有影响的汽车骨干企业的配套生产，依托合肥重点龙头企业，发展科技含量高、市场前景好的精加工产品，建设机械制造及汽配产业集群；以肉食品、新鲜蔬菜、地方特色食品为核心，发展养殖业、城郊型种植业，大力培育农副产品深加工产业集群；利用合肥市家电产业基地优势，提高主机配套零部件本地化率，发展家用电器产业集群，重点承接发展家电关键配套产品。培育战略性新兴产业，以节约和改善资源、能源和可持续发展为主导，积极培育发展新能源产业、新能源汽车配件产业、节能环保产业、电子信息产业、生物科技产业等战略性新兴产业。Y县被列为中国县域产业集群竞争力100强。到2015年实现规上工业总产值1500亿元。

2013年，规模以上工业产值分行业生产情况如下。农副食品加工业122亿元，食品制造业19亿元，化学原料及化学品制造业67亿元，石油化工、炼焦及核燃料加工 19 亿元，橡胶和塑料制品业 25.3 亿元，非金属矿物制品业 62 亿元，黑色金属冶炼及压延加工业 34 亿元，金属制品业 47 亿元，通用设备制造业 102 亿元，专用设备制造业 16 亿元，汽车制造业 30 亿元，电气机械和器材制造业 64 亿元，合计占全县工业总产值的 77%。

（2）现代服务业。依托合肥及 Y 县现有产业，针对家电、汽车及零部件、新型平板显示、工程机械、农产品、钢材等产业需求，大力发展生产性物流业。在消费物流业发展过程中，主要是打造合肥市大超市配送中心的集聚区。在商贸物流方面，建立建材、农产品及机械钢铁物流中心，形成区域性仓储、物资配送、运输与包装中心。

（3）建筑企业。建筑业是 Y 县国民经济的支柱产业，1989 年 Y 县被建设部、农业部、国务院贫困地区开发领导小组确定为"全国首批建筑劳务基地县"，1997 年 Y 县被安徽省首批命名为"安徽省建筑劳务基地县"，每年有 4 万多人的施工队伍遍及全国。进入 21 世纪以来，建筑队伍走出国门、走向世界。2008 年 Y 县被中国对外承包工程商会授予"对外劳务合作行业外派劳务基地"称号，2009 年外派劳务达 8110 人次，2013 年国外务工人员达到 1.5 万人，占全省的 65%，实现人均劳务收入 12 万元。2012 年改建 Y 县对外劳务合作服务平台，储备 18 ~ 45 岁有技能的人力资源 4000 多人。

（4）工业布局。Y 县的工业主要集中在城乡接合部，2013 年规模以上工业产值分布如下：Y 县经济开发区 284 亿元、合肥循环经济示范园 68 亿元、CZ 镇 200 亿元、DB 镇 11 亿元，合计占全县工业总产值的 71.38%。

2008 ~ 2014 年，Y 县农地转为建设用地 5000 亩，主要用于三镇融合（DB 镇、CZ 镇、QTJ 镇）、工业园区、合肥化学工业园（搬迁基地）。根据国土资源部国土资发〔2006〕307 号文件，[①] Y 县工业用地出

---

① 国土资源部：《关于发布实施〈全国工业用地出让最低价标准〉的通知》，国土资发〔2006〕307 号，2006 年 12 月。

让最低价标准属于十等，即 168 元/平方米，因此 2007 年最低价为 12.2 万/亩。2015 年 1 月土地基准基价上调三档至七等 288 元/平方米，在 Y 县城乡接合部范围内土地出让 19 万元/亩（见表 2 - 2）。Y 县按最低价出让工业用地。

表 2 - 2　2008 ~ 2014 年 Y 县招商引资情况

单位：亿元，万美元

资本构成	2008 年	2009 年	2010 年	2011 年	2012 年	2013 年	2014 年
内资	96.6	125.8	130.6	172.1	221.6	241	265
外资	2432	2813	2548	4007	4308	5037	7044

资料来源：Y 县招商局提供。

土地政策同财政、税收政策一样是招商引资政策的一部分，Y 县的投资主要来自内资，其中以长三角、珠三角、环渤海等地区为主。资本具有天然的逐利性，各地的土地出让价格、一定面积必须完成的最低税收、土地使用税等是企业布局时必须考虑的因素。在其他约束条件相同的情况下，较低土地出让价格和税收就有比较优势，从而吸引外资和内资的投资（见表 2 - 3）。Y 县土地价格为七等、城乡接合部预期亩均年税收（不含土地使用税）不少于 15 万元/年，土地使用税 10 元/平方米，投资强度不低于 200 万元/亩；和长三角、珠三角相比具有比较优势，吸引资本由东部向中部转移。

表 2 - 3　全国工业用地出让最低价标准

单位：元/平方米

土地等级	一等	二等	三等	四等	五等	六等	七等	八等
最低价标准	840	720	600	480	384	336	288	252
土地等级	九等	十等	十一等	十二等	十三等	十四等	十五等	
最低价标准	204	168	144	120	96	84	60	

资料来源：国土资源部《关于发布实施〈全国工业用地出让最低价标准〉的通知》（国土资发〔2006〕307 号），2006 年 12 月。

新经济地理学使用规模报酬递增的垄断竞争框架来分析产业转移、

资本流动，瑞典经济学家缪尔达尔将报酬递增不仅仅归因于经济因素，而且还充分认识到来自社会、政治、文化等方面的作用。某一因素的变化会引起另一因素的变化，经济发展趋势沿着最初的变量发展，两个因素互相累积、循环发展。招商引资中的财税优惠、土地优惠政策，不仅仅是一种经济行为，也是一种政治行为。规模报酬递增可上溯到亚当·斯密的《国富论》，他认为"劳动分工是财富增长的原因"。在 Y 县能够实现规模报酬递增的因素有：劳动分工，拥有专门技术人才；产业分工，发展出六大支柱产业。运输成本是新经济地理学的重要变量，Y 县有发达、便捷的交通网，两小时可到上海、武汉、杭州，还有高速公路网，运输成本低廉，这也是产业聚集的原因。

2. 房地产业的发展

在资本的第二次循环中，主要是房地产业的发展。自 1995 年起，Y 县房地产市场迅速发展，房地产开发企业不断增多，从 2 家发展到 2015 年的 49 家，绝大部分为私营企业，在 Y 县注册的房地产开发企业有 44 家，外地有 5 家；一级企业 1 家，二级企业 5 家，三级企业 6 家，暂定四级 37 家。一些房地产企业还走出合肥，成为外县（市）重要投资商。2014 年，Y 县房地产开发投资 56.73 亿元，其中住宅投资 49.04 亿元（见表 2 - 4）。十二五期间房地产投资 230 亿元，年均 46 亿元，房地产的利润是个商业秘密，按照通行的估算，其利润率在 30% ~ 40%，取下限 30%，年均利润为 15.3 亿元。DB 镇 2012 ~ 2015 年的投资全部是房地产，没有工业。

表 2 - 4　2008 ~ 2014 年 Y 县房地产开发相关数据

单位：万平方米，万元

年份	购置土地面积	开发投资		竣工面积		销售面积		销售金额	
		合计	住宅	合计	住宅	合计	住宅	合计	住宅
2008	51.2	210693	16453	54.99	51.66	62.42	60.49	185844	175331
2009	93.0	255229	183207	78.05	57.53	79.78	65.58	270846	213065
2010	41.5	259088	159937	50.24	25.01	73.70	61.51	291750	234629
2011	61.1	348171	232141	79.61	60.83	65.47	57.89	319806	272750

年份	购置土地面积	开发投资		竣工面积		销售面积		销售金额	
		合计	住宅	合计	住宅	合计	住宅	合计	住宅
2012	35.9	319657	235230	127.55	83.68	65.43	56.46	335535	271355
2013	83.4	540221	424750	66.23	54.48	117.17	104.72	651984	530761
2014	39.2	567259	490373	106.68	70.94	101.04	92.50	619252	535406

资料来源：Y 县房地产管理局提供。

3. 公共服务的发展

（1）Y 县对教育、卫生、文化等方面投入，尤其是教育方面投入较多。2014 年 9 月，DB 镇中心城区有中学 11 所（数据均包含公立和私立学校），在校生 30751 人；小学 14 所，在校生 21588 人；幼儿园 36 所、幼教点 1 所，看护点 19 个，招生 9129 人，较好地解决了农民工随迁子女的入学问题。

（2）Y 县的疾病控制、妇幼保健、重症精神病患者管理率、卫生监督协管等公共卫生服务项目全县覆盖率 100%，2014 年全县财政投入 5.6 亿元。Y 县加大对文化事业的投入，升级城区文化设施，完善农村文化设施，实施了文化信息资源共享工程、乡镇综合文化站建设工程、农家书屋工程、农民体育健身工程。

（3）Y 县被征地农民的社会保障政策。2009 年 Y 县城乡居民养老保险并轨，2010 年 Y 县城乡居民医疗保险统筹并轨；2011 年 5 月，《合肥市城镇职工基本医疗保险办法》公布，其中规定：凡具有本市市区城镇户口的无雇工的个体工商户、未在用人单位参加城镇职工基本医疗保险的非全日制从业人员以及其他灵活就业人员可以参加本市城镇职工基本医疗保险。这些政策出台扩大了农民工和失地农民的保障范围，多了一层保护屏障。

Y 县城乡接合部土地补偿费有 70% 用于被征地农民养老保障，转入被征地农民养老保障基金财政专户；30% 支付给拥有土地所有权的农村集体经济组织，其使用管理由乡（镇）人民政府、开发园区管委会负责监督。安置补助费扣除被征地农民参保对象个人应缴纳的 3600 元

（直接转入被征地农民养老保障基金财政专户），剩余部分支付给被征地安置对象。2007 年 2 月，Y 县在合肥市循环经济示范园开展了被征地农民养老保障的试点工作，经过一年的试点，于 2008 年 4 月县政府常务会议通过《关于印发 Y 县被征地农民养老保障实施办法》。该办法规定：以村民组为单位，把人均耕地少于 0.3 亩的被征地农民作为保障对象；耕地面积被征 70% 后，把剩余土地交由村级经济组织使用的对象也纳入被征地农民的保障对象，同时对土地部分被征用的被征地农民，采取被征土地折算的方法，按家庭人均被征地亩数来确定实际享受保障对象人数，这样最大限度地保障了被征地农民的权益。

被征地农民养老保障基金统一纳入县财政专户，实行收支两条线管理。基金来源包括 70% 的土地补偿费、安置补助费的一部分、基金的利息及其他增值收入和其他可用于被征地农民养老保障的资金，上述四项不足支付时，政府从国有土地使用权出让收入中划入资金。同时鼓励被征地农民参加城镇企业职工养老保险，在《关于印发 Y 县被征地农民养老保障实施办法》中，对被征地农民参加城镇企业职工养老保险做出了规定：对已就业的，由用人单位为其办理参保手续，养老保险费由个人和集体共同缴纳；对以自由职业者身份参加城保的，县政府给予不超过 15 年的社会保险补贴，补贴标准为每人每月 60 元。目前，Y 县被征地养老保障的标准是 420 元/月。2014 年，社会保障财政投入 6.06 亿元。

三　Y 县政府土地征收的基本做法

（一）适用土地征收的法律政策

1. 土地的《宪法》秩序

《宪法》第 10 条规定："城市的土地属于国家所有。农村和城市郊区的土地，除由法律规定属于国家所有的以外，属于集体所有；宅基地和自留地、自留山，也属于集体所有。"《土地管理法》第 43 条规定："任何单位和个人进行建设，需要使用土地的，必须依法申请使用国有土地。"政府垄断土地一级市场，集体土地只有在被征收变为国有土地后，才能由县级以上政府出让。

法律规定为了公共利益，国家可以征收土地、房屋。《宪法》第10条规定："国家为了公共利益的需要，可以依照法律对土地实行征收或者征用并给予补偿。"《物权法》第42条规定："为了公共利益的需要，依照法律规定的权限和程序可以征收集体所有的土地和单位、个人的房屋及其他不动产。"《城市房地产管理法》第6条规定："为了公共利益的需要，国家可以征收国有土地上单位和个人的房屋，并依法给予拆迁补偿，维护被征收人的合法权益；征收个人住宅的，还应当保障被征收人的居住条件。"《土地管理法》第2条第四款规定："国家为了公共利益的需要，可以依法对土地实行征收并给予补偿。"同时规定了土地征收补偿的方式，如土地补偿费、安置补助费、地上附着物和青苗的补偿费，以及计算方法和划分。

政府可以拆迁、征收房屋。依据是2001年6月的《城市房屋拆迁管理条例》，2011年1月取而代之的是《国有土地上房屋征收与补偿条例》，政府有权对城市房屋拆迁、征收。

国务院可以制定行政法规、条例，虽然某些法律是由立法机关通过，但是这些法律有相当一部分是在国务院制定的原条例基础上修改完善的，如1989年12月通过的《城市规划法》与1984年1月国务院发布的《城市规划条例》，1986年6月六届全国人大常委会通过的《土地管理法》采纳吸收了1982年的《国家建设征用土地条例》中的大部分内容，将规定上升为法律。在相关法律中还授权国务院可以制定具体的实施办法，如《土地管理法》与《土地管理法实施条例》。

2. 宏观政策

（1）合肥定位为"二线城市"。2014年9月，国务院印发《关于依托黄金水道推动长江经济带发展的指导意见》《长江经济带综合立体交通走廊规划》，合肥与南京、杭州被定位为长三角世界级城市群副中心。2015年3月28日，国家发改委、外交部和商务部发布《推动共建丝绸之路经济带和21世纪海上丝绸之路的愿景与行动》，继长三角副中心之后，合肥第二次跻身国家顶层设计规划，纳入"一带一路"节点城市，打造内陆开放型经济高点。2016 年 6 月，国家发改委发布《长江三角洲城市群发展规划》，在城市规模等级的划分上，合肥与杭州、苏州同属Ⅰ型大城市，次于超大城市上海、特大城市南京，这些都提高了合肥的城市地位。以前，合肥在全国总是遮遮掩掩地说自己是"二线城市"，现在合肥可以理直气壮地说自己是"二线城市"了。政府、社会都有明确的预期，合肥城市规模将进一步扩大，房价将进一步上涨。

（2）分税制改革。中央政府的宏观政策与地方政府的自主性是一对矛盾，宏观政策要让地方政府在中央预定的轨道上运行，而地方自主性的发挥有可能偏离轨道，出现意想不到的结果。1994 年，我国开始分税制改革，分税制后"两个比重"（财政收入占 GDP 的比重、中央财政占全国财政收入的比重）增加了，提高了中央政府的调控能力，但是地方收入减少了。"地方政府行为受中央与地方关系的影响，尤其受分税制以来财税体制改革的影响。分税制集中财权使地方政府逐渐走向以土地征用、开发和出让为主的发展模式，从而形成了土地财政。"①

（3）住房制度改革。1998 年 7 月，国务院发布《关于进一步深化城镇住房制度改革加快住房建设的通知》，宣布从下半年开始住房分配商品化、货币化，全面取消福利分房。此后，虽也有住房保障制度，但较之巨大的需求市场，作用甚微，城市居民住房主要靠自己解决。房地产业迅速发展，房价节节攀升，每一次上涨都是对人们心理承受极限的考验。地价跟着房价一起升，各地"地王"的记录被一次次刷新，地价与房价两者互相推波助澜，最终转化为地方政府的征地热情。

（4）严格的土地用途管制和耕地保护政策。土地用途管制是按照经济社会发展和生态保护的要求，将土地按用途划分成不同的类型，对用途变更实行许可制度，达到有效控制用途变更的目的。我国土地用途

---

① 孙秀林：《土地财政与分税制：一个实证解释》，《中国社会科学》2013 年第 4 期。

分为农用地、建设用地和未利用地，控制建设用地总量，农用地转为建设用地有严格的审批程序，对耕地实行特殊保护。18亿亩耕地红线不容突破，早在20世纪80年代，中央就把"十分珍惜和合理利用每一寸土地，切实保护耕地"作为一项基本国策，人口多、耕地少、人均耕地少的国情，决定中国粮食安全的重要性，中国不能完全靠进口粮食来养活中国人。为此，中央政府严格控制建设用地占用耕地的审批，基本农田一经划定，实行严格管理、永久保护，促进各类建设节约集约用地，加强耕地保护督查，并建立责任追究制度。

（5）土地占补平衡与"增减挂钩"政策是中央为地方找出的土地用途管制和耕地保护政策的替代政策。城镇化、工业化是历史发展的趋势，为解决城市建设用地的扩大与土地用途管制、耕地保护之间的矛盾，1997年4月中央提出："按照耕地总量动态平衡的要求，做到本地耕地总量只能增加，不能减少……占用耕地与开发、复垦挂钩的原则，以保护耕地为重点，严格控制占用耕地。"1999年1月发布的《土地管理法》明确规定："实行占用耕地补偿制度。"1999年2月，国土资源部将占补平衡政策细化为"按照'占多少，垦多少'的原则，由占用耕地的单位负责开垦与所占用耕地的数量和质量相当的耕地；没有条件开垦或者开垦的耕地不符合要求的，应当按照省、自治区、直辖市的规定缴纳耕地开垦费，专款用于开垦新的耕地本文来自国土资源"。明确责任、制定措施，确保占补平衡政策落到实处。将占补平衡市场化，在省内、省际可买卖指标，虽然补充耕地的数量有了保证，但质量堪忧，于是又出现了"增减挂钩"的政策。"增减挂钩"最早出现于2004年国务院发布的28号文，2008年国土资源部将"增减挂钩"完整表述为："城乡建设用地增减挂钩是指依据土地利用总体规划，将若干拟整理复垦为耕地的农村建设用地地块（即拆旧地块）和拟用于城镇建设的地块（即建新地块）等面积共同组成建新拆旧项目区（简称项目区），通过建新拆旧和土地整理复垦等措施，在保证项目区内各类土地面积平衡的基础上，最终实现增加耕地有效面积，提高耕地质量，节约集约利用建设用地，城乡用地布局更合理的目标。"①

（6）招拍挂制度。2002 年 7 月，国土资源部施行《招标拍卖挂牌出让国有土地使用权规定》，明确国有土地招拍挂的原则、范围、程序和法律责任等，投标人通过竞价方式、报价最高的获得国有土地使用权。

3. 出台政策试点方案

为了减少政策的政治和经济风险，改革开放后，凡属重大政策，几乎每改必试，都要选择若干地区进行试点试验，待取得经验后再在全国复制推广。如果失败，也可以把损失降到最低限度，政治风险和经济风险都在可控制的范围内。2012 年提出新型城镇化，2014 年 12 月，国家发改委等 11 个部门联合印发《国家新型城镇化综合试点方案》，选择在江苏、安徽两省和宁波等 62 个城市（镇）开展试点；2015 年 11 月，又公布《第二批国家新型城镇化综合试点实施方案》，将北京房山区等 59 个城市（镇）列为试点地区。

4. 省政府将法律、政策细化

在压力型体制下，上级政府会把目标任务向下级政府分解，安徽省作为全国两个新型城镇化综合试点省之一，2015 年 6 月印发《安徽国家新型城镇化试点省三年行动计划（2015～2017 年)》，重点推进农业转移人口市民化"153"行动，即一项户籍制度改革、五有并轨（促进创业就业、增强教育保障、完善住房供应体系、提供医疗卫生保障和健全养老服务体系）、三权落实（进一步落实进城农民土地承包经营权、宅基地使用权和集体资产收益分配权），鼓励引导进城农民在集体经济组织内部自愿、依法、有偿转让。

在地方，经济发展是第一要务，能够获得政策试点资格，就意味着能获得特殊政策，突破原有的政策限制。安徽省不是 2008 年国内城乡建设用地"增减挂钩"试点省份，却绕开了国土资源部的试点方案，

---

① 国土资源部：《城乡建设用地增减挂钩试点管理办法》（国土资发〔2008〕138 号），2008 年 6 月。

擅自出台"增减挂钩"的相关文件。在国务院 2011 年的清理中，中止了安徽省的试点工作。

制定征地补偿标准。细化《土地管理法》第 47 条土地征收补偿的规定，安徽省人民政府于 2009 年、2012 年、2015 年三次出台了《安徽省征地补偿标准》，补偿标准每三年调整一次，包括《安徽省征地区片综合地价标准》和《安徽省征地统一年产值及补偿标准》。征地区片综合地价针对的是城镇土地的补偿；征地统一年产值标准针对的是农用地补偿，其计算方法以前三年农产品的产量、价格为依据，测出统一年产值。征地补偿标准（元/亩）= 土地补偿倍数（6～11）×统一年产值 + 安置补偿倍数（14～17.5）×统一年产值。建设用地和未利用地补偿标准，为农用地的一半。

征用耕地以外的其他土地的补偿费标准，安徽省人大常委会制定的《安徽省实施〈中华人民共和国土地管理法〉办法》（以下简称《办法》）规定如下。

征用鱼塘、藕塘、苇塘、灌丛、药材地等，为其被征用前 3 年平均年产值的 6 倍。

征用果园、茶园、桑园等，为其被征用前 3 年平均年产值的 7 倍；未曾收获的，为其同类土地前 3 年平均年产值的 6 倍。

征用耕种不满 3 年的开荒地，为其所在村（组）耕地前 3 年平均年产值的 3～4 倍；耕种 3 年以上的，按照耕地补偿。

征用农民集体所有的建设用地，为其所在村（组）耕地前 3 年平均年产值的 4～5 倍。

征用其他土地的，为其所在村（组）耕地前 3 年平均年产值的 2～3 倍。

青苗和附着物的补偿费标准：

被征用耕地上的青苗，按照当季作物的产值补偿；多年生作物，按照其年产值补偿；无青苗的，不予补偿。

鱼苗放养 2 年以上的，不予补偿；不足 2 年的，按照放养鱼苗费的 3 ~ 4 倍补偿。

用材林、防护林、特种用途林主干平均胸径大于 20 厘米的，按照其实有材积价值的 10% ~ 20% 补偿；主干平均胸径 5 ~ 20 厘米的，按照其实有材积价值的 60% ~ 80% 补偿。

苗圃苗木、经济林、薪炭林按照其被征用前三年平均年产值 2 倍补偿；尚无产值的，按实际造林投资 2 倍补偿。幼龄林、新造林按实际投资 2 倍补偿。

关于房屋补偿，该《办法》规定：房屋及其他附着物的补偿费标准，由省人民政府规定。但是安徽省政府没有制定集体土地上房屋征收补偿标准，实际是由设区的市制定，报省国土资源厅备案。

5. 合肥市制定土地征收与补偿办法

（1）制定国有土地上房屋征收与补偿办法。2015 年 3 月《合肥市国有土地上房屋征收与补偿办法》发布，其内容包括征收决定、征收补偿、法律责任等。其征收补偿规定：房屋征收补偿实行产权调换或者货币补偿方式。被征收人在征收补偿方案确定的签约期限内签订补偿协议并按时搬迁的，房屋征收部门应当给予搬迁奖励；征收房屋实行产权调换的，应当根据城市规划要求和建设工程性质，提供产权调换房屋；因旧城区改建征收个人住宅，被征收人选择在改建地段进行房屋产权调换的，应当在改建地段或者就近地段提供安置房；征收住宅房屋实行产权调换的，应当按照套内建筑面积进行"征一补一"；实行异地产权调换的，应当根据征收区域与产权调换区域房屋市场价格，在征收补偿方案中确定面积调整系数。国有土地上房屋"征一补一"政策，早在 1995 年就已经实行了。各县（市）在此政策上与合肥市保持一致。

（2）制定集体土地上房屋征收与补偿办法。2014 年 12 月《合肥市集体土地上房屋征收与补偿暂行办法》出台，规定了房屋征收范围、补偿方式、安置人口的认定等内容。其中第 8 条规定，征收集体土地上住宅房屋，分别按照以下情形计算有效面积。被征收房屋面积大于人均

60 平方米建筑面积的，按照人均 60 平方米建筑面积计算有效面积；对被征收房屋已办理《建设工程规划许可证》或者《农房建筑执照》等合法证照且证载面积大于人均 60 平方米建筑面积的，按照证载面积计算有效面积；被征收房屋面积小于人均 60 平方米大于人均 30 平方米建筑面积的，按照人均实有面积计算有效面积；被征收房屋面积小于人均 30 平方米建筑面积的，被征收人可以按照 200 元/平方米申请补齐至人均 30 平方米建筑面积后计算有效面积。但是，因私自交易等原因造成被征收房屋面积小于人均 30 平方米建筑面积的，按照实有面积计算有效面积。这一规定的本意是抑制在房屋征收过程中产生的暴发户，但实际上这一条乃至这个《办法》本身对合肥市各县（市）没有约束力，尽管《办法》要求各县（市）参照执行。合肥市各县（市）制定征收集体土地上房屋补偿标准的依据是《土地管理法》、省政府 2015 年的《关于调整安徽省征地补偿标准的通知》和安徽省国土资源厅 2015 年的《关于做好新征地补偿标准实施工作的通知》。

（3）规定征用耕地以外的其他土地的补偿费标准中的年均产值。如水产养殖、藕塘、药材、茶园、果园等。制定青苗费的补偿和附着物的补偿标准，这个标准实际规定了各县（市）补偿的上限。

（4）规定房屋补偿的技术标准。房屋补偿分为货币补偿和实物补偿两种，货币补偿就是给被征收人钱，实物补偿就是给被征收人安置房，前者相对简单，后者很复杂。货币补偿的技术性问题比较容易操作，主要包括以下内容：房屋种类的划分（现浇砼框架、砖混、砖瓦、砖木）、房屋成新折旧（与建筑年限有关）、房屋级别、房屋装潢、附着物、构筑物、附属设施。在实践中被征收人一般选择实物补偿，选择货币补偿的不多。

规定实物补偿的技术标准包括主房、附房、简易房认定。主房标准为砖木结构檐高不低于 2.8 米，砖混结构层高不低于 2.6 米，进深不小于 6 米的房屋；附房标准为檐高不低于 2.2 米、进深不小于 4.5 米的房屋；简易房标准低于上述标准的房屋。主房、附房、简易房认定在合肥市取得一致，不同项目、不同地区都能一以贯之地执行。

(二) Y 县政府的土地征收存在的问题

1. 先上车，后买票

《土地管理法》规定了征用土地的审批程序和主体，但是有的项目如 Y 县经开区的桥头集路，属于"五无"项目，即无规划、无立项、无环评、无预审、无施工许可证，DB 镇有的小区从 2006 年至今没有征收土地批准文件。

2. 瞒天过海

实际征地面积大于征地批文规定的面积，经开区某中学规定征地 60 亩，实征 91.57 亩，用多征土地抵工程款，还有一开发小区规定征地 210 亩，多征 38 亩盖回迁楼。

3. 化整为零

《土地管理法》规定必须由国务院批准征收的土地是：基本农田、基本农田以外的耕地超过 35 公顷的、其他土地超过 70 公顷的。CZ 镇的某商贸物流园征收基本农田以外的耕地 40 多公顷，按法律规定应上报国务院批准，但县政府采取分期分批的方式，取得省政府的批文，规避了国务院的审批。

4. 过程不透明

"两公告一登记"是《土地管理法》规定的必须履行的程序，也是实现农民知情权、参与权、表达权的需要。如在 DB 镇 E 村和另一自然村共有 108 亩塘坝，南环路拓宽占用 22 亩，剩下 86 亩中的 65%（56 亩）给 E 村。2015 年 4 月，村民反映只剩下 42 亩 3 分。再如克扣居民补偿款，E 村居委会侵吞 1995 年南环路第一次征地补偿款，补偿款不知去向。Y 县经开区 CDY 社区 SCF 村民组杨×、程××等人向媒体实名举报，本村一名八旬老人竟然分到五套回迁房（安置房）。他们要求开发区管委会申请公开住房安置表，管委会不予公布。他们向法院起诉，法院以安置表不属于公开范围，判他们败诉。

5. 土地征收补偿安置落实滞后

Y 县经开区金阳路 2013 年竣工，至 2015 年 6 月拖欠农民土地补偿费、安置补助费、青苗费 0.47 亿元；自 2012 年 3 月完成拆迁至 2015

年 6 月，已三年有余，仍有 12 户拆迁户租住房屋，远超过安置过渡期不超过 18 个月的规定，政府承诺支付房租也没有兑现。

6. 土地出让收支管理不规范

违规批准减免、返还、缓缴、抵缴土地出让收入以及逾期收缴土地出让收入不到位，有的房地产开发公司自恃与政府关系良好，即使楼盘已经售罄，仍然拖欠土地出让金、有的违反土地出让"收支两条线"管理办法。

7. 用土地抵押融资

Y 县城市投资公司，将开发区一处 60 亩地的游园用地，向某商业银行抵押，抵押金额 2 亿元，用于 Y 县某中学新校区建设。

8. 擅自改变土地用途

征地批文指定地块是公益性用地，政府为了获得土地出让收入，将其改为商业用地出让。CZ 镇境内有一农产品批发城，原用途是公园，县政府将其作为商用地招拍挂。

此外还有违反占补平衡、增减挂钩政策、降低工业用地最低价标准、没有按时足额缴纳失地农民社会保障费、默许开发商囤地等。

（三）县政府授权乡（镇）政府制定集体土地上房屋征收补偿的标准

Y 县城关镇 DB 镇、CZ 镇是合肥市的卫星城，吸引了本县和外地大量农民工来此居住工作，DB 镇有人口 32 万人左右，可利用的建设用地 24 平方公里，可承载 540 亿元工业投资。CZ 镇人口 13 万人，集商贸、流通、居住、工业、生态功能为一体，有规划面积 55 平方公里的、安徽省唯一的商贸物流类开发区。

在土地征收中，乡（镇）政府和开发园区管委会承担的工作量最多，Y 县虽在县房产局设立拆迁办公室，但并不负责实际拆迁工作。对于房屋的征收，如果是货币补偿，市政府制定建筑技术标准、县政府细化，乡（镇）政府、开发区管委会制定补偿标准；如果是实物补偿，县政府授权乡（镇）政府、开发园区管委会制定补偿标准，报县政府批准。征收工作由乡（镇）政府、开发园区管委会实施；Y 县 DB 镇、CZ 镇对房屋征收实物补偿制定的技术标准包括房屋安置人口的认定、合法房屋的认定等。

1. 房屋安置人口的认定（祖居户和外来户的划分）

20 世纪 80 年代末，民工潮开始出现，农民工离开土地来到城市追求更高的经济收入。新型城镇化提出以来，农民工的总数也在逐年增加（见表 2-5），他们为城市建设奉献了青春和汗水，从事的是苦活、脏活和累活，却很难融入他们工作的城市。农民工市民化可以理解成职业的转变，最终达到"作为城市居民的身份和权利的过程，以及市民意识的普及和居民成为城市权利主体。"[1] 在身份、思维方式和行为方式上由农民变为市民。农民工市民化的主要障碍是"城乡分割一国两策"[2] 的户籍制度，对市民和农民采取不同的政策。农民工市民化是一个过程，政府虽然在农民工养老、低保、随迁子女教育、医疗保险等方面采取了措施，但他们要真正融入城市还有很长的路要走。

表 2-5　2008～2014 年我国农民工人数

单位：万人

年份	农民工人数	外出农民工	本地农民工
2008	22542	14041	8501
2009	22978	14533	8445
2010	24223	15335	8888
2011	25278	15863	9415
2012	26261	16336	9925
2013	26894	16610	10284
2014	27395	16821	10574

数据来源：2008～2014 年《中华人民共和国国民经济和社会发展统计公报》。

户籍制度不仅是农民工融入城市的障碍，也是他们试图进入城乡接合部的门槛。他们来到城乡接合部打工、经商，有的在当地生活近 20

① 陈映芳：《征地农民的市民化》，《华东师范大学学报》（哲学社会科学版）2003 年第 3 期。
② 陆学艺：《走出"城乡分治　一国两策"的困境》，《读书》2000 年第 5 期。

年，也不能算"当地人"，只能算"外来户"。农民工待遇的缺失主要有"劳动、就业权益保障的缺失和不公平、教育与发展权利的缺位、社会安全阀的残缺、社会组织和意见表达权利的缺位"①。还有他们生活的社区对他们作为居民在权利上的排斥。有人说要给农民工公民权，公民意味着公民权利、平等、责任、独立、公民意识等，这些对城乡接合部的农民工而言，太遥远，太奢侈了。DB 镇、CZ 镇在征收集体土地上房屋安置人口的认定就说明了这一点。

安置人口

世居常住农业人口中的直系农业人口（挂户人口一律不享受）；

1982 年 10 月 15 日（第一轮土地承包时间）前整户户口迁入 DB 镇的常住农业人口中的直系农业人口；

1982 年 10 月 16 日至 1995 年 12 月 31 日（第二轮土地承包时间），整户户口迁入 DB 镇且参与土地第二轮承包有承包土地的常住农业人口中的直系农业人口；

长期随独生子女生活且原籍无房屋及宅基地的父母或虽为非农业但未享受过城镇人口福利分房政策的父母；

符合计划生育政策的孕妇增加一人；

双农独女户可奖励安置一人；

被拆迁户领取了独生子女光荣证目前仍符合国家独生子女政策的可增加一人、二女户（已做结扎手术的）可增加一人；

在拆迁范围内有合法房屋的产权人、被拆迁户口在城关地区其他社区的，由本人申请，经户口所在地的社区审核，镇政府认定，确定无住房的，可享受与其他被拆迁人相同的安置政策（以后拆迁不再作为安置人口）；

在校生、部队服役的战士；

---

① 王春光：《农民工的国民待遇与社会公正问题》，《郑州大学学报》（哲学社会科学版）2004 年第 1 期。

正在服刑、劳教人员；

户口未迁入但长期生活在本地的已婚配偶及其新生子女；农村男到女方落户，且户口已迁入可享受其他被拆迁人相同的安置政策。

奖励安置人口

学生毕业后无工作单位回原籍落户且土地第二轮承包时有承包土地的；

捐资转非人口（未享受过福利分房政策的，20 世纪 90 年代购买城镇非农业户口的人）；

世居本地的民办教师转为公办教师且未享受过福利分房政策的；

再婚配偶及其子女（必须是法院明确判给其抚养或原配偶死亡随其生活的未满 16 周岁已入户的子女）；

户口已迁出但未享受过拆迁安置人口政策，或已转非农业户口但未享受过福利分房政策，在征地拆迁范围内有合法房屋产权人且有二轮承包土地，经村委会证明，镇政府确认，产权人及其配偶与新生子女，均按本村人口安置，同时产权人的合法房屋按成新给予货币补偿，安置房屋面积按 1200 元/平方米的价格由产权人补给拆迁人；

户口已迁出但未享受过拆迁安置人口政策，或已转非农业户口但未享受过福利分房政策，在征地拆迁范围内有合法房屋产权人且没有分到承包土地的，经村委会证明，镇政府确认，产权人的合法房屋按成新给予货币补偿，同时给产权人及其配偶与新生子女均按每人 30 平方米在本安置区域内按 2200 元/平方米购置一套住房。

2. 合法房屋的认定

Y 县 DB 镇、CZ 镇以被征收人同时持有《土地使用证》《建设工程规划许可证》《房屋所有权证》等有效证件为凭证。符合下列条件之一的，可视为合法房屋。

1982 年 5 月 14 日《国家建设征用土地条例》实施之前建成的房屋；

1991 年 8 月 30 日《安徽省实施〈中华人民共和国城市规划法〉办法》之前建成并持有土地管理部门颁发的相关证件的房屋；

县、镇人民政府已清查处理的各类房屋（以清查处理后的票据证明为准）；

因县城建设需要，原拆迁后在指定的安置点按原规定建设的房屋（以相关部门和 DB 镇、CZ 镇政府出具的有效证明为准）；

持有房产部门颁发房产证的房屋；

持有土地管理部门颁发的土地使用证等证件并同时持有规划部门颁发的建设工程规划许可证等相关证件；

对属于本社区祖居的被征收户，虽未办理土地和规划手续，但符合 DB 镇、CZ 镇土地利用总体规划且无转让行为属一户一宅（宅基地面积在 160 平方米以内），本人申请，经社居委初审，镇国土分局、县规划局复审，镇人民政府确认的房屋。

有下列情况之一的，视为违法建设

擅自占用或未经县人民政府批准私自购买土地建设的房屋及其附属物；

1993 年 11 月 1 日后，未经国土、规划部门批准或不按批准要求建设的房屋及逾期未拆除的临时建筑物；

县土地、规划管理部门认定的违法建筑。

违法建筑一律不予补偿，必须在规定期限内无条件自行拆除，逾期不拆除的，将依法予以强拆。

3. 制定房屋征收补偿标准

这是土地征收中的核心问题（虽然在法律上程序大于利益，但对农民来讲利益是最实在的），各镇、开发园区管委会、县土地储备中心、县城市建设投资公司、具体项目工程指挥部都可以单独制定房屋征收补偿标准，或由具体项目涉及的工程指挥部和其他单位、部门联合制定。房屋征收安置采取实物补偿（产权调换）和货币补偿两种方式，由于城乡接合部房价不断上升，所以大多被拆迁户选择要房子。补偿房子按什么标准给，这是最混乱的问题。在笔者见到的房屋征收补偿安置方案中，找不到相同的补偿方案。虽然有规定人均（指的是祖居户）25 平方米的、30 平方米的甚至 45 平方米的，也有规定在人均 30～45 平方米之间，但在一般情况下被征收户的房屋面积都会大于补偿标准的人均面积之和，所以在实际补偿中按被征收户的合法主房建筑面积进行安置，多出部分被征收户按一定差价标准补给政府。全县统一的补差标准是每平方米砖混结构一级 0 元，砖混结构二级 30 元；砖木结构一级 50 元，砖木结构二级 60 元，砖木结构三级 70 元。2009 年以后，集体土地一律按人均 30 平方米补偿，就是所谓的"数人头"。被征收户实际合法主房面积大于人均之和的，多出部分由政府给被征收户补差价。

安置户分套后剩余面积小于 30 平方米的不予安置，政府按 2200 元/平方米补偿安置户；分套后剩余面积大于 30 平方米，按最接近安置房套型面积增购，增购面积按 2200 元/平方米计算，即安置户按该价格购买增加的面积。

一户有一宅或多宅，且所有住宅均不符合住房标准，符合附房标准的按人均一定面积调整安置，农民交一定产权调换差价，这里的"一定"都是变数，因人、因地、因项目而异。

绝大多数房屋征收补偿方案都排斥外来人口，但也有少数相反的例子。如有一个方案是这样规定的：非祖居户有户籍且有承包地的，享受祖居户待遇；有房无户籍的，对符合主房标准的合法住宅房按每户 60 平方米建筑面积安置。

农民选择要房子，政府予以过渡性安置，2015 年 4 月，DB 镇出台最新的过渡安置政策，过渡期不超过 18 个月。在过渡期内，被征收人自行解决临时住房的，过渡期房租标准按产权调换面积每平方米 5 元计算。逾期未安置的，自逾期之月起不满 12 个月的，按照标准的 50% 增付房租费；超过 12 个月的，自第 13 个月起，按照标准的 100% 增付房租费，搬家费每户 1000 元。如果选择货币化补偿的，先支付 3 个月的房租费，搬家费每户 500 元。

不同土地不同政策。国有土地拆一还一，集体土地按人均 30 平方米计算，如果对方议价能力强，就可能补到人均 40～45 平方米。不同乡（镇）不同政策，DB 镇、CZ 镇的政策不同，而 CL 镇、ZX 乡由于工业不发达，补偿标准又低于 DB 镇、CZ 镇，开发园区管委会、城投公司、县土地储备中心都可以制定补偿政策，可以这样说，只要有不同的补偿文件就会有不同的补偿标准；不同项目有不同政策，修路和盖工厂的标准不一样，盖工厂和建绿地的标准有差别，市里修路和县里修路标准也不一样。由此出现一条路有两种补偿标准，CDY 社区 SCF 村民组从 2005 年开始至今已是第六次拆迁，不同时期的补偿政策、不同项目的补偿政策都不同，历史遗留问题叠加在现实问题之上，纷繁复杂。正因为混乱的补偿政策和政出多门的现象导致对违法建筑处置不当，把违法建筑和合法建筑一样对待，给予补偿，导致违法建筑不断增加。

（四）居委会、村委会的双重代理行为

根据法律，我国在基层实行村民自治和居民自治，村民、居民是委托人，村委会、居委会是代理人，村委会、居委会是群众自治性组织。乡（镇）政府和村委会、居委会不存在隶属关系、不是命令服从关系，乡（镇）政府对村委会、居委会的工作是"指导、支持和帮助"。但实际上村民自治、居民自治变成了"村委会自治""居委会自治"，村委会、居委会成了半个政府，对上负责有余，对下代表居民、村民的意见不足。笔者在调研中发现 Y 县城乡接合部的不少社区、行政村党支部书记都是上面派下去的，是吃财政饭的，已经不是农民，自治组织领导的身份已经发生变化。

在房屋征收中，所有的工作要在农村落实、"落地"离不开社区、行政村的领导，他们是乡（镇）政府在社区、行政村的"腿"，乡

（镇）政府、开发园区的政策主要由他们执行。他们在房屋征收中，有一项极大的权力，即落实祖居户和外来户的身份。在城乡接合部身份就是房子，房子就是财富，他们的"一支笔"动辄就是几十万、上百万、上千万的房屋补偿。原始房屋征收面积和土地征收面积都由他们会同乡（镇）政府（开发园区管委会）和县规划局、土地局、房产局等部门亲自丈量、查阅档案资料，登记造册，实际安置面积、分户表也掌握在他们手里。祖居户身份的认定掌握在行政村、居委会领导手中，在委托人缺少监督、权力运行不透明、信息不对称的情况下，代理人的权力就会发生变异，存在极大的权力滥用空间。他们有可能骗取拆迁奖励、搬家费、安置过渡费和安置房屋，尤其是骗取安置房。有的村居领导竟然获得几十套的安置房，成为"房叔"。村（居）民对村（居）领导也是极端的不信任，村（居）民说，只要有钱经过他们（村居领导）手，就别想"对上头"（数额减少），黄鳝经过他们手里都要捋一把（比喻贪婪）。

四　本章小结

　　Y 县作为合肥市的郊县，合肥市城市规模的扩大是其城乡接合部土地征收的主要原因，合肥市行政区划调整中的区界重组，也可以理解是另一种"土地征收"：土地性质发生变化，用途也随之发生变化。合肥市的国民经济和社会发展规划、土地利用规划、城市发展规划作为上位规划，Y 县必须与之衔接对应。市政府会把城市建设用地指标以指令性计划分解给各县市。Y 县自身的城市和工业发展，则是土地征收的内因。Y 县的征地行为更多的是对法律和上级政策的适用，土地补偿标准、安置补偿标准由省政府制定，省政府和市政府共同确定青苗费的补偿标准，市政府确定国有土地、集体土地上房屋征收补偿标准，但是集体土地上房屋征收补偿标准对所辖各县市没有约束力。在征地补偿中，对农民来说最重要的是附着物补偿中的房屋补偿，因为它的金额最大。在合肥市集体土地上房屋征收补偿，这项最重要的政策是由乡（镇）

政府、开发园区管委会制定的。与房屋补偿相关的是安置人口的认定、合法房屋的认定和房屋的技术标准。行政村、居委会的作用也不可忽视，没有它们，土地征收工作无法完成。

第三章

Y县政府土地收益分配不公的表现及后果审视

  Y县政府的土地征收大多数是违法违规行为，违规指违反政策规定，或合法合规但不正义。按照法律规定公共利益是土地征收的唯一目的，《土地管理法》第54条列举了符合公共利益的四款情形，即国家机关用地和军事用地，城市基础设施用地和公益事业用地，国家重点扶持的能源、交通、水利等基础设施用地，法律、行政法规规定的其他用地。《国有土地上房屋征收与补偿条例》第8条列举了六款情形，即国防和外交的需要，由政府组织实施的能源、交通、水利等基础设施建设的需要，由政府组织实施的科技、教育、文化、卫生、体育、环境和资源保护、防灾减灾、文物保护、社会福利、市政公用等公共事业的需要，由政府组织实施的保障性安居工程建设的需要，由政府依照城乡规划法有关规定组织实施的对危房集中、基础设施落后等地段进行旧城区改建的需要，法律、行政法规规定的其他公共利益的需要。在Y县，符合上述情形的主要是城市基础设施中道路的修建、老城区学校、医院、政府机关等外迁，而这些方面的用地，县政府是以划拨方式无偿把土地使用权交给用地单位使用的。在Y县，2008～2014年土地出让收入124.77亿元，同期财政收入155.50亿元，土地出让收入相当于财政收入的80%。如果把土地征收限制在公共利益的范围内，就不会出现如此巨额的土地出让金，土地征收突破了法律规定的范围限制。

  土地征收失范包括违法和违规行为，以及合法合规但不正义的土地征收。征地违法行为的特点：一是行为具有普遍性，不是某地方的个案，而是大多数政府都在这么做。二是行为具有公开性，不是隐蔽的，社会知道、上级机关知道、司法机关也知道。三是上级政府认可是关键，社会的认可不起决定性作用。四是行为带来的直接收益没有被某个人占有，通常打着发展地方经济的旗号。政府行为是组织行为，也是个人行为，某个政府领导不能从土地征收违法行为中获得直接的收益（如受贿），但有可能获得晋升机会等间接的收益。五是这种行为不需要承担责任，具体可指政治责任、法律责任。在中国的政治生态中，党纪、政纪往往严于法律标准，党纪、政纪处分在司法程序之前，不承担政治责任，往往也就不承担法律责任。六是违法责任没有追究到个人，名为集体负责，实则无人负责，最后都以罚款的方式不了了之，而罚款数额对于政府来说是九牛一毛、沧海一粟。在本书第二章中所列的前四种都属违法行为，后四种属违规行为。祖居户与外来户的划分、房屋补偿政策的碎片化是不正义的行为。

把上述行为按照罗尔斯正义理论进行分类，政府行为失范的表现主要有违背正义的两个原则，即损害农民权利、背离机会平等和差别原则，不符合实质正义、不符合形式正义、程序不正义等。而政府行为失范又导致农民、企业行为的失范，政府用不正义的行为处理农民的失范行为，既加剧了矛盾冲突和社会的失序，也削弱了政府自身的合法性。

一　Y县政府土地收益分配不公的表现

机会平等包括祖居户与外来户身份平等、集体土地与国有土地同权同价等，这些内容也是实质正义方面的内容，为避免重复，这部分内容放在实质正义方面探讨。因此在违背两个原则部分，笔者分析农民权利的损害和差别原则的违背。

（一）违背正义的两个原则

1. 损害农民权利

罗尔斯正义思想两条基本原则的第一原则是自由平等原则，而农民在土地征收中的权利不仅仅是自由平等，还包括其他方面的权利。

（1）生存权。土地对于农民，既是生产资料，也是生活资料，是他们赖以生存的物质保障。无论出于何种目的（公共利益或商业利益），征收农民土地，他们就失去生存的基础。虽然土地收益低，但低收益土地可以解决温饱，失去土地可能连温饱都解决不了。既然政府征收了土地，就应该对农民的生存负责，通过各种办法解决失地农民的生存。

（2）住宅权。1981年国际社会通过《住宅人权宣言》称："享有良好环境，适宜于人类的住所是基本人权。"联合国经济、社会和文化权利委员会还于1991年专门发表了《关于获得适当住房权的第四号一般性意见》第一条规定："适足的住房之人权由来于相当的生活水准之权利，对享有所有经济、社会和文化权利是至关重要的。"暴力强拆毁掉农民几代人积累的财产，也抹去他们的集体记忆，废墟中找不到乡愁在何处，栖息在钢筋混凝土的丛林中，充满焦躁与不安。

（3）政治权利。农民知情权、表达权、参与权的被剥夺，农民应该知道政府上报征地审批机关的"一书四方案"（建设用地呈报说明书、补偿安置方案、补充耕地方案、征地方案和供地方案）。尤其是补偿安置方案，对安置人口、地点、面积等应予以公开。乡（镇）政府、开发园区和居委会、村委会在安置环节掌握极大的权力，且不公开，农民不仅要知道自己的补偿，还要知道别人的补偿。实际上，农民除了自己的补偿外，对其他人的补偿一无所知。"一书四方案"是土地征收的原始文件，后续环节都要按照这个文件执行，而不偏离方案的规定。参与权是指农民应该是事前参与而不是末端参与，不是政府把征收土地的决定和补偿安置方案都已经确定下来，然后给农民发个通知。农民应该参与到征收土地和补偿安置方案的制定过程，事实是农民是以结果来接受征收土地和补偿安置方案的。表达权是指农民除了上访之外还要有制度化的渠道来保障他们表达意见，然而现有的表达渠道已被压抑、虚化，不能很好地发挥其作用。

（4）土地财产权。土地财产权由土地所有权、承包权、经营权、宅基地使用权、建设用地使用权、林权等组成。民法学上，一般将财产权的权能分为占有权、使用权、收益权和处分权。《物权法》将土地承包经营权、宅基地使用权规定为用益物权，农民对土地承包经营权、宅基地使用权有占有、使用和收益的权利，但没有完全的处分权。土地承包经营权是农民的一种法定财产权利，是改革开放以来国家为农民确定的最基本、最重要的土地权利，其性质逐步由债权变为物权。随着土地所有权与经营权两权分离，后续土地改革，要不断强化农民土地使用权的物权保护。土地财产权在面对国家的征收权时不堪一击。

（5）迁徙权。农民工不仅在城市受到排斥，在城乡接合部祖居户与外来户的划分也是一种排斥，这种划分为农民工的城市融入设置了障碍，身份的鸿沟很难逾越。身份的背后是附加在其上的征地补偿利益，外来户被剥夺了身份赋予的权利。

2. 祖居户与外来户的划分是一种社会排斥

Y 县城乡接合部在土地征收和房屋征收时对于补偿的分配、房屋补偿标准的认定经常使用"祖居户""外来户"两个名词。"祖居户"就是当地人，他们有当地户口，户口是区分"祖居户""外来户"的唯一标准。外地迁入户口须经村民小组 70% 的村民投票通过后才可落户，并且还要和村民小组签订协议，承诺不享有分配宅基地、农田的权利，理所当然也就没有获得房屋补偿、失地社保的权利。"祖居户"的身份是世袭的，与生俱来、世代相传的。在第二章 DB 镇、CZ 镇《征收集体土地上房屋安置人口的认定》中就可以看出，户口是决定能否分到房子的唯一标准，并且户口作为特权可以向未来延续，"符合计划生育政策的孕妇增加一人"是为未来的孩子准备的；"双农独女户可奖励安置一人"是为未来的女婿准备的；领取独生子女光荣证可增加一人、二女户（已做结扎手术的）可增加一人。即使"祖居户"犯罪被判刑入狱，也不妨碍他们享受房屋征收时的优惠政策。户口的特权还可以向过去溯及，只要是"祖居户"，哪怕户口迁出、已转为非农业，这种特权的利益政府都会考虑到，没有享受过拆迁安置人口政策的人总要享受一次；没有享受过福利分房政策、国家政策没有惠及的，当地政府不会忘记他们，只要他们在老家还有房子，他们的合法房屋按成新就会给予货币补偿。如果从有损害就有赔偿的角度讲，这一条还能接受。不能接受的是把"祖居户"的特权扩大到他们的配偶与新生子女，一人是祖居户，全家利益均沾。假设某人已经在外地工作，他在老家有老宅，现在要征收这套房子，不仅他本人而且他的配偶与新生子女都可以按每人30平方米的补偿标准在安置区域内按每平方米2200元的价格购置一套住房，这种做法违背常理、有失公平。对于在外地工作的"祖居户"，新生子女如何确认，也留下极大的操作空间。

3. 背离差别原则

农民改变中国，农民作为革命的力量，是革命的主力军，是积极的行动者；农民作为建设的力量，在不同时期，他们牺牲个人和集体的权利为现代化做出贡献、付出巨大的代价。计划经济时期，国家通过价格剪刀差，压低农副产品收购价格、抬高工业品价格，为工业化积累了资金；改革开放后，农民走出家门，来到城市务工经商，发挥劳动力的低成本优势，实现要素禀赋结构的提升；改革开放初期政府主要发展的是劳动密集型产业，在国际分工体系中，找到自己的位置。当时工人的低工资并不完全是由市场形成的，劳资双方的力量对比倾向资方，资方压低工人工资，体现所谓的比较优势，推动对外贸易，使中国成为外汇储备最多的国家，也为国家的赶超战略奠定物质基础。

在城镇化过程中，存在新的价格剪刀差。天壤之别的土地出让价格和征收价格，政府低价征收农民的土地，以建设用地高价出让，农民为城镇化做出了巨大的牺牲。2013年，吴敬琏认为当时的差价在30万亿，[①] 近两年这个数字还有增加。笔者并不赞成涨价完全归私，可行的办法是提高补偿标准，农民既能过上体面的生活，政府也不会有多大损失。

根据2015年安徽省征地补偿办法规定，Y县城乡接合部使用统一年产值计算法，每亩地的征地补偿标准是：土地补偿为1850元（统一

---

① 摘自杨耕身：《30万亿的土地差价让人心惊》，《中国青年报》2013年3月26日。

年产值）×8，安置补偿为1850元×15，两者相加42550元。2016年6月，Y县城乡接合部房价每平方米已经超过10000元，房价带动地价，每亩地价已经达到1000万，征地补偿仅占土地出让价格的0.425%。年产值法的缺陷在于：一是在一定期限内它是一个固定的数额，比如安徽省三年调整一次，在三年期限内，它就是一个常量。但地价是上涨的，Y县城乡接合部2016年的地价比2015年涨了一倍，但年产值并没有增加。因此，规定土地补偿和安置补偿占土地出让金的比例，使补偿可以随出让金上涨而上涨（当然，从理论上讲，也有可能下跌，但在目前不会）。二是用过去的价格作为现在的依据，并且向未来延伸，忽略了贴现率的存在。三是分配方面存在的问题。土地补偿费每亩14800元的分配，其中70%用于失地农民的养老保障，30%付给行政村、居委会；每亩安置补偿费27750元，按人头平均每人还要减去应缴的3600元养老保障金，剩余部分支付给被征地安置对象。安置补偿费是按照亩均价格计算的，农民领安置补偿费是按人头平均的，农民实际拿到手的就非常少。

（二）实质正义方面存在的失范

实质正义包括制度建立要具有合法性和合理性。合法性亦即社会公众对于制度的认可与服从，从公众的角度说，它涉及为什么服从的问题，这种认可与服从不是建立在暴力的基础上，而是出于自觉自愿。阿尔蒙德对此曾解释："如果某一社会的公民都遵守当权者制定和实施的法规，而且还不仅仅是因为若不遵守就会受到惩处，而是因为他们确信遵守是应该的，那么，这个政治权威就是合法的。"[①] 从制度的角度说，它涉及怎样让公众服从的问题。合法性的来源可以是具体的利益分配，也可以是某种价值，如公平正义等，或两者的结合。制度合理性的内涵包括制度所诉求的正义原则在安排上是否具有逻辑性，是否体现出制度

---

① 〔美〕阿尔蒙德：《比较政治学：体系、过程和政策》，曹沛霖译，上海译文出版社，1987，第35～36页。

的本性和目的，在完成其目标上是否有效率，等等。① 合理性特指人类所具有的"以推理和行为实现有目的结果的能力"，它是"一种界线性概念。"② 它也可指常理、生活常识。制度的合理性应该由普通人依据生活经验去做出判断，而不能被制定者依据某种高深的理论垄断。

Y县政府在土地征收中，更多的是贯彻执行国家层面的法律、政策，它能做的仅限于执行方式的选择和制定房屋征收政策。虽然问题的原因在上面，但是县政府要承担责任，要面对和农民的矛盾冲突，所以县政府依据的法律、政策也在此一并分析。

1. 农村土地产权制度的缺陷

集体土地名为集体所有，但是谁来代表集体，是乡（镇）政府、行政村、居委会还是农民？农地所有权主体残缺、边界不清晰、权能模糊。这种在立法时造成的混沌模糊，使国家成为土地事实上的控制者，集体土地转为建设用地，必须经过国家批准。

2. 集体土地与国有土地区别对待

在国有土地上房屋按照"拆一还一"补偿政策，集体土地按照人均30平方米补偿。在城乡接合部做出这样的划分没有意义，所谓的国有土地，只是在开发区、工业园、产业园建设过程中，被"圈进"国有土地的范围，国有与集体的界限，可能就是一条马路、田埂，但在实际补偿中却产生了巨大的差异。

3. 政府垄断土地一级市场

根据相关法律，在农用地转化为建设用地的过程中，县级以上人民政府是唯一合法土地征收主体，然后通过"招拍挂"或划拨方式批给用地单位。这样就为政府低价"买"地，再高价"卖"地提供了法律保证和制度保证。卖价和买价的天壤之别，使政府获得巨大差价。集体土地不能直接进入市场交易，《土地管理法》规定："农民集体所有的土地的使用权不得出让、转让或者出租用于非农建设"，使农民失去了

---

① 辛鸣：《制度论——关于制度哲学的理论构建》，人民出版社，2005，第196页。
② 〔英〕戴维·米格：《布莱克维尔政治学大辞典》，邓正来译，中国政法大学出版社，1992，第630页。

和开发商、政府讨价还价的权利。

（三）形式正义方面存在的失范

形式正义要求制度的公正和一贯的执行，而不管它们的实质原则是什么，在执行时应该平等适用于属于它们所规定的所有人。

1. 房屋补偿政策的碎片化

一是不同土地不同政策。国有土地"拆一还一"，集体土地按人均（指的是"祖居户"）计算。集体土地的补偿在 2009 年后统一为人均 30 平方米，但这一切都是可变的，取决于被征收人的议价能力，如果被征收人"硬""狠"，国有土地的补偿就可能变为"拆一还一点五"甚至"拆一还二"，集体土地可能高到人均 45 平方米。二是不同地区不同政策。开发园区和 DB 镇、CZ 镇不同，DB 镇、CZ 镇又不同。三是不同时期有不同的政策。有的村已经有将近十次的征收，历史遗留问题叠加在现在问题之上，用传统的老人老办法、新人新办法无法解决；被征收人要求用最有利于自己的补偿标准解决问题，政府又不答应，越拖越复杂。四是不同的政策制定主体有不同的政策，不同的政策制定者各自为政，政出多门。五是不同项目不同政策。按照出资人的不同也会产生差别。

2. 征地违法违规

在土地征收中的违法违规行为，偏离了法律政策目标，破坏了法律政策对利益的调整和分配，从而使法律政策规定的目标不能实现。城市建设、社会事业的发展和拆迁安置是压在当地领导身上的"三座大山"，而地方财力有限，又要追求政绩，在多重压力之下，土地作为直接可用的资源，"以地生财"不失为最好的选择。可以在发展地方经济的名义下，逃避法律责任和政治责任。上级政府在明知存在违法的情况下，对下面的违法行为，或视而不见，或睁一只眼、闭一只眼，或大事化小、小事化了。

征地的违法违规行为破坏了法律政策的尊严，在老百姓心中起到了反面的示范效应。比如违法建设，并且某些老百姓还认为违法建设要给予合法待遇。这样，整个社会就失去了对法律的信仰，法律形同虚设，如果人的行为没有标准，社会就是失序的社会。

（四）程序正义方面存在的失范

按照罗尔斯的分类，土地征收程序属于纯粹的程序正义，只要严格按照程序办事，一定会达到结果的公平。不存在额外的保证结果正当的标准，在这里只有"程序"。因此，就要求程序本身必须是正义的，且被执行。必须说明的是，罗尔斯否认在纯粹正义中保证结果正当的独立标准，并不意味着他不需要价值判断，恰恰相反，他的纯粹正义是在正义的两个原则下实施的，有两个原则作为前提。

1. 程序文本的瑕疵

《土地管理法》规定的程序存在的问题是：一是主体缺陷，县人民政府是法定征地实施单位，由于不存在独立于征地行政管理机关的征地事务机构，在任务重，人力、物力有限的情况下，往往将具体事务并且有些是技术性强的事务授权给乡（镇）政府、村（居）民委员会或具体用地单位。二是不存在协商行为，《国家建设征用土地条例》虽有关于协商制度的规定，但在《土地管理法》中却否定了这一规定。

（1）征地前步骤。用地预审、立项审批、规划符合性认定、征前调查和征前公告。全部是政府的"独角戏"，没有农民的参与；对于公共利益、非公共利益的认定，农民没有知情权、参与权和表达权，农民无权决定启动下一程序。

（2）安置补偿步骤。安置补偿方案农民是作为结果来接受的，省政府制定征地补偿标准，乡（镇）政府、开发区制定房屋补偿标准，利益相关者没有讨价还价的位置，农民应该有权利参与安置补偿方案的拟定。

（3）对被征地农民权利救济的缺失。《土地管理法实施条例》第25条规定：征收补偿、安置方案报市、县人民政府批准后，由市、县人民政府土地行政主管部门组织实施。对补偿标准有争议的，由县级以上地方人民政府协调；协调不成的，由批准征用土地的人民政府裁决。征地补偿、安置争议不影响征用土地方案的实施。在Y县经常出现这样的情况，乡（镇）政府拟订安置方案，县政府批准，对农民不服又协调不成的，县政府出面裁决，县政府既是征地主体，又是裁决主体，而不是由独立部门裁决。即使有了争议，并不影响政府的征地行为。征收补偿、安置方案体现的是政府的单方面意见，没有农民的意愿表达。

（4）征地后缺少监督。"征地补偿安置费用应按法律规范的期限全额支付给被征地农村集体经济组织；未按期全额支付到位的，市、县不得发放建设用地批准书"①，在安置费层层往下转账的过程中，农民怎么知道补偿款到了哪一层级？谁来监督补偿款的支付？农用地转用和土地征收批准文件有效期两年，市、县两年内未用地或未实施征地补偿安置方案的，有关批准文件自动失效；两年内未提供给具体用地单位的，按未供应土地面积扣减该市、县下一年度的农用地转用计划指标。② 关键是谁来监督、落实。类似的还有，对土地闲置的处理，政策规定的处罚力度不可谓不大，但流于形式。

2. 程序执行中的不规范

虽然现行法律中的土地征收程序，存在很多瑕疵，但是这个有瑕疵的程序也没有得到有效执行。主要体现在"两公告一登记"的内容中，第一次公告即《征用土地公告》，提出批准土地用途、面积，征地补偿标准和农业人员安置途径。如果农民知道批准用途，政府擅自改变用途的可能性就较小；农民知道征地面积就不会有土地"蒸发"现象；知道征地补偿款的流向就减少了村（居）干部的胡作非为。

第二次公告即《征地补偿、安置方案公告》，内容包括本集体经济组织被征用土地的位置、地类、面积，地上附着物和青苗的种类、数量，需要安置的农业人口的数量；土地补偿费、安置补助费的标准、数额、支付对象和支付方式；地上附着物和青苗的补偿标准和支付方式；农业人员的具体安置途径。实际补偿中但凡与钱有关的农民一概不知，如果农民能知道上述规定的内容，即这些内容都公开，村干部就没有腐败的空间。

---

① 《国土资源部关于完善农用地转用和土地征收审查报批工作的意见》第 15 条，2004。
② 《国土资源部关于完善农用地转用和土地征收审查报批工作的意见》第 14 条，2004。

补偿登记可以看作对农民权利的保护，农民可以要求举行听证会、查询征地内容，还可以举报实施中的问题。但听证会的确开了，而政府决策依然故我，开与不开，结果没有区别。

如果农民真的能知道法律中规定的内容，也能解决实际中90%的问题。假如这个程序能执行到一半，也不会有那么多上访者、血案、悲剧。

案例1　程金玲诉Y县经济开发区管理委员会征地拆迁信息公开案

　　原告程金玲，Y县经开区CDY社区SCF村民组居民；被告：Y县经济开发区管理委员会。2015年3月20日，原告向被告提出信息公开申请，申请公开事项：书面公开Y县经开区第六期CDY社区居委会全部房屋拆迁面积，安置户安置面积（包括门面房）。第六期房屋安置总户数及户主姓名；书面公开Y县经开区第六期及至今所有在CDY社区SCF村的征地批文及征地报批程序、征地农户土地确认调查表及附表。2015年4月10日，被告向原告公开了：房屋拆迁实况登记表、龙岗镇（现属合肥市瑶海区，原属Y县，CDY社区原属龙岗镇管辖）建设用地房屋拆迁安置计算表、拆迁安置协议书、Y县经开区房屋拆迁安置结算表。并告知原告征地相关资料向Y县国土局申请查询。对于原告申请查询其他拆迁户的信息，被告认为与原告申请人生产、生活、科研等特殊需要无关，不予公开。2015年4月21日，原告以被告未按其要求全部公开政府信息诉至Y县法院，要求被告公开CDY社区居委会全部房屋拆迁面积，安置户安置面积（包括门面房）。

　　Y县法院认为，《中华人民共和国政府信息公开条例》第11条、第12条规定，对"征收或者征用土地、房屋拆迁及其补偿、补助费用的发放、使用情况"行政机关应予公开，该条例并未要求对房屋拆迁安置方面的相关信息予以公开。原告申请被告公开拆迁安置方面的相关信息，不属于行政机关应当主动公开的政府信息，原告申请的事项属于搜集信息性质，根据国务院办公厅《关于做好政府信息依申请公开工作的意见》的解释："行政机关一般不承担为申请人汇总、加工或重新制作政府信息，以及向其他行政机关和公民、法人或者其他组织搜集信息的义务。"因此，Y县法院驳回原告程金玲要求Y县经济开发区管理委员会公开第六期拆迁户的拆迁面积和安置面积的诉讼请求。

二　Y县政府土地收益分配不公导致社会失序

政府土地征收失范削弱了政府合法性的基础，损害了利益相关者的利益，导致社会失序，从投机性建设、挂户和企业囤地可见一斑。

由于政府征地行为的失范，导致农民行为的失范，补偿标准的不统一助长了农民的投机心理，有的和政府漫天要价，违法建设蔓延，"握手楼""隔夜楼"遍及城乡接合部。"户口"是城乡接合部利益分配的正式标准，户口把居民分成"外来户""祖居户"，祖居户理所当然享有各种权利，外来户被排斥在外；但是外来户还是想尽办法，试图嵌入制度化的利益分配之中，从中得到一份利益。可以说，正式制度每多一项排斥，同时就为外来户的非正式嵌入多了一项选择，就为非制度化的吸纳提供一项途径。作为组织行为的权力在制度设计上排斥农民，而作为个人行为的权力有寻租的冲动，变异的权力和农民的利益诉求在正式制度之外耦合，实现各自的非法利益。这种努力也体现在祖居户上，相对于外来户，他们是既得利益者，但他们不满足，种种做法突破了现有的制度框架，以使自己的利益最大化。现存制度体系对他们的做法也并非一味排斥，而是出现了一定程度的接受，愈益刺激了投机心理，正式制度的非正式嵌入通过种种方式表现出来。

城市化也不能否认资本的贡献，虽然房地产企业被戴上为富不仁的帽子，它们凭借资本的力量，推土机所到之处，一排排平房轰然倒下，一栋栋高楼拔地而起。在县一级，没有它们城市的基础设施很难完善。

但是政府也默认、纵容了它们的违法违规行为。在高楼大厦的背后，也可能有见不得"阳光"的交易。

（一）农民对政府的被动适应：制度的非正式嵌入

弱者既有弱者的武器，美国学者斯科特研究了马来西亚农民的日常反抗形式"行动拖沓、假装糊涂、虚假顺从、小偷小摸、装傻卖呆、诽谤、纵火、破坏等等"[①]。美国学者欧博文和学生李连江提出中国农民的"依法抗争"[②]，于建嵘则提出了"依理抗争"[③] 的观点，农民既有依法、依理抗争的一面，还有与政府耦合的一面。弱者的武器是他们迫不得已的生存技巧。

1. 投机性建设

（1）投机性建设定义。投机性建设是指试图获得与合法建设相同地位、相同补偿的建设。投机性建设与违法建设的研究对象是一样的。法律中并无"违法建设"的概念，它是由法律、法规的相关规定延伸产生的实践概念。《土地管理法》第62条规定："农村村民一户只能拥有一处宅基地，其宅基地的面积不得超过省、自治区、直辖市规定的标准。农村村民建住宅，应当符合乡（镇）土地利用总体规划，并尽量使用原有的宅基地和村内空闲地。农村村民住宅用地，经乡（镇）人民政府审核，由县级人民政府批准；其中，涉及占用农用地的，依照本法第44条的规定办理审批手续。农村村民出卖、出租住房后，再申请宅基地的，不予批准。"与之相反，未取得土地使用权证的就是违法建设。《城乡规划法》第64条规定："未取得建设工程规划许可证或者未按照建设工程规划许可证的规定进行建设的，由县级以上地方人民政府城乡规划主管部门责令停止建设。"未取得建设工程规划许可证或者未按照建设工程规划许可证的规定进行建设的，就是违法建设。《建筑

---

① 〔美〕詹姆斯·C. 斯科特：《弱者的武器》，郑广怀、张敏、何江穗译，译林出版社，2007，第35页。

② Li Lianjiang & O'Brien. K., *Rightful Resistance in Rural China*（Cambridge University Press, 2006），P. 52.

③ 于建嵘：《抗争性政治》，人民出版社，2010，第23页。

法》第 7 条规定："建筑工程开工前，建设单位应当按照国家有关规定向工程所在地县级以上人民政府建设行政主管部门申请领取施工许可证。"未申请领取施工许可证的建筑工程就是违法建设，此外《铁路法》《水法》《防洪法》等法律和《风景名胜区条例》《城市绿化条例》《国有土地上房屋征收与补偿条例》等法规也有与违法建设相对应的概念。违法建设指在规划区内，建设单位或个人违反规划的法律法规，未取得建设用地规划许可证、土地使用权证、建筑工程规划许可证三证，擅自新建、改建、扩建的建筑物，或不按照批准要求建设的建筑物、构筑物以及逾期未拆除的临时建筑。投机性建设就是指这类建筑物。

（2）投机性建设与违法建设的区别。违法建设的定性标准是取得行政许可的各种许可证，取得就是合法的，未取得就是违法的。合法与违法是法律上的界定，是法律文本的概念，关键要看实践中如何执行，在城市建设中，如果对违法建设一律予以拆除，投机性建设就没有生存的空间。但是在实践中，在城市征迁工作中，有的违法建设，取得了与合法建设相同的补偿，从而使投机性建设的企图成为现实。法律作为规范人们行为的准则，要告诉人们哪些事情能做、哪些事情不能做，使人们对未来有明确的预期。违法建设合法化模糊了人们的预期，加大了违法建设者的投机心理，吸引越来越多的人投入其中。投机性建设在实践中有两种可能的结果，一种是按照违法来处理，动机没有得逞；另一种是按照合法化处理，投机目的实现。

（3）Y 县城乡接合部投机性建设面积大、分布广。面积之大无法准确统计，凡有村庄处，皆有投机性建设；投机性建设类型多。城中村、城乡接合部居民为套取征收补偿而突击进行违法建设；学校周边等地居民为增加出租房屋收入，在住宅区内进行违法搭建；部分农民以及改制企业的居民，因子女婚嫁或家庭添丁，居住确有困难，为解决基本生活需要，在平房上增加楼层或在房前屋后违法搭建库房、厨房；利用集体土地进行的小规模非法开发，用于非法出售。投机性建设对象广，既有普通居民，也有党员干部；既有下岗无业、家境贫困人员，也有收入稳定、生活富裕阶层；既有祖居户，也有外来户。他们未取得建设工程规划许可证等合法手续就开工建设，特别是少数党员领导干部参与或怂恿亲属违建，加剧了投机性建设的蔓延。投机性建设查处难，许多投机户为掩人耳目，减少被人发现举报的概率，造成既定事实，逃避执法机关的制止和查处，突击备料、快速施工。"节假日工程""夜间工程""隔夜楼"是投机性建设的主要特点。由于投机性建设所需建筑材料简易、搭建方式简便，在几天甚至一个晚上就能竣工，及时发现和查处工作难度大。

E村（自然村）位于DB镇南环路，2010年，根据Y县县城大建设规划要求，桥头集路的修建开始启动，北起包公大道，南至横大路，总长3.5公里，投资3.5亿元。但是拆迁工作在E村遇到阻力，2011年底，包公大道至南环路的桥头集路段已经修通，由于政府提出的征迁安置条件和外来户对投机性建设补偿提出的要求差距太大，导致南环路至横大路的桥头集路段成了断头路。

笔者于2015年4月对E村进行了为期一个月的调研，搞清楚事情的来龙去脉。一进E村就见墙上用油漆刷着"坚决反对强行拆迁""拆迁维护老百姓利益""同一条路同等待遇""拆我房屋，还我家园""我们只要求公平待遇"等字样。E村祖居户有90户，外来户274户，投机性建设共计5.6万平方米。

外来户主要来自Y县经济比较落后的北部乡（镇），以及Y县周边的一些县。2005~2009年，他们来到E村打工、经商或陪读。相当一部分是因为孩子长大要结婚，女方要求在县城买房子，而男方又买不起，"正好赶上这两年DB镇大兴违建之风，因此我们东拉西借，托亲找友借了一笔钱，在E村买了块地皮，建了两个楼房，总算能把媳妇娶回家，孩子将来读书也有房居住了"，一位受访者这样说。有的是买地建房、有的是从祖居户买的现房。买卖协议上，都称有永久使用权。现房价格不是按照严格的一平方米多少钱，房子盖好后，以一间房、两间房算钱。一间房上下层，120平方米左右，2008年的价格在6万元左右，投机性建设的价格随着商品房价格的上涨而上涨，到2010年涨到10万元。

2011 年 3 月，Y 县城市管理局执法大队、公安、DB 镇拆迁办、外来户所说的"社会闲散人员""不明身份的人"试图对投机性建设予以强拆。2011 年 4 月，在第一次强拆未果的情况下，Y 县政府发布《关于依法查处 DB 镇 E 村民组违法建设的通告》，把投机性建设定性为"违法建设"，并要求"违法建设必须自行拆除，必要时将强制拆除"。这才有 2011 年 5 月、2012 年 4 月、2013 年 7 月和 2015 年 10 月的强拆。外来户誓死抵抗，双方发生肢体冲突，均有人员受伤，政府只得作罢。每次受伤后，外来户就把受伤人员抬到县政府堵路封门，政府出钱免费治疗，直到治好为止。

这期间有去北京、去省委和省政府上访的，然后是截访。在第二次拆迁后，外来户凑钱让老 M（他是外来户的核心人物）带领 3 个人准备取道蚌埠乘火车去北京上访（怕从合肥坐火车被抓），不料走漏消息在定远被县公安局截住。在第三次强拆后，他们准备去合肥最繁华的市政府广场请愿。外来户背后有熟悉法律的专业人士在指导，他们去请愿时履行了法律规定的程序。

2. 投机性建设的强制拆迁

为了开发商品房，Y 县政府在城乡接合部修建了纵横交错的道路，把城乡接合部划分成一个一个"网格"，每一个"网格"都在待价而沽。道路修到哪里，公交就延伸到哪里，方便居民出行，也便于商品房的销售。E 村的投机性建设成为县政府的心病，被称为县城建设的"毒瘤"。投机性建设的存在使桥头集路在南环路成了"断头路"。村民说，已经有一个老板看上了这块地，他带人来看了好几次，调研中土地局、招商局的干部也证实了这个消息。而路不修好开发商是不会来的，出让的土地必须是"净地"（完成征迁、基础设施配套），毛地达不到"招拍挂"的要求。E 村实有土地 500 亩，是有条件建设区，在不突破规划建设用地规模控制指标的前提下，区内土地可以用于建设用地，2014 年 10 月县政府欲在此征地 200 亩，但没有通过县国土局的听证会。附近的土地出让价每亩 400 万元，200 亩就是 8 亿元，即使听证会没有通过，政府要征这块地也是早晚的事情。E 村的违法建设已到了非拆不可的地步。

案例 2

2011 年 3 月，Y 县城市管理局执法大队、公安、DB 镇拆迁办以及外来户所说的"社会闲散人员""不明身份的人""屁精"（合肥方言，小混混）共 20 多人在没有任何书面通知和拆迁手续的情况下，进入 E 村，踹开住户房门，下达强拆通知书，试图强拆投机性建设。在村民上前和他们理论时，带队的 KWY 指使执法人员殴打居民，致使多人受伤，丢下一句话"再作怪用机枪把你们扫掉"，扬长而去。下午，村民把受伤群众抬到县政府，堵路封门。县政府出动警察，把参与者送回村子，不服从的被送到公安局，一直关到学生下午放学。受伤群众送到医院免费治疗。

针对 Y 县城市管理局的《限期拆除决定书》，外来户写了一份《质疑限期拆除决定书》，"理由"如下（以下为原文实录）。

《城市规划法》于 2007 年 10 月 28 日公布，2008 年 1 月 1 日起施行，而送达的被拆迁对象建筑土地是在该法律公布之前形成的集体土地。《村民委员会组织法》的目的是保障农村村民自治。村委会的职责是办理本村的公共事务和公共事业，故依法转让集体土地造民房并无不妥。贵局炮制的《限拆除决定书》实属荒唐。

《城市规划法》第 40 条是指"建设工程规划许可证的申请程序"。在该法公布之前形成事实的居民建筑不具有 40 条规定的规划主体。贵局错误适用该条款属恶意用心不良。该法第 64 条是对"违法易制毒化学品管制的法律责任"的规定，贵局张冠李戴适用该条款是无视法律尊严，故意愚弄人民。

国家三令五申不准强拆。若被拆迁对象应拆而不拆，应有拆迁人申请法院裁定。而非被拆迁人提起行政诉讼。贵局恶意本末倒置，混淆视听是对法律的践踏，对人民的愚弄。

贵局认定的被拆迁对象未经法院裁定，贵局不具有执法资格，"本决定不停业执行"是贵局无视法律尊严与人民合法利益的非法托词。

Y县城市管理局无法律依据的所谓《限期拆除决定书》，不具有合法性与客观性。希望贵局自觉纠正错误行径，维护法律尊严，不随意侵害人民合法权益，若一意孤行造成恶果，必然逃脱不了应负的法律责任。

2011年5月，Y县城市管理局执法大队、DB镇政府、拆迁办、公安局、各乡（镇）派出所和"不明身份的人"共200多人，来到E村横冲直撞，打倒7人。外来户用砖头自卫，往政府的人身上泼粪。双方互相拍照，以留下证据。下午，外来户集体到县政府门口堵路封门，1人被抓，夜里11点才放人。外来户选出5个代表同一个副县长谈判，他们提出的补偿条件，县政府没有答应。

2011年5月，E村外来户到省政府上访。省信访局转Y县处理，要求他们到Y县信访局反映问题。他们推出代表"老羊头"（姓杨，大家叫他"老羊头"）准备向省信访局反映问题，但省信访局没有接待。Y县县长来接人，武警强行将上访者往大巴上拖拽，上访者集体下跪。小战士们不忍下手，首长一个命令"拖走"，一群人被塞进大巴内，开回Y县。不过不是把他们送回家，而是派出所、公安局。从早上9点一直关到下午4点才放人。

同年5月，外来户又选出5人到省政府上访，反映问题在省、县、镇之间以转送回执的形式"踢皮球"。问题得不到解决，外来户在酝酿向更高的层次上访。

同时，DB镇东部新城开发建设有限公司，进入施工现场，每天十几部渣土车轮番作业，往东、西两个方向的耕地上倾倒建筑垃圾，在E村西部堆起一座垃圾山，E村东高西低，4个出水口被堵死。梅雨季节来临，大雨倾盆而下，E村全部泡在水里，成为泽国。地势稍高一点的人家，就用抽水泵往外排水。农民到镇政府、县政府反映，县、镇政府说，等调查核实后再说，结果不了了之。

2011年7月，外来户筹钱，推出4个代表，"老羊头"带队，取道蚌埠上北京。但不知何故走漏了风声，在定远县境内，被公安局截住。3人被抓，"老羊头"跑得快，但没敢回家，找了一家小旅社住了一晚。第二天一早，"老羊头"来到省公安厅信访办解释情况，要求放人。"老羊头"对工作人员倒的一杯水至今念念不忘，"大单位的人好啊，不像基层"。他拿着信访回执到市公安局时，已经下班。上班后，盖上章，赶回Y县信访局要求立即放人。信访局的人说，得请示报告，拖了两天后，被拘留的3人才获得自由。

2012年4月，10多名身份不明的人连同一台大型挖掘机开赴E村，眨眼间几间楼房倒塌，升腾起一片尘烟。机器的轰鸣，孩子、妇女的哭喊声惊动了四邻，村民上前同强拆的人理论，有人认出其中就有第一次来的KWY，KWY大喊"有不服的，出来单挑。"双方在冲突中，E村村民有7人被打伤，住进医院。

此后，E村村民向合肥市公安局申请到市政府广场请愿，合肥市公安局没有批准，此次请愿作罢。

2013年7月，Y县DB镇行政执法大队大队长KWY带领300人和两台挖掘机，再次来到E村。KWY一声令下，十几个社会上的闲杂人员闯入屋子，不由分说将XQM和家人从屋子里拖出来，推土机随之将楼房铲倒，在轰隆隆的倒塌声中，家里的所有家什被压在废墟中。当挖掘机正准备拆BSC家的房子时，有人惊呼："他家女儿还在楼上睡觉。"几个人跑到二楼，把睡梦中的孩子用被子包裹起来，抬到楼下扔在地上，此举激起众怒。周围村民一哄而上，双方一片混战。此次共有5户居民的房子被拆。

每次拆迁，外来户都誓死抵抗，男女老少齐上阵，冲突双方仅限于"肉搏"，没有使用器械，倒是村民拿起了砖头。每次受伤后，外来户就把受伤人员抬到县政府，政府照例出钱免费治疗，直到治好为止。村民也报过警，E村在全县闻名，每次接到报警电话后，迟迟不见警察到场。拆迁人员有的是政府工作人员，有的则是花钱从外面雇的周边乡

（镇）的"屁精"，每人一次一包"金皖"（合肥本地产中档香烟）、150 元钱；最远的是从阜阳来的，价钱则要高得多，吃喝路费不算，每人次要给 400 元。

在历次冲突中产生了一位群众领袖——老羊头。老羊头是党员、退伍军人，在老家当过民兵营长，初中毕业，能说会写，了解国家法律政策，有众多追随者。外来户的重大会议都在他家召开，重大决策也由他做出，比如上访、请愿等。他还懂得利用现代传播手段——网络，国内知名的门户网站都发过有关 E 村事件的照片、评论。DB 镇执法大队准备行动时，头天晚上一般把他请去喝酒，只要执法大队请他，他就知道这是"鸿门宴"，凶多吉少，执法大队可能要采取措施了。他就安排好大家该如何应对，不能用刀，不能用凶器。妇女们把大粪准备好（E 村没有冲水厕所，都是旱厕），把砖头放在顺手能够拿到的地方，铁锹等农具不到万不得已不要用。村西头老王家的楼顶可以俯瞰全村，位置极佳，一定要有人摄影、摄像，到时候传到网上去。活学活用毛主席的游击战术，打得过就打，实在打不过，人不能吃亏，就跑。电话那头，KWY 又在催了，"老杨不给面子，到土菜馆兄弟们喝两杯"。酒喝多了，如果把他送回 E 村，则第二天平安无事；如果开车把他送回乡下老家，第二天则肯定有大事。

2015 年 10 月，新上任的县长亲自主抓拆迁，县里按照每平方米500 元的标准给予补偿、外来户所属各乡（镇）根据自身财力再给每户2 万~4 万元的补偿。2015 年 8 月制订《Y 县拆除 E 村违法建设实施方案》，方案如下。

> 组织领导。成立了 Y 县拆除 E 村违法建设工作领导组，县长任组长，常务副县长任副组长，相关责任单位主要负责人为成员，负责组织、协调、指挥、督查各单位拆违工作。领导组下设办公室，办公室主任由县政府办公室联系城建工作的副主任兼任。
>
> 实施步骤。调查摸底阶段（8 月 1 日至 9 月 6 日），DB 镇牵头负责，相关单位配合，摸清 E 村违法建设的详细情况。

宣传发动阶段（9月7～15日），县政府召开工作动员会。各责任单位相应召开动员会，统一思想、明确任务。充分利用广播、电视、报纸、宣传车等多种形式，营造拆违氛围。

自拆阶段（9月16日至10月7日），鼓励违建户自拆，违建户在规定时间内自行拆除所建设的建筑物、构筑物和其他设施的，政府按每平方米500元予以追偿垫付。

强拆阶段（10月8～31日），对逾期未自拆的违法建设，由县城管局依法强拆。强拆的各类违法建设政府不予追偿垫付。

职责分工。各单位、各乡（镇）分工明确，互相协调。县政府提出工作要求。强化责任，注重落实。各责任单位将任务细化到具体岗位、具体人，做到认识、组织、人员、精力四到位，一级抓一级、层层抓落实。对作风不实、行动迟缓、办事不力，或为违建者充当"保护伞"的公职人员将依法依纪追究责任。

加强协作，密切配合。拆违工作政策性强、敏感度高、牵涉面广、利益复杂，各责任单位密切配合，互通信息、互相支持、互相帮助，杜绝出现推诿扯皮现象。县拆违工作领导小组及办公室履行指导、协调、督查职能，确保拆违工作顺利进行。

依法拆违，确保安全。各单位依照法定程序，在调查取证、文书送达、强制拆除等环节严格依法办事。把好拆违安全关，做到现场指挥、应急和保护措施到位，确保不发生安全责任事故。各单位责任人负责拆违相关法律法规的宣传解释工作，做好违建当事人的思想教育工作，化解矛盾对抗。

在拆违的每一个阶段，拆迁办公室及时发布工作动态，公布工作进展，比较各乡（镇）的工作进度，到2015年9月12日，外来户274户中剩下133户未签协议。

9月9号，召开E村拆违业务培训会，县直相关单位和各乡（镇）拆违负责人参加，成立"E村拆违现场指挥部"，县长任指挥长，负责全盘工作；常务副县长任现场指挥长，安排和部署拆除现场全面工作，下达拆除命令。副指挥长，分三个组，成员是DB镇6名镇领导，每组一名副指挥长。

9月16日，公安、消防、城管和相关单位1000人左右，由3名副指挥长带队，每组一台大型挖掘机开赴现场。DB镇负责拉警戒线、清理现场、房屋拆除。各乡（镇）负责人带领本乡（镇）工作人员到现场，指认已签协议户房屋，做好维稳工作。

公安局、消防队唱主角。200名警察组成警戒人墙，巡视现场不稳定因素，做好现场安全保障和应急工作，防止外来户串联、起哄、滋事，对妨碍拆违的行为进行制止和处罚，对拒不退出拆迁现场、妨碍公务的人员和擅闯警戒线的人员依法强制清场，保障执法人员、被拆迁户家庭成员及其他成员的人身安全，防止纵火、爆炸等安全事故的发生，做好违法行为的取证工作，负责车辆的停放及看护。

执法局组织执法队员实施拆除，县规划局、国土局也抽调执法队员参加。

卫生局安排救护车辆和救护人员现场待命，及时抢救拆迁现场出现的人身意外。

县检察院、监察局各派两名同志负责监督。

供电公司、自来水公司，对被拆除建筑物断电、断水。

随着现场指挥长一声令下，外来户的投机梦在铲车的巨响中灰飞烟灭，其间虽也有骚动，但在强大的拆违队伍面前很快归于平静。

违法建设拆除了，但心理上的障碍没有拆除，上访还在继续。外来户的问题解决了，但祖居户的问题仍然存在，因为E村是集体土地，征迁按照人均45平方米安置，而同一条桥头集路的北面社区因是国有土地按照"拆一还一"安置。

3. 挂户

挂户本意是指人户分离，户口所在地与居住地不一致，因为各种原因，户口落在一个地方，而人却在另一个地方，比如农民工在城市购房、城市学区房导致的择校、大学生、研究生入学报到而户口不迁，或他们毕业离校而户口在校等造成的人户分离。从户口所在地的角度讲，

"户"在人不在；从户口迁入地的角度讲，人在"户"不在。挂户给社会管理带来了困难，也给居民的生活带来意想不到的麻烦，户口承载了结婚生育、社会保障、劳动就业、公共服务等老百姓的切身利益，居民权利会因为户口不在居住地而受到不同程度的限制。

城乡接合部挂户的目的在于享受到房屋安置人口政策，挂户人员与户主的关系通常是亲人、亲戚、朋友，通过挂户轻而易举为他们分到房子。笔者发现一个有意思的现象，挂户这种违规行为具有普遍性，大家都在这么做；公开性，不是隐蔽的，政府知道这种行为，但又默认这种行为。挂户可分为可接受的挂户和不能接受的挂户。对于前者，不需承担责任，不会受到处罚。政府之所以能容忍这种行为，一是政府付出的代价不大，补偿一套住房，在可承受的限度之内，不能太多，多了就有人检举，政府就要处理。二是与政府的利益不发生根本冲突，政府要求这块地上的居民尽快搬走，居民也愿意搬新居，至于其他条件，可以在这个前提下去谈。三是可接受的程度视户主与挂户人员的关系而定。这里体现的是差序格局，关系以户主为中心外推，向外延伸，由内而外分别是亲人、亲戚、朋友。一些祖居户把外嫁女儿，甚至把外嫁几十年老姑娘的户口挂到自己父母或兄弟姐妹的户口之下，或把兄弟姐妹的户口迁过来，这都是可接受的；一个外地姑娘嫁给祖居户，她父母挂户的可接受程度要大于她兄弟姐妹的程度。朋友的界定非常含糊，争议也大，朋友和户主间，一般有某种利益交换。

Y县经开区CDY社区自2005年至2015年5月经历了六次拆迁，一直沿用2005的拆迁安置政策，即"拆一还一"，每户允许增购40平方米。增购面积是对简易房的补偿，当时对40平方米进行分解，其中有5平方米按每平方米625元，25平方米按每平方米825元，10平方米按每平方米1100元计算；现在统一按照每平方米2200元的标准购买增购面积。SCF村民组房屋征收安置分户表上共有93户，村民杨华、程金玲等人通过户籍登记表比对，其中有28户通过挂户分到房子，整个CDY社区有200户，大致分为以下几类。

可接受的挂户　2009年以后，Y县集体土地房屋征收采取"数人头",即按人均 30 平方米的补偿办法,假设 4 口之家有合法、合规主房 200 平方米,按规定只能补偿 120 平方米的房子,其余 80 平方米政府按每平方米 2200 元的标准补给被征收户差价。为了规避这个政策,可以通过挂户把亲戚、朋友挂到户主名下,挂 2~3 个人都行。假设挂 3 个人,就可以把多出的 80 平方米房子拿回来。那么这 80 平方米的房子在户主与挂户人员之间怎么分配?各算各账,挂户人员以高于政府补差标准但低于安置房市场交易价给户主补偿(Y 县城乡接合部安置房均价每平方米 4000 元,挂户人员给户主的价格在 3000~3500 元,而政府补差价格为 2200 元)①,户主得到高于政府差价的房款,挂户人员以明显低于市场的价格得到安置房(回迁房),大家都划得来。

不能接受的挂户 村民杨华、程金玲等人向媒体实名举报过本村一位八旬老人名下竟有五套回迁房。Y 县城乡接合部征收房屋是常有的事情,她的家人事先搜集到准确消息,确定某地房屋将要征收。哪里房屋将要征收安置,就把户口迁到哪里,拿到房子后,再迁户口,再分房子。有时房屋征迁安置表还没有出来,户口又迁走了,去赶下一次分房。

"死魂灵"式挂户 俄国作家果戈理的小说《死魂灵》描写一位资产阶级冒险家——乞乞科夫到全国各地收买死魂灵,凭着这些不存在的死魂灵名单骗取政府贷款和土地。在 SCF 村却有现实版的"死魂灵",程金玲反映在自己居住的小区,竟然有死去多年的人,分到了回迁房。

无中生有的挂户 以上挂户确有其人,村民还知道、认识这个人,但有的凭空捏造个名字就分到了房子,附近村民根本不知道被分到房子的人是谁。

挂户过多 SCF 村民组有 9 人户口挂在同一人名下,在补偿时把这些人的户口分出去,单独立户,获得产权调换和增购面积,共获得 900 平方米的安置房。

---

① 这是 2015 年 5 月笔者调研时的价格,商品房均价为每平方米 5300 元,2016 年春节后,合肥房价上涨,带动城乡接合部商品房价格,2016 年 6 月商品房均价超过每平方米 10000 元,安置房均价在 6000~7000 元。

本来挂户只是户政管理的一种现象，但成为祖居户以外的人谋取房屋的手段。挂户只是第一步，下一步是分户，挂户人员作为独立的一户，拥有和祖居户相同的分房资格。这一现象的出现，Y县经济开发区拆迁安置工作领导组起到了决定性作用。以下是拆迁安置工作领导组关于 SCF 村民组 ZAH（婆婆）与 RHF（媳妇）挂户的处理意见。

案例三 关于六期 ZAH 和 RHF 挂户的安置意见

拆迁安置办公室：

ZAH 和 RHF 系 CDY 社区 SCF 村民组人，第六期拆迁户，两人系婆媳关系，拆迁时两人并签一份协议，符合分户条件。经 2013 年 3 月 16 日安置工作领导组研究决定，原拆迁协议不变，住宅房享受两户增购政策。

Y县经济开发区拆迁安置工作领导组

2013 年 3 月 16 日

可以这样说，征收集体土地上房屋安置人口的认定对外来户多一项限制，就为他们非正式嵌入多了一项选择，权力就多了一份寻租的空间。表面上看，祖居户身份的认定把外来户排斥在各项权利之外，但是外来户又会通过各种非法的、不符合政策的做法去获得和祖居户相同的待遇。政策的出发点在于保持公正、建立社会秩序、保护公共资源，但是这种政策本身就是导致社会失序、社会不公、公共资源浪费的原因，可以说这是政策的本源性腐败。

在快速城市化的背景下，城乡接合部成为腐败重灾区，主要发生在征迁安置、土地出让、出租、工程建设、城市绿化等领域。2011 年 4 月，Y县政府发布《关于依法查处 DB 镇 E 村民组违法建设的通告》中称"E 村有非法转让、倒卖土地使用权"现象，在城乡接合部这种现象不是个别，而是普遍。2015 年 4 月，Y县经济开发区多位居民实名向媒体举报社区多位干部涉嫌通过违规挂户等方式，为没有拆迁安置资格的人进行安置。2014年9月，Y县经济开发区发生官场地震，包括开发区管委会副主任，甚至纪检等6个部门的"一、二把手"纷纷因受贿被查，共有14人被判刑，出现"塌方式腐败"，涉及安置房分配、绿化、道路建设、渣土运输等项目。由于拆迁安置政策既多且杂，不同的项目安置政策不同，某一项目在不同的地点其安置政策又有差别，大到房子的补偿，小到一棵树苗的补偿，在政策缺少操作性的情况下，就为腐败开了方便之门。距离笔者调研地不过10里的合肥市瑶海工业园区管委会站北社区就有著名的合肥"房叔"方广云。2005年以来，方广云在协助瑶海工业园区管委会进行拆迁安置工作期间，利用其负责对站北社区部分村民组拆迁安置对象的资格审核、安置费审核等职务上的便利，单独或伙同他人骗取安置房15套共计1290平方米以及拆迁补偿费、人口安置费等公共财物，贪污价值共计324万元。2007年以来，方广云受原瑶海工业园区管委会的委托，负责站北社区部分村民组拆迁安置对象的资格审核、安置费审核等工作期间，违规出具安置证明等材料，致使他人非法获取安置房40套共计2965平方米，以及相关拆迁安置补贴等，共造成公共财产损失685万元。卷入"房叔"案的有瑶海工业园区拆迁办原副主任、一名户籍警察、他的女儿女婿。

"房叔"案尘埃落定不到一年，2015年11月，庐阳区大杨镇合肥市城市森林公园项目房屋拆迁安置中的腐败案再起波澜，一名村干部套取房屋价值和补偿款共计500多万元，该镇原纪委书记利用职权贪污、受贿，该镇拆迁办主任也被调查。

2012以来，合肥市两级检察机关查处了发生在开发区、工业园区的受贿、行贿、渎职等犯罪案件37件52人，涉案人员上至厅级、县处级领导干部，下至科级、村（居）干部。合肥高新区管委会原主任郭超任职期间，为他人在安置房补偿、减免房产税、土地使用税、土地出让、缓减免交项目建设配套费、工程建设、变更土地用途及工程项目审批等方面谋取利益，非法收受相关企业和个人钱财569万元、港币20万元多。在开发区、工业园区犯罪的罪名基本都是受贿、行贿，在受贿后滥用职权、玩忽职守，使国家财产遭受巨大损失。[1]

（二）企业囤地与虚报预售价格

囤地是开发商基于房价、地价将要上涨的明确预期，故意多征少用、早征晚用、征而不用的土地投机行为。与囤地相关的概念是土地闲置，《土地管理法》《城市房地产管理法》以及国土资源部《闲置土地处置办法》对土地闲置有明确界定，它是指国有建设用地使用权人超过国有建设用地使用权有偿使用合同或者划拨决定书约定、规定的动工开发日期满一年未动工开发的国有建设用地。已动工开发但开发建设用地面积占应动工开发建设用地总面积不足 1/3 或者已投资额占总投资额不足 25%，中止开发建设满一年的国有建设用地，也可以认定为闲置土地。囤地是闲置土地的一种，但它不同于资本实力不足而停工的土地闲置，它是明明有实力也不开工、少开工或拖延工期的投机行为。国家统计局数据显示，2000～2009 年，全国房地产企业购置土地面积为 33 亿平方米，而完成土地开发面积仅有近 21 亿平方米，约有 12 亿平方米土地未被开发。[2]

囤地的有大企业，如长江实业 2013 年年报显示，在内地的 29 个项目中，只有 10 个项目处于已完工状态，有 18 个项目处于未完工状态，且最终完工时间普遍调整为 2015～2016 年。而这 29 个项目是 2005 年拿的地，2005 年拿到的这 29 个土地储备项目在经过八九年的开发之后，依然有 18 个项目未完工，占总数的 2/3，其中有 6 个项目的开发进度为零，有 4 个项目的土地面积甚至出现了增长。[3] 诸如长江实业这类上市公司的净资产价值估值法鼓励"股地联动"，即股票和地产的关联性运动。囤地越多，股票市值越高，资本越多，再买更多的土地。

资本的本性决定了企业家的行动，Y 县城乡接合部的房地产企业多为中小企业和本土企业，但是它们与大企业的行动逻辑是一致的，就是

---

① 吴贻伙、袁中锋：《开发区缘何成职务犯罪高发地带》，《安徽法制报》2015 年 11 月 13 日。

② 杜晓、杨卉：《闲置土地难处理多因利益关系干扰执法》，《法制日报》2011 年 12 月 24 日。

③ 刘德炳：《李嘉诚家族内地囤地调查》，《中国经济周刊》2014 年第 34 期。

获取更多的利润。因为预期到 Y 县城乡接合部的商品房价格一直在上涨，所以囤地就是聚财。

开发商对于 Y 县城乡接合部的房价有明确的预期——只涨不降。在合肥市"十二五"规划和"十三五"规划中，都提出过撤县设区，Y 县要成为合肥市的一个区，不仅是民间的愿望，也是合肥市城市发展的需要。一旦 Y 县成为合肥的一个区后，Y 县城乡接合部的房价还要大涨一次。只要 Y 县没有撤县设区，开发商就敢囤地。目前商品房价格、土地出让价格都在上涨，假设一块地从 2008 年囤到 2015 年，该地块升值达到 418%，房价上涨了 436%（见表 3-1）。对于土地闲置的处罚要征收相当于土地使用权出让金 20% 以下的土地闲置费；满两年未动工的，要无偿收回，但开发商总有办法规避处罚。闲置满 1 年不满 2 年的土地，安徽省按照土地出让价的 20% 征收土地闲置费，但没有有效执行。地方政府对土地财政的依赖，政府与开发商是一个利益共同体，政府不允许房地产企业破产倒闭，房地产企业需要政府的扶植，继续享受各种优惠政策。

表 3-1　2008~2015 年 Y 县历年商品房均价和土地出让费

单位：元/平方米

项目	2008 年	2009 年	2010 年	2011 年	2012 年	2013 年	2014 年	2015 年
商品房均价	988.7	1909.4	1975.9	2027.3	3283.4	4501.7	5025.5	5300
土地出让均价	989	1845	1973	2026	3281	4524	4500	5123

资料来源：Y 县房地产管理局、国土资源管理局。

对于囤地（闲置土地）有明确规定，开发商不会硬闯"红灯"，他们打"擦边球"，寻找囤地的办法。

拖延工期　拖延工期虽然不是明确规定的囤地行为，但它是变相的囤地，和囤地的性质是一样的。相关规定对由于开发商的原因造成的土地闲置要予以处罚，但是因不可抗力或者政府及其有关部门的行为或者动工开发必需的前期工作造成动工开发迟延不属于囤地行为。国土资源部的《闲置土地处置办法》规定，由于政府原因造成的动工开发迟延的表现之一是"因处置土地上相关群众信访事项等无法动工开发的"，这就让开发商钻了空子，成为囤地的绝好理由。

案例四 开发商花钱买上访

按照常理，一个楼盘从开工到竣工一般需要 3 年左右的时间，但在 Y 县城乡接合部，有的楼盘建了 10 年都没竣工。一家本地开发商，2006 年在 CZ 镇拿了 272 亩地，停停建建，至 2015 年 5 月没有封顶。刚开工时，由于噪声、阳光被挡住、出行道路被轧坏，附近居民到镇政府反映问题，施工单位答应解决而又未解决，居民又到县政府上访，县政府责成镇上解决问题，镇政府掏钱让附近居民搬出去租房，一晃 3 年过去。但平安无事时，开发商着急了，施工队老板找到 GF 村民小组长，愿意花钱请村民上访，到镇上一人一次 100 元，到县里一人一次 150 元，每次不要超过 10 人，保持每半年上访一次。上访前施工队在村民的庄稼地里倒上几车渣土，县国土局来调查这就是上访理由，这种做法屡试不爽。后来村民拿钱都觉得不好意思，无事生非也不是农民的本性，开发商就再加钱，到镇上一人一次 150 元，到县里一人一次 200 元。上访总得有个理由，该想的都想了，能够拿上桌面的都想到了、都讲过了，实在找不出理由时，一些可笑的办法也随之出来。一次施工队的司机故意轧死了村民的一只鸡，家庭主妇要求赔偿。司机说，反正你也没事，你再找几个大姐（指妇女）到镇上跑一趟，我每人给 200 元，不到镇上不给钱。几个妇女跑了一趟镇上，在镇政府前，嚷嚷几声"大公司欺负老百姓""轧死鸡不给钱"等，转身就走，司机在远处盯着，确认她们真的去了镇政府，当时兑现，每人 200 元。这样又拖了四年。

现在村民终于明白了开发商的意图，给再多的钱也不上访了。村民说，我们是被这些人利用了，我们的脑子哪有他们转得快。他们是在坑害老百姓，10 年前，房子才值几百块钱（一平方米），现在都五六千了，他们赚了多少，心都黑了。

到了 2014 年，开发商对外宣称回购烂尾楼，其实是修改规划（调整容积率和高度，降低成本），到了 2015 年仍然没有开盘。

委过于政府　相关规定对由于政府原因造成的囤地不予追究责任，政府有时候就成了开发商推卸责任的"替罪羊"。《闲置土地处置办法》只是国土资源部出台的一项政策，对于地方政府的行为缺少硬约束。比如，土地利用总体规划、城乡规划依法修改、政府出台新政策等使开发商不能按照合同约定的用途、规划和建设条件开发或修改规划的，责任在政府。政府新修一条路，开发商就可能延期三四年。

虚报预售价格　2015 年 5 月，在 Y 县城乡接合部商品房均价每平方米 5300 元，但有的开发商竟然把预售价格报到 8000～9000 元（2016 年春节后，Y 县城乡接合部商品房均价很快超过 10000 元），房管部门自然暂停其预售程序。开发商就找到了堂而皇之的理由：政府宏观调控没有拿到预售证，变相操纵审批程序、捂盘惜售，等待涨价。

三　本章小结

从制度正义出发将政府土地收益分配不公违背正义两个原则，实质正义、形式正义和程序正义方面存在的失范。政府的失范诱发了投机性建设、挂户和囤地的出现，资本的本性是追逐利润，它可能采取合法的手段，也可能采取非法的手段，而政府对非法行为的容忍，则是资本与权力的耦合，两者的耦合还会导致强制拆迁产生。虽然有的强制拆迁并没有违法，但是强制拆迁本身是不正义的。政府、农民、企业行为的失范，损害了被征收人的合法利益、加剧矛盾冲突、侵蚀了政府的合法性基础，导致社会失序。

第四章

Y县政府土地收益分配不公原因的制度分析

制度正义论研究政府依据何种原则对利益进行分配，以彰显公平正义。制度正义把制度作为既定的前提接受，而制度经济学使用产权、交易成本、路径依赖、路径锁定等概念研究制度的演化。对制度的定义无非是约束、规范、游戏规则，它约束了个人或组织的行为。理性选择制度主义秉承了制度经济学方法论上的传统，即理性人假设、成本—收益分析、约束条件下的个人偏好等。制度与个人行为是理性选择制度主义的中心问题，该理论认为：行为是偏好最大化的工具、行为具有策略性、制度约束策略的选择等。[①] 制度是怎样影响个人行为的，理性选择制度主义遵循计算的路径，而非文化、道德的路径，制度作用于行为的特点如下：制度的作用主要是通过提供确定性信息的方式表现出来的，在这里制度具有重要的信息负载功能；在制度环境中的行为是互动的，相关的其他行动者的行为是行动者做出行为选择的基本原因，所以对相关行动者予以特别的关注；在行为互动中是以利益的策略性算计发生的；行为者在计量自己的利益得失之后选择自己的行为方式；制度对行为的作用是通过行为者的期望改变而实现的 。[②]

---

① March J. G., *Rediscovering institutions: the organizational basis of politics* (The Free Press, 1989), p. 5.

② Peter Hall and Rosemary Taylor, "Political science and the three new institutionalisms," *Political Studies* 5 (1996), p. 936 – 957.

制度经济学是建立在行为科学的基础上的，阿兰·斯密德详细分析了个人行为的心理因素，有限理性、情感与评价、行为规则—代理、学习、从个人经历到制度与反馈。[①] 总之，制度为个人或组织行为提供了诱因、激励，个人或组织为了满足自身的需要，根据制度的诱因，决定或调整自己的行为。本章使用制度—行为作为分析框架，制度包括政治制度、经济制度、文化制度等，行为指个人行为、组织行为或政府行为。政府行为既是组织行为，也是个人行为。在县里，县委书记往往决定了一个县的发展。县委书记可以决定县管干部的人事任免，可以对副处级干部的人选向上级党委、组织部门提出动议、提出候选人；在经济上，他可以提出全县的经济发展战略、总体思路，把握全县经济社会发展的方向；在党的建设、精神文明建设、党风廉政建设等方面，都起领航者的作用。习近平曾说："县委是党执政兴国的一线指挥部……县委书记就是一线总指挥。"[②]

在土地收益分配不公原因的制度分析中，我们把制度作为内生变量，具体指人事制度、权力分配制度和财政制度，干部选拔任命的锦标赛制对同一区域的领导人来说是不相容激励、土地征收补偿中抽象权力与具体权力的分配失衡，具体权力失去抽象权力的监督、省以下分税制改革的不彻底是土地财政的诱因，它们共同作用导致政府征地失范。

一 地方场域中的锦标赛制

锦标赛制原来用于解决企业委托人与代理人在信息不对称情况下的激励问题，为了保证委托人利益的实现，代理人的实绩与回报挂钩，实行等级晋升。锦标赛制在国内被运用于地方干部晋升和学术晋升中，取

---

① 〔美〕阿兰·斯密德：《制度与行为经济学》，刘璨译，中国人民大学出版社，2004，第32~82页。

② 习近平：《在会见全国优秀县委书记时的讲话》，《求是》2015年第17期。

得较好的效果。[①] 干部晋升是个复杂问题，不是一个锦标赛制能够解释得了的。锦标赛制的前提是在封闭的行政区域内研究干部晋升问题，但是由于党管干部的原则，干部晋升往往打破行政区域的限制，某一层级的领导既可能从本行政区域内产生，也可能从外部产生。在封闭的行政区域中，锦标赛制只考虑到上级（高一层级）对下级提拔所起的作用，但是上级的上级（高两层级）提出候选人动议的话语权更有分量。比如，地级市副市长的人选，市辖范围内的县（市、区）委书记是候选人，但是省委要在全省范围内通盘考虑，如果副市长的职位出现空缺，市委当然希望人选在本地产生，如果省委有更恰当的人选，就会从其他地区调入，甚至还会从中央国家机关"空降"，所以干部晋升是跨区域的。另外，"关系"也是干部提拔任命的重要因素，但是要研究"关系"却很难，它是隐性而非显性的因素。作为研究，总要抽象掉一些变量，从复杂的现象中找出规律，提升为理论。

（一）干部晋升中的锦标赛制

锦标赛在体育赛事中，是指在一定的名次之上的运动员才能参加的赛事，并且参赛人数受到限制。比如，世界乒乓球锦标赛，协会每个成员可报 5 男、5 女参加单打比赛。除此之外，每项可多报 1 名运动员，而这名运动员应排名在当期国际乒联排名表前 10 位以内。实际上中国乒乓球运动员世界排名前 20 位的有的是，如果其中的运动员去其他国家（地区），就能参加比赛，但是受到名额限制，在中国就无缘参赛。

锦标赛制最终决定胜负的是参赛人参赛结果的名次，是在一定范围内的排名顺序，比如在市辖各县（市、区）的比较、县辖各乡（镇）的比较，是相对成绩而非绝对成绩。各参赛人为了赢得比赛无须委托人付出较大的监督成本，通过自我加压、自我努力以取得比别人更好的比赛名次，从而在竞赛中胜出，这是锦标赛的激励效果。锦标赛制是在一

---

① 周飞舟：《锦标赛体制》，《社会学研究》2009 年第 3 期；周黎安：《中国地方官员的晋升锦标赛模式研究》，《经济研究》2007 年第 7 期；阎光才：《学术等级系统与锦标赛制》，《北京大学教育评论》2012 年第 3 期等。

个封闭的竞技场举行的，比如合肥市所辖的县（市、区），在封闭的范围内容易比较出各个参赛者的成绩，在某一封闭竞技场的后进者，如果换一个场合就可能是先进，但在固定的、封闭的竞技场合，他就可能没有机会了。上级政府为下级政府下达了必须完成的任务，如 GDP、财政税收，或众多的、临时性的一票否决（如以前的计划生育超标）等。2012 年，合肥市制定了《关于加快推进工业"新跨越、进十强"的意见》，为各县（市、区）规定了 2012～2015 年的分年工业发展目标（见表 4-1）。这是一份必须完成的"作业"，中国人自进幼儿园起，就要面对考试，当了省长、市长、县长还要考试，一个有进取心的人每走一步都不敢掉以轻心。在中国领导干部是逐级晋升的，严格来说是按照半级晋升的，一个县委书记不大可能一下提为正市级领导（极少数人除外），他只能提副市级。而同一个级别在不同的职务也有区别，县长、县委书记级别相同，但是县长成为书记实际是提升了。在晋升级别的台阶上，只能前进，不能后退，后退就被淘汰。高一级职位的职数是有限的，县委书记要到副市长的位子，只有在竞争中把对手比下去，自己才有机会，这种激励其实是一种不相容激励。处于锦标赛制下的官员，要想胜出，有两种选择，一是赶超，在可衡量的指标中超过对手，在提拔中无疑是最有说服力的硬件条件；二是如果差距大，能够把差距缩小，那也是进步，升迁的可能性就大。虽然竞赛是在一个封闭的竞技场举行，但是提拔却有可能在竞技场之外，职数有限，有人符合晋升条件，就把他派往另外的地方升任高一级职位。某一地方的失利者并不意味着被淘汰出局，他的成绩在此地居于落后地位，但换个地方去跟别的对手比较，就有可能胜出，失利者可以在另外一个区域内获得较高位置，从而参加下一轮的权力角逐。由于我国干部人事制度实行的是选拔任命，谁能够在某一辖区范围内任职，关系可能起到决定性作用。但无论如何，发展是硬道理，锦标赛制在各地方政府之间形成了竞争，不进则退，能够把差距缩小就是进步，也可赢得上级的赏识。各地方个体之间出现的这种竞争，形成一种不需要委托人付出高额监管成本的自我激励机制。

表4-1　合肥市"十二五"各县（市、区）分年度工业发展目标

单位：亿元

指　标	工业总产值					工业增加值				
	2011年实绩	2012年目标	2013年目标	2014年目标	2015年目标	2011年实绩	2012年目标	2013年目标	2014年目标	2015年目标
全市	5598.0	7000	9000	11500	15000	1489.7	1800	2250	2875	3500
经开区	1531.9	2000	2450	3000	3600	414.1	540	650	740	800
高新区	751.1	1000	1240	1500	1800	192.2	255	320	380	460
新站区	364.0	440	900	1350	2000	99.6	120	246	370	550
巢湖经开区	20.9	40	100	230	500	5.5	10	26	60	100
Y县	454.2	590	700	850	1000	115.1	149	177	210	250
肥西县	740.7	910	1100	1350	1600	181.0	222	270	310	350
长丰县	325.3	480	600	800	1000	84.1	124	160	210	280
庐江县	100.1	160	300	600	1000	29.6	46	90	165	200
巢湖市	237.1	310	500	700	1000	62.0	81	130	170	200
瑶海区	165.7	150	180	200	230	45.7	41	45	50	55
庐阳区	223.8	240	260	280	300	60.6	65	70	75	80
蜀山区	248.9	260	360	480	600	99.9	104	140	180	240
包河区	440.4	460	560	680	800	101.8	106	129	160	210

　　资料来源：合肥市信息公开网，http://zwgk.hefei.gov.cn/zwgk/。

　　面对经济发展的任务，要站在历史的高度，从国家、民族、全局出发去制定有利于整个国家的政策。锦标赛制在相当程度上"解决了监督激励依次递减和信息不对称问题，大大节约了监督成本。"[1] 但锦标赛制在同一地方场域中是不相容激励。[2] 由于高一层领导职务的有限性，处在同一竞技场、同一层级的官员，大家彼此之间是竞争对手，胜者入选，通常只有一个人胜出，这是事实。由于导致的地方政府间恶性

---

[1]　周黎安：《中国地方官员的晋升锦标赛模式研究》，《经济研究》2007年第7期。

[2]　美国制度经济学家曼瑟尔·奥尔森把利益分为相容性、排他性，前者是指利益主体在追求利益时相互包容，也就是"一荣俱荣、一损俱损"，用博弈论的术语表达就是正和博弈。而后者是相互排斥的，这时利益主体间就是零和博弈。见〔美〕曼瑟尔·奥尔森《集体行动的逻辑》，陈郁译，1995，上海出版社，第36页。

的、无序的竞争，市辖各县（市、区）以地生财、大兴土木等在所难免。只有把对手比下去自己才有机会，因而才有政绩工程、面子工程，不做不行，你不做别人做，别人做了就吸引了上级领导的注意，就多了一份提拔的机会。因此，政府征地行为失范是由锦标赛制引起的。地方政府和开发商之间是相容性激励，土地出让收入给政府带来预算外收入、房地产业投资给政府带来 GDP 的增长；而土地能够给开发商带来丰厚的利润回报。

（二）房地产业能够满足政绩的需要

房地产业较之工业的发展，它的优势在于周期短，只要完成征收、开发、出让，即可拿到公共资源交易平台"招拍挂"；见效快，在 Y 县城乡接合部，2015 年上半年，土地出让价格已经达到每亩 400 万元的情况下，只要出让几百亩地，出让收入就达几十亿元，而 Y 县 2015 年财政收入才 35 亿元。房地产产业链长，可带动建材业、建筑设备工业、冶金、化工、装饰、装修业、电气家具业等产业拉动 GDP 的增长。

按照惯例，上级优先提拔的是县委书记，县委书记一般由县长升任，一个有政治前途的县委书记不等干完一届就会被提拔，而他当县长时的成绩是记在书记的账单上的。要在不到五年的短时期内，做出成绩，房地产无疑是最佳选择。工业企业从招商引资、建成投产到产生效益、上缴税收没有四五年时间完不成，而这个时间也是他需要完成上级布置"作业"的时间，是上级给他打分、做出鉴定，决定他政治前途的时间。政绩在同时间赛跑，政绩落后于时间，提拔无望；政绩跑在时间前面，前途光明，"五年太久，只争朝夕"。

（三）锦标赛制下 Y 县领导升迁之路

组织和个人获得与其权力、责任、义务相对称的利益，是现实可得到的利益，角色利益还可以指角色期待的利益。在商言商，在官言官，领导干部走上更高级别的职务，就拥有了施展自己才能的更广阔的舞台，这也是实现个人价值的途径。在科层制背景下，权利依附于职位，在其位谋其政，一定的职位赋予领导者更大的空间。同时，一定的职位总是同待遇、声望、安全、美誉度等世俗的东西联系在一起，我们不能苛求领导者的神圣，在政治日益祛魅的今天，"克里斯玛"型领导日渐式微。任何一个有进取心的人、不安于现状的人、想干一番事业的人，在到了某个职位之后，想获取更大的权力、想走上更高级别的领导岗位，无可厚非。

角色期待只是领导干部晋升的主观因素，但我国领导干部的晋升机制是选拔任命而不是选举，依靠上级组织对下级干部的考察、考核，"党的权力工具就使得这两个等级体系交织在一起（国家等级体系、政党体系），联系起来，其中最重要的权力工具就是干部任命制"①。如何在锦标赛中胜出，就要看下级官员能否达到或超过上级的规定，并压倒对手。在以经济建设为核心的竞赛中，GDP 就是职位、就是权力，有了 GDP 就有上升的空间。从而形成 GDP 崇拜、GDP 神话。

新中国成立后，由于地缘优势，Y县在合肥老三县中政治上具有特殊的优势地位。1957 年 2 月至 1959 年 1 月，安徽省委书记曾希圣曾兼任 Y县县委书记。在锦标赛制下，谁能够到具有优势的地方任职，不仅体现组织的信任，而且能判断出其自该地方起以后的升迁速度、达到职位的高度。1979 年组织上给 Y县派来一位县委书记，任职仅五个月，就调任某省厅厅长，后来这位领导任安徽省委常委、副省长、省委副书记直至省人大常委会主任。从 1983 年 Y县复归合肥至 2009 年，有一人由县委书记，提升至合肥市委常委，两人由县委书记提升至合肥市副市长；而打破逐级提拔惯例的是，一人直接由县长提为副市长，一人由县长提为某省厅副厅长。长丰县经济发展水平和 Y县不可同日而语，1992 年人均纯收入低于 400 元，根据 1994 年国务院的《国家"八七"扶贫攻坚计划》的标准全部纳入国家贫困县扶持范围，是国定贫困县，2001 年被列为全国扶贫工作重点县。2012 年全国贫困县名单里已经没有长丰，其实从 2005 年起长丰县的财政收入就进入全省十强县，开始

---

① 〔匈〕玛丽亚·乔纳蒂：《转型：透视匈牙利政党国家体制》，赖海榕译，吉林人民出版社，2002，第 22 页。

崛起，发展速度很快，但和 Y 县相比还有较大差距。[①] 肥西县 GDP 自 2006 年开始超过 Y 县，从此 Y 县一直未能反超。[②] 失去经济优势，也就失去政治优势。2008 年，肥西县县委书记任合肥市副市长，2009 年 6 月，Y 县县委书记走上合肥市副市长岗位。此后，Y 县继任县委书记要再走前任的升迁之路，可能性就很小。2006 年是合肥市辖县领导升迁之路发生转折的一年，在此之前，Y 县以经济上的比较优势，其领导获得了较多的提拔机会。改革开放后至 2006 年，Y 县共有五位县领导被提为副市（厅）级领导，长丰县三位，肥西县两位；此后，Y 县领导的晋升失去了以前的优势地位，长丰、肥西的县委书记先后到市里任职，2010 年，巢湖市（县级）、庐江县并入合肥后，Y 县领导再上升的可能性就更小，因为巢湖市委书记为合肥市委常委。2015 年 12 月，Y 县县委书记远赴皖北某市任副市长，2009 年 6 月至 2015 年 12，一任县委书记整整干完一届还多一年，这在 Y 县改革开放以来是没有的，一般在一届（4～5 年）的时间就会被提拔。

二 集体土地房屋征收补偿中抽象
权力与具体权力分配的失衡

土地征收补偿分为三类，即土地补偿费、安置补助费以及地上附着物和青苗的补偿费。省级政府制定土地补偿费和安置补助费的补偿标准，青苗费的补偿和土地补偿、安置补助方法类似，省级政府采用年产值法，但年产值的确定由市级政府规定。征收补偿就其对农民的利益影响而言，最大的是房屋的补偿，土地补偿费农民拿不到现钱，安置补助费在 Y 县，按人头平均后每人再扣 3600 元的养老金，农民实际能拿到手的也就几万块钱；青苗费的补偿标准低，农民得到的也很少，最主要的补偿是房屋补偿。2015 年上半年，Y 县城乡接合部商品房每平方米

---

① 2016 年《长丰县政府工作报告》。
② 2006 年 Y 县 GDP 为 90 亿，肥西县为 95.5 亿。《安徽年鉴（2006）》，安徽年鉴社，2006，第 75～98 页。

均价在 5000 元，安置房的交易价格在 4000 元左右。

房屋补偿也是矛盾最突出的问题，土地补偿费、安置补助费省里统一制定，农民和省里讨价还价的余地较小，并且征收的是集体土地，由于普遍存在的"搭便车"心理，农民往往集体失语。但是房屋是属于个人的，所得补偿是归个人所有，所以房子意味着财富，在征收房屋时，农民不再沉默，而是积极参与。笔者从权力划分的角度来分析房屋征收补偿中房屋补偿乱象和腐败盛行的原因。

（一）一般组织中抽象权力与具体权力的分配

张康之教授立足对权力发展的研究，他把权力分为抽象权力和具体权力。在农业社会是混沌的权力，没有实现分化；到了工业社会，随着社会分工，出现了立法、行政、司法三权分立，与此同时也分化出抽象权力和具体权力，并通过职权而把抽象权力和具体权力统一到一起。[1]所谓抽象权力是"通过法律固定下来的，是合法化、合理化、普遍化甚至神圣化的权力，这种权力提供的是基本社会利益格局和权力主体与权力客体之间基本的权力关系框架，也是基本的规范力量"[2]。"具体权力是权力实体中的具体的人所掌握着的权力，在权力所属组织的日常运营中，在整个权力体系发挥作用的范围内这种权力被用来处理一切具体的事务。"[3]张康之教授还从权力主体、存在形式、作用范围、作用效果等方面比较了两者的差别。简言之，抽象权力是制度规定的静态权力，而具体权力是运行的动态权力。在西方政治学说史上，法国思想家贡斯当曾经反思人民主权理论，也体现了抽象权力与具体权力的划分，卢梭认为每个人应当把他的所有权利毫无保留地全部让渡给共同体，但贡斯当认为这将导致"为了某种抽象存在而放弃了我们的全部存在"。人民主权是一种抽象的权力，与此对应他发现了另外一种权力。"事实上，它以人民主权的名义所要求的权力，并不是那种主权的一部分，它不仅

---

① 张康之：《论权力分化的启、承、转、合》，《学海》2011 年第 2 期。
② 张康之：《公共行政中的哲学和伦理》，中国人民大学出版社，2004，第 72 页。
③ 张康之：《试论抽象权力和具体权力》，《中国人民大学学报》2000 年第 6 期。

是对现有权力的非法置换，而且是创造了一种根本就不应存在的权力。"① 这其实就是具体权力。抽象权力与具体权力的划分，为我们认识权力提供了新的视角，尤其是对腐败的治理，从法律制度上规范抽象权力，具体权力的运行需要道德力量或外在力量的规范和制约。

抽象权力与具体权力在组织中的配置是反向关系，抽象权力自上而下由大变小，具体权力自上而下由小变大。这可以用职位与权力的关系来说明，职位越高的人，他的抽象权力就越大，而他的执行权力就越小，职权是由职位决定的，而职权法定。横向看，一定层级的政府或个人，其抽象权力总要有一定的具体权力与其匹配，才能完成其职能；纵向看，某一层级的政府，可以凭借命令与服从的关系，要求其下级完成具体的任务，维持其在组织中的地位。

（二）抽象权力是通过决策来实现的

具体权力是通过运行来实现的，它的运行要有约束力量，这就体现为抽象权力的政策、法律、规章、制度等，因此抽象权力是通过决策表现出来的。制度对决策的限制是对过程的限制，而不是结果的限制。② 决策过程，按照政治系统理论的观点主要是输入、转换、输出、执行、反馈等一系列环节。输入就是环境作用于政治系统，包括利益表达和利益综合。研究者一般把利益表达作为决策的起点，利益表达的前提是社会利益结构的分化。在利益逐渐分化的背景下，利益表达和利益综合作为政策输入政治系统。政策输入分成两种，一是外部输入，来自政治系统外部，来自环境的输入是外输入；二是内部输入，决策过程的利益要求不是由政治体系外部的社会结构输入政治体系，而是由权力精英自身来进行利益要求的输入。我国是集权型的决策模式，内输入是它的特征。它是基于党组织和政府群众路线的决策规范，以及党的领导和政府官员们"从群众中来，到群众中去"的领导和决策方法，由党组织和政

---

① 〔法〕邦雅曼·贡斯当：《古代人的自由与现代人的自由》，阎克文译，商务印书馆，1999，第65页。
② 汪丁丁：《制度经济学三人谈》，北京大学出版社，2005，第17页。

府内部的各级官员们来体察和认定不同的利益需求，利益表达和利益综合并不主要由社会性结构来承担。内输入要比外输入的作用更大。转换发生在政治系统内部，由于不知道输入项是如何被转化的，因此很难分析这个环节。输出是政治系统形成的政策、法律等产品作用于社会。当我们把政府过程置于纵向的政府层级中去考虑的时候就会发现，只有有决策权的政府输出才是政策，而下级政府输出的是意见。下级政府兼有利益表达和利益综合双重角色，只有中央政府才具有利益综合功能，而无须进行利益表达。

在内输入决策体制中，利益表达的主体从体制化的角度看，主要是各级党组织和政府、各级人民代表大会、民主党派、各种政治社团。它们利益表达的作用不是同等的，可以用决策圈来表明它们作用的大小，由内而外分别是：核心是各级党政组织、各级人民代表大会、民主党派、各种政治社团。从个体角度看则包括各级党政领导人、各级党代会和人代会的代表、各级政治协商会议的代表。

上述制度化结构只是决策过程的一个层面，而另外一个层面是具体权力的运用。伴随着政治世俗化、政治功能分化，如今的人格化结构主要是由领导人的知识、修养、生活经历、工作历练等形成的对问题的判断，进而形成领导人的个人偏好。如何影响领导人的个人偏好，就成为利益表达的目的。在高度集权的前提下决策模式有以下几个特点。

第一，决策体制的纵向表现，即决策权向上集中，下级集中于上级，地方集中于中央。决策时间的先后顺序、决策权限的大小是沿着自上而下的行政层级由先到后、由大到小变化的（当然中央对不明确的事项在地方试点是一个例外，但那要得到中央的授权）。

第二，高度集权的决策模式实质是纵向的层级节制决策，横向表现为政策输入的顺序性，即利益综合在时间上先于利益表达。利益综合是相对下一级党政机关而言，利益表达是相对上一级机关而言。首先是利益综合的过程。下级政府依据既定的约束和规范，把它们收集的信息经过调节和转换，形成输出产品，主要是意见，作用于上级。既定的约束和规范，可以是一种价值判断，如公平正义；也可以是一种工具，它是公务人员和组织必须遵守的成文的或不成文的规则。通常情况，价值总是让位于工具。调节和转换，就是加工和处理。下级政府不可能把它们了解到的所有信息全部反馈到上级，而是用上级能够接受的方式向上反映，因此利益综合也就是信息的筛选和过滤。

第三，利益综合具有层次性。在决策权高度集中于中央、自上而下的决策体制下，地方各级党政部门的利益综合，均不能形成政策向社会输出，只能形成意见。意见和决策运行的方向相反。意见是沿着行政层级一级一级向上反映的，每到达一个层级原有的意见都会被重新加工处理，删去一些信息，又重新添加新的信息。因此，基层通过利益表达所反映的问题，在通过行政层级层层传递到达决策层之后，到底有多少"意见"和原来基层反映的问题相一致是一个值得怀疑的问题。为了解决这个问题，从党的群众路线出发，党的领导人就会深入基层开展调查研究，得到第一手资料，弥补"意见"的不足。

（三）乡镇政府集抽象权力与具体权力于一身

房屋补偿分为国有土地和集体土地两类。按照补偿方式分为实物补偿（产权调换）和货币补偿，房子可以保值增值，所以绝大多数被补偿者选择产权调换。对国有土地上房屋的补偿，国务院制定了《国有土地上房屋征收与补偿条例》，自安徽省至 Y 县都制定了补偿办法，政策越来越细化，越来越易于操作。

对于集体土地上房屋的征收与补偿不像国有土地那样，国务院没有像对国有土地那样制定"集体土地上房屋征收与补偿条例"；《土地管理法》虽然要求被征收土地上的附着物（包括房屋）和青苗的补偿标准，由省、自治区、直辖市规定；但安徽省没有制定如何征收、补偿集体土地上的房屋；合肥市虽然制定了相关政策，但这不是合肥所辖各县（市、区）制定政策的依据，市政府的政策对县级政府没有约束力。Y县制定政策的依据是《土地管理法》、安徽省政府《关于调整安徽省征地补偿标准的通知》及省国土资源厅《关于做好新征地补偿标准实施工作的通知》，但省政府的征地补偿标准没有房屋补偿的内容；而省国土资源厅的文件是要求落实《关于调整安徽省征地补偿标准的通知》，并没有房屋补偿的实质内容和具体的实施办法，缺少可操作性。中央、省、市、县关于集体土地上房屋征收与补偿的法律政策在绕了一圈之后，在执行中找不到可适用的具体办法。Y县2015年12月的《被征收土地上房屋其他附着物及青苗补偿标准》规定：本标准适用于Y县范围内征收农民集体土地上房屋、其他附着物及青苗的补偿。提供安置房进行实物补偿，具体补偿标准由各乡（镇）人民政府、开发园区管委会拟定，报县政府批准执行。合肥市其他各县（市、区）在制定集体土地上的房屋征收与补偿时也是如此。由此可见集体土地上房屋的征收与补偿政策的抽象权力，从中央到县出现空白，如此重大的权力交给了各乡（镇）政府、开发园区管委会，这样各乡镇政府和开发园区管委会就同时拥有了抽象权力和具体权力。在一般的行政组织中存在由抽象权力向具体权力的转化过程，抽象权力和具体权力存在此消彼长的关系，而在两者合一的情况下，这个过程不存在。乡（镇）政府既制定政策，又执行政策，甚至可以不要抽象权力，而单独行使具体权力，没有任何约束，实际上演变成了为所欲为。具体权力的运作要得到制度、理论的认同，才能完成向抽象权力的转化，在乡（镇）政府拥有两种权力时，它不需证明自己的合法性、合理性，其证明不是以外在的标准来衡量的，乡（镇）政府成为审理自己案件的法官，是非对错，都由自己说了算。抽象权力是制度化的权力，具体权力是个人根据职位所规定拥有的职权，在运作过程中，加入了个人的因素，它可以选择行为的方式、范围、种类、幅度，因而具有自由裁量权，现在这个自由裁量权大到没有边际，成为无限的自由裁量权，大到无须证明。至于合法性，政府自己说了算。个人的权力和组织的权力没有区别，具体权力的主体就是一个组织，这种人格化的组织丧失了制度化的本意。抽象权力以公开的形式表明自己的存在，具体权力也公开显示其个性化色彩，其实就是肆无忌惮。两者合一打破了两者的范围限制，具体权力只应存在于抽象权力某个范围或环节，但是在中央、省、市、县存在政策空白的情况下，乡（镇）政府就代表中央在决策，乡（镇）政府的权力被放大，它呈弥漫性，淡化了抽象与具体的界限。

抽象权力失去了对具体权力的规范、监督，具体权力可以随意增加，就可能走向滥用和腐败。这在开发区、城乡接合部随处可见的塌方式腐败中可见一斑。

城乡接合部的居委会和行政村领导为何腐败频发，"合肥房叔"方广云是如何产生的，村（居）委领导虽然职位很低，在中国的行政体系中找不到他们的行政级别（城乡接合部的村支书、居委会书记也有的是公务员），但他们抽象权力小而具体权力大。土地征收、房屋征收没有他们根本完不成，没有他们配合，县里和镇上的干部到村里连人都找不到。祖居户、外来户的认定，户口的迁入，房屋的测量、补偿、土地面积和档案，人口安置表，住房分配表等都要经过他们的合作才能完成，这些原始档案的保存、处理、查询等都是一种"特权"，只是少数人的秘密。他们的具体权力大于省长、市长、县长。经他们手的房屋补偿和征地补偿款成千上亿元，他们不仅可能得到额外的房屋安置，甚至可以占有土地。

三 分税制改革不彻底

20世纪80年代的财政包干体制导致90年代初中央财政占GDP的比重、中央财政收入占全国财政收入的比重下降，财政汲取能力下降导致宏观调控能力下降，出现诸侯经济和中央向地方"借钱"的尴尬局面。1993年，党的十四届三中全会将分税制改革正式写进《中共中央关于建立社会主义市场经济体制若干问题的决议》，增值税是税制改革后最大的税种，因而需要重新设计增值税。增值税是一个稳定的税种，所以要列入中央与地方共享税的税种，最后确定中央和地方的分成比例为75:25。从2002年开始，实施《招标拍卖挂牌出让国有土地使用权规定》；2003年开始所得税分享改革，中央与地方分成比例为60:40；2013年8月，"营（营业税）改增（增值税）"范围推广到全国试行；2016年5月，"营改增"正式在全国实行，营业税退出历史舞台，中央政府进一步加大对地方政府的控制。对于县级政府来说，增值税曾经是最大的税种，被国税拿走75%，在营业税成为最主要地税来源的情况下，营改增又开始，而增值税是共享税种，县级政府又将失去营业税。[①]

表 4-2　2008~2014 年 Y 县历年城市建设投资

单位：亿元

年份	2008	2009	2010	2011	2012	2013	2014
投资额	1.78	2.95	1.49	1.87	1.3	8.2	9.2

资料来源：《Y县统计年鉴》。

（一）Y 县财力下降与城市建设投资需求增加之间的矛盾

2008~2014 年，Y 县分别上划中央收入 3.60 亿元、4.40 亿元、7.80 亿元、7.90 亿元、9.90 亿元、10.60 亿元、8.77 亿元，总共 52.97 亿元，这样县政府可支配的财政收入就减少了。城镇基础建设的投资，要靠 Y 县自己解决（见表 4-2），上级政府的投资并不多。《Y

① 分税制改革后，随着中央财政占全国财政的比重和财政收入占 GDP 比重的提高，对分税制开始有批评的声音。财政部财政科学研究所贾康认为，要坚持分税制改革不动摇，省以下，尤其是县乡两级的财政困难，主要是地方税体系没有成型，省以下迟迟没有形成真正的分税制。由于中国事实上的五级政府，分税制规定了中央和省政府的分成比例，但是省以下的四级政府如何分成，在全国范围内，一直没有普遍认可的做法。改革的思路是五级政府扁平化为三级，即中央、省、市县，按照"一级政权、一级事权、一级财权、一级税基、一级预算、一级产权、一级举债权"的逻辑，事权与财权的对应，税基保障财权，财权清晰，预算跟进，产权明确，债权显化。中央、省、市县，是要把市辖县变成平等的财政层级，省直管县财政在安徽看法并不一致。相关论文见贾康的《分税制改革与中央、地方政府间关系》（《改革》1990 年第 4 期）、《逐步建立以分税制为基础的分级财政》（《经济导刊》1994 年第 1 期）、《改进与健全省以下分税制的探讨》（《财政研究》1997 年第 8 期）、《完善省以下财政体制改革的中长期思考》（《管理世界》2005 年第 8 期）、《正确把握大思路　配套推进分税制》（《财经论丛》2006 年第 1 期）、《财政的扁平化改革和政府间事权划分》（《中共中央党校学报》2007 年第 6 期）、《分税制改革后出现的主要现实问题》（《经济》2011 年第 1 期）、《辨析分税制之争：配套改革取向下的全面审视》（《财政研究》2013 年第 1 期刊）、《配套改革取向下的全面审视：再议分税制》（《中共中央党校学报》2013 年第 5 期）；邓子基、唐文倩的《从新中国 60 年财政体制变迁看分税制财政管理体制的完善》（《东南学术》2011 年第 5 期），谢旭人的《关于分税制改革若干问题的思考》（《财政》1993 年第 11 期），刘尚希的《分税制的是与非》（《经济研究参考》2012 年第 7 期），周飞舟的《分税制十年：制度及其影响》（《中国社会科学》2006 年第 6 期）。

县统计年鉴》的城镇基础建设投资数据仅包括市政建设、园林绿化的投资，而国家统计局和住建部的统计口径包括供水、燃气、供热、公共交通、道路桥梁、排水、防洪、园林绿化、市容环境卫生和其他，交通运输，城镇固定资产投资中的教育、科技、医疗卫生、体育文化等部分，所以 Y 县年鉴上的数据仅仅是城镇基础建设投资的一小部分，并且这些数据是直接投资，还没有反映出比直接投资更大的土地征收补偿费用。Y 县财政局提供的数据表明，2012 年和 2013 年用于基础设施的投资达 25 亿元，2014 年达到 31 亿元。资金来源主要是土地出让费用、投融资平台。Y 县每年能够申请到的安徽省同国家开发银行有限的一两个合作项目，由合肥市融资平台支付。对于跨区域重大项目的投资，要求资金项目配套，比如修路，市里只负责修路的钱，征迁安置由县里负责，但征迁安置费用大于修路的费用。Y 县征迁安置历史欠账过多，成为包袱，2015 年，征迁面积 150 万平方米，需要近 20 亿元的安置费用。

2014 年，《国务院关于加强地方政府性债务管理的意见》规定："经国务院批准，省、自治区、直辖市政府可以适度举借债务，市县级政府确需举借债务的由省、自治区、直辖市政府代为举借。"很明确，有举债资格的是省级政府，在建项目持续到 2015 年，从 2016 年起县级政府无权举债。"确实需要举借债务的，由省级政府代为举借，偿债主体为市、县政府，省级不承担偿还或担保责任。"① 从 2015 年开始，基础设施所需资金在政府预算中列支，Y 县每年需要 26 亿~27 亿元的建设资金。安徽省专项资金 300 亿元，Y 县至多得到 2 亿元。这对于实际需要的资金来说，是杯水车薪。中央和省里提倡 PPP（Public-Private Partnership，即政府和社会资本合作）项目，对城市建设来说，这是一个方向，基础设施建设投资不能光靠政府。2015 年 5 月，国家发改委公布 PPP 项目库，安徽省推出 127 个 PPP 项目②，Y 县没有项目入库。项目入库，仅仅是借助于国家发改委的平台去发布消息，真正到项目落

---

① 安徽省人民政府：《关于加强地方政府性债务管理的实施意见》，2015 年 5 月。
② 国家发改委："PPP 专栏"网站，http://tzs.ndrc.gov.cn/zttp/PPPxmk。

地还有一段路要走。至 2015 年底，Y 县没有落实一项 PPP 项目。

（二）Y 县土地出让收入

土地出让收入，在法律中表述为土地使用权出让金，经济学用地租表述。出让金的归属是由我国土地所有制的公有制性质决定的，农地转非，必须经过国家征收，使农村集体土地变为国有土地，通过招标、拍卖、挂牌和协议的方式出让土地所有权，这是国家垄断的土地一级市场。较之农用地转变用途后的建设用地，一亩地能达到几百万元、上千万元的市值，但是涨价归公、地利共享，农民只能得到征地补偿，不能从出让金中分得利益。

Y 县同全国大多数县财政一样，属于吃饭财政，城市建设资金不得不依靠土地出让金，土地出让金既解决了基础设施的投资问题，也解决了耗费巨资的房屋拆迁补偿问题。在没有要上级财政一份钱的情况下，Y 县将 DB 镇城市建成区面积扩大到 35 平方公里，道路畅通、天然气镇镇通、饮用水、污水处理、地下管网的建设、绿化的发展等，没有土地财政这一切就不可能实现。

2008~2014 年，通过"招拍挂"在城乡接合部范围内出让经营性用地 6078 亩，主要为住宅用地，出让金收益 100 多亿元；土地出让收入 124.78 亿元，财政收入 155.50 亿元，土地出让收入相当于财政收入的 80%（见表 4-3）。在"十二五"期间，房地产开发投资 230 亿元。

表 4-3　2008~2014 年 Y 县土地出让面积、出让收入和财政收入

单位：万平方米，亿元

项目	2008 年	2009 年	2010 年	2011 年	2012 年	2013 年	2014 年
面积	51.2	93.0	41.5	61.1	35.9	83.4	39.2
出让收入	5.07	17.76	8.19	12.38	11.78	37.73	31.87
财政收入	11.7	14.0	15.0	23.4	27.6	31.8	32.0

注：在县政府提交人民代表大会审议的《关于 Y 县 2014 年财政预算执行情况和 2015 年财政预算草案的报告》中，2014 年土地出让收入为 31.87 亿元，比县国土资源管理局提供的数字权威，故采纳；县国土局提供的出让面积为 39.2 万平方米，远少于实际出让面积，但是上述《报告》没有土地出让面积数据，故采纳。

资料来源：Y 县国土局和《Y 县统计年鉴》。

（三）Y 县土地税费收入

土地直接税收包括城镇土地使用税、土地增值税、耕地占用税和契税，Y 县土地税收情况见表 4 - 4。城镇土地使用税是以纳税实际占用的土地面积为计税依据，依照规定税额计算征收。2013 年 12 月，国家调整城镇土地使用税标准，Y 县城乡接合部为每平方米 10 元；此外，还有建筑业和房地产业的营业税、企业所得税、房产和城市房地产税等间接税。

土地收费由土地管理部门负责，Y 县土地部门的收费依据由国务院、国土资源部、相关法律等确认，主要有土地登记费、征地管理费、耕地开垦费、土地闲置费、土地复垦费等，缴入地方财政。地方和中央共享的费只有矿产资源补偿费、采矿登记收费。此外，省政府可以自行制定涉及财政、农业、房管、水利、交通、文物、人防、林业等部门的收费，标准比较混乱。

表 4 - 4　2008 ~ 2013 年 Y 县土地税收

单位：万元

税项	2008 年	2009 年	2010 年	2011 年	2012 年	2013 年
城镇土地使用税	2668	2496	—	—	—	—
土地增值税	2996	4251	—	—	—	—
耕地占用税	2039	5178	4795	1515	2891	3660
契税	8602	10104	6762	13996	10602	21308

注：2010 年以后城镇土地使用税、土地增值税缺失。

资料来源：《Y 县统计年鉴》。

在分税制背景下，Y 县第一财政（预算财政）解决吃饭问题，第二财政（土地财政）解决建设问题，土地财政的存在具有合理性。在上级政府没有投入的情况下，Y 县初步完成了城市的基础设施投资。土地财政不可持续，有寅吃卯粮的弊病，但是基础设施建设却是永久性的，为继任领导解决了后顾之忧。土地财政解决了被征地农民的住房安置问题，这是城市建设中一笔巨大的支出，当前的城市化对农民个人而言最大的成本是买房支出，如果住房问题解决了，其余的问题，像养老、医疗等，随着社会保障的逐渐完善，都会迎刃而解。城乡接合部的失地农民和农民工比起来生活境遇还是高了一个层次，这里只是从公平的角度谈在被征地农民与政府之间的利益划分上存在不公。

土地财政虽然给城镇化建设提供了基础设施所需资金，但它的负面影响也不容忽视。一是扭曲了政府行为。使政府行为失去公共性，政府容易成为开发商谋利的工具。二是开发商与土地有关工作人员的权钱交易。土地从征收、开发、施工到商品房出售，每个环节都可能产生腐败，如土地整理、高产农田建设、土地征收费、配套费的减少、缓征、免除等、土地使用税的计算方法、土地评估、土地执法、补偿费发放、土地定向出让中的"量身定做式"招标等。三是住房需求量不可能无限增加决定了土地财政的阶段性。现在房地产市场要解决去库存，在土地财政之后，地方政府还得依靠实体经济解决税收和就业。四是房地产企业与商业银行之间形成互惠共生、一损俱损的关系。房地产的开发投资、生产和销售环节，都需要资金和信贷业务的支持；商业银行的发展离不开房地产，开发贷款、个人住房抵押贷款成为金融业的主要市场，各大银行降低门槛，争抢市场份额。在 Y 县，金融业主要是为房地产服务的，对房地产投资挤占了对其他领域的投资，削弱了金融机构在工农业等实体经济中的投资热情，金融机构与房地产的利益链条，加大了金融风险，一旦房地产市场不景气，将会传导给金融业。

四　本章小结

从制度—行为的视角看，政府征地失范包括三方面的制度原因，一是锦标赛制把地方干部置于囚徒困境的竞技场上，基于个人理性，他们不会选择合作。土地出让市场中的博弈，不是两方博弈，而是多方博弈；不是一局博弈，而是多局博弈，这就意味着地方干部想出让更多的土地、获得更多的土地出让收入，在任期有限和来自上面压力的情况下，发展房地产业成为最佳选择。二是集体土地上房屋补偿抽象权力与具体权力集于一身的乡（镇）政府、开发园区管委会，没有抽象权力的约束，不存在具体权力向抽象权力的转化过程，两者没有范围限制，既制定政策又执行政策，很容易滥用权力、产生腐败。三是在分税制背景下，地方政府可支配财力减少，愈发增加了对土地财政的依赖，但土地财政也并非一无是处，现阶段有其合理性，解决了基础设施建设问题、解决了拆迁安置问题。

第五章

完善县级政府土地收益分配的策略

治理县级政府土地征收失范，一要体现正义的两个原则，保障农民的自由平等权利、机会平等和彰显差别原则。二要从三个方面着手，在实质正义方面，完善现有法律、上级政策；在形式正义方面，统一政策执行标准；在程序正义方面，完善现有程序和有效执行现有程序。治理政府土地征收的目的是在政府、企业、农民之间保持合理的分配比例，实现利益均衡。政府自身对于资源的分配，已经超出了制度正义关于分配的范围，集体土地上房屋征收补偿中抽象权力与具体权力的分配是直接针对土地征收的，因此放在形式正义部分探讨，而干部晋升中的锦标赛制和分税制改革不是直接针对土地征收的，故单独对此讨论。

一　体现正义的两个原则

这里的两个原则是修正了的原则，农民需要得到和保护的权利已经突破了罗尔斯第一原则中的自由平等权利，而是包括更为广泛的权利。

在谈土地增值收益的分配之前，首先要搞清楚土地出让金产生的来源。土地出让金就是企业购买土地所有权的使用权的费用，是地租，即马克思所说的级差地租Ⅰ，由土地肥沃程度和位置不同而形成。一是在城市建设中，地力是一个忽略不计的因素，决定因素是位置。由于城乡接合部距离城市中心较近，生产、生活配套设施齐全，交通便利，基础设施逐渐完善，生活起居较为方便，有学校、幼儿园、商场、公园、游园等。二是土地的稀缺性。城市扩张只会在一定的时间和空间范围内发生，时空的有限性决定了地租收入价格。时间说明地租同城市发展阶段相联系，城市继续扩张，还会产生新的城乡接合部，但在此时就只会有"此地"。如果土地可移动，那就意味着可以寻找另外的区域来代替当下局促的城乡接合部，但土地是不可移动的，也不能随便生产出来，这些决定了土地的稀缺性。

关于分配理论，除了罗尔斯的分配正义理论之外，还有其他理论。马克思的按劳分配理论，是建立在劳动价值论的基础之上；德沃金敏于志向、钝于禀赋的资源平等思想，阿玛蒂亚·森的能力平等以及政府的权利保障理论，与罗尔斯的分配正义有相通之处。

在土地的增值收益中，农民的劳动并没有在其中起作用，农民的贡献也是微不足道的因素，然而农民在土地增值中有着获得土地增值收益分配的资格。

（一）赋予农民权利

罗尔斯作为一名新自由主义者强调的是公民权利，涉及正义问题，大量使用了诸如公正、公平、公道、公义等，另外则是对正义内容的描述，如自由、平等、权利、博爱、和谐幸福等。罗尔斯认为权利优于功利，功利主义者的"最大多数人的最大幸福"，忽略了利益分配可能在不同人之间造成巨大的差距，形成畸高畸低；成为多数人侵犯少数人利益的借口，少数人正当的要求得不到满足。他的两个正义原则，有着字典式的排列次序，自由平等具有第一优先性，人仅是目的而非手段，功利主义却容忍对个人权利的侵犯。权利优于善（goodness），善即有用的东西，"包括理性视野中的善、社会基本善、被许可的善观念、政治美德以及政治社会之善"[1]。作为自由主义的政治观点，权利优于善在个人权利与国家权力之间，从契约的角度推导出国家权力的来源、国家的产生，规范国家、道德中立、划清权利与权力的界限；作为一种伦理

---

[1] 杨伟清：《正当与善：罗尔斯思想中的核心问题》，人民出版社，2011，第126页。

观点，自由平等是政治制度的价值追求，是构成社会制度的必要前提。

天赋人权只能是西方语境中人性受到神权压抑复苏后的口号，并不构成中国文化中认可的权利，即使我们把天赋人权作为一个假设条件接受，那权利还是被政府截留了，没有把自然赋予的权利还给人民。除此之外还有其他权利，如政治权利。边沁认为："权利是法律的产物。"[①] 但是，现实中的法律明明规定了人们享有的权利，人们却没有享受到，《村民委员会组织法》《城市居民委员会组织法》都明确规定：村委会、居委会是自我管理、自我教育、自我服务的基层群众性自治组织，实行民主选举、民主决策、民主管理、民主监督。在城乡接合部土地利益分配中，笔者发现农民几乎没有参与决策、管理、监督的权利；选举权只是走个程序，选谁不选谁早就定下来了。

法学家苏力在探讨中国的法治时说："中国的法治之路必须注重利用中国本土的资源，注重中国法律文化的传统和实际。这是法律制度在变迁的同时获得人们的接受和认可，进而能有效运作的一条便利途径，是获得合法性——人们下意识认同的一条有效途径。"[②] 中国的法治之路必须从本土资源中汲取营养，中国的权利实现之路也同样必须走本土道路。中国的国家和宪法都不是在契约的基础上建立的，而是通过暴力革命得来的，是对革命结果的确认。尽管从学理上讲，我们也承认，权力属于人民，但这和西方的主权在民不同，因为还有一个前提：人民本来没有权利，而是通过革命、战争推翻了旧政权，从旧政权手中夺过来的。

农民没有权利对抗国家的征收行为，土地征收对于农民而言是作为结果被动接受的。农民不知道要征收土地的面积，政府少批多征的现象经常发生，行政村（居）委会擅自出让沟塘渠坝的使用权；农民不知道被征收土地的用途，征地批文上写的是公益性用地，施工时变成了商业用地；农民不知道补偿款有多少和如何分配，行政村（居）委会得

---

① H. L. A. Hart, *Essay on Bentham* (Oxford Press, 1981), p. 67.
② 苏力：《法治及其本土资源》，中国政法大学出版社，1996，第15页。

多少，自己得多少，还要扣多少；安置房分配方案也不知道，安置面积、安置户数、安置人口……有人想知道，到乡（镇）政府、开发区管委会申请公开，乡（镇）政府、开发区管委会说，这个你们不应该知道；有人不依不饶，一纸诉状告到法院，法院判原告败诉：这个不属于信息公开范围。

（二）确保农民的各项权利

现行的土地征收补偿中的土地补偿费、安置补助费以及地上附着物和青苗的补偿费，并不体现"权利"。补偿和"权利"不一样，补偿是因为某种行为给别人造成损失，为了弥补这种损失而采取的行为，土地补偿费是对集体土地所有权丧失的补偿，农民获得土地补偿费是基于集体成员的身份；安置补助费是对农民的生活、生计的补偿，因为他们失去了赖以生存的生产资料和生活资料；对附着物和青苗的补偿，是因为农民没有安身之所、失去收成。权利是一种资格，是国家权力扩张时，普通人的庇护所、保护层。对城乡接合部农民权利的理解可以结合我国《宪法》《世界人权宣言》《公民权利和政治权利国际公约》《经济、社会及文化权利国际公约》等，可以概括为生存权、财产权、住宅权、迁徙权、政治权利等。

1. 生存权

生存权就是国际人权公约上的相当生活水准权。《世界人权宣言》第25条第一款规定："人人有权享有为维持他本人和家属的健康和福利所需要的生活水准，包括食物、衣着、住房、医疗和必要的社会服务。"《经济、社会及文化权利国际公约》第11条第一款规定："本公约缔约各国承认人人有权为他自己和家庭获得相当的生活水准，包括足够的食物、衣着和住房，并能不断改进生活条件。"中国已经在1997年签署并在2001年批准加入《经济、社会及文化权利国际公约》，当前我国政府人权白皮书主张"生存权"的主要内容为温饱权，尚未达到国际人权公约所规定的相当生活水准标准。

征收农民的土地，同时剥夺了农民的生计。耕耘稼穑、春种秋收，种地是农民谋生的手段，现在他们不能凭借这个手段去谋生，还要另寻出路，出路在哪里？另寻的出路还应具有土地作为生计的长远性、固定性，而不是暂时的、应付性的打短工。

2. 财产权

财产权是生存权不可或缺的保障。孟子说过："无恒产而有恒心者，惟士为能。若民，则无恒产，因无恒心。苟无恒心，放辟邪侈无不为己。"简言之"无恒产无恒心"，《管子》也有"仓廪实而知礼节，衣食足而知荣辱"的观点。在洛克看来，财产权，不仅是一种自然权利，而且在基本自然权利中是最为重要的神圣不可侵犯的权利。"人们联合成为国家和置身于政府之下的重大的和主要的目的，是保护他们的财产。"[1]

既然农民的土地承包经营权是长期稳定的，有的地方政府还为土地承包经营权确权颁证，那么在土地征收时，政府在征地补偿以外，是否还要承担赔偿责任？赔偿是因为政府违约，给农民造成财产损失，它具有惩罚性。补偿只是弥补损失，赔偿与补偿结合，确保农民的土地财产权。

3. 住宅权

城乡接合部房屋对居民来说首先是财产，它凝结了居民的汗水和心血，暴力强拆毁掉了居民的房屋，也埋下了仇恨的种子。政府和被拆迁户之间流血冲突的事件屡见报端，有什么样的怨恨一定要以血还血，以牙还牙？那就是被拆迁户在心理上已经完全不能认可强拆这种做法，强拆已经突破被拆迁户的心理底线，怨恨发展成仇恨，拆了他的房子，他就一定要报仇，一定要拼命，以命来换取自己心理上的解脱。"居者有其屋"是我们大多数人的梦想，有了房子，才有家，"寒窑虽破能避风雨，夫妻恩爱苦也甜"，即使是"寒窑"也算有个情感上的归属，然后才能"夫妻双双把家还"。漂泊流浪者，居无定所，就像水中浮萍，谈不上"家"的建立。住宅权维系着人的尊严，人类告别蛮荒，进入文明社会，在一个封闭的空间中去营造属于自我的空间，个人隐私得以保

---

[1] 洛克：《政府论》下篇，叶启芳、瞿菊农译，商务印书馆，1982，第77页。

护，可以享受不受打扰的个人安宁。

住宅权在城镇化过程中有两层含义，一是对购房者来说，房价过高，以 Y 县为例，2015 年商品房均价已经超过 5000 元一平方米，在该县副县级干部、中学高级教师的月收入都达不到 5000 元；二是城乡接合部居民的住宅应受保护，不管出于什么目的，在拆迁之前都要和被拆迁人充分协商，取得同意。

4. 迁徙权

农民可以自由流动，可以选择自己的生活目的地。这个权利在大多数国家的宪法中都得到确认。1949 年的《共同纲领》和 1954 年的《宪法》都确定公民有自由迁徙的权利，但自 20 世纪 50 年代起，日益严格的户籍管理制度取消了这项权利。1982 年《宪法》也没有规定这项权利，实际上农民还是享有这项权利，但不充分。现在需要消除农民工在城市受到的不公平待遇，消除农民与市民之间的"鸿沟"，消除农民工在就业、子女教育、社会保障等方面受到的歧视。

5. 政治权利

政治权利包括知情权、参与权、表达权。知情权，农民熟悉"一书四方案"的内容，土地征收信息公开是常态，不公开是例外。除国防等极少数情形外，应公开所有信息。知情权，土地征收包括三个阶段，即事前、事中、事后。事前指预审、转报、审批、公告，农民只知道公告的内容，而不知其他环节。预审是对土地征收公益性的审查，对这个环节的知情是对土地征收范围的限制，避免征收范围的扩大化，审批环节的知晓，使农民知道审批的结果；事中环节要使农民知道征收补偿的原始文件，包括安置面积、户数、安置表、人口、补偿数额等；事后环节使农民知道征地补偿款的走向，对用地部门征而不用、多征少用、改变土地用途等进行监督。知情权还要有参与权保障，两者相辅相成，听证会是法律明确的参与途径，用制度化的途径堵塞上访等非制度化的途径。拓宽表达渠道，在现有的制度框架下寻找可利用的渠道，人民代表大会制度是可用的、成本最低的制度，发挥人大代表的作用；政协委员的作用也不容忽视。做到下情上传，向决策层反映民意。

（三）机会平等：祖居户与外来户有条件的平等

自 2008 年以后，安徽省、合肥市、Y 县在社会保障方面的政策纷纷出台。2014 年，安徽省人社厅出台的《关于我省灵活就业人员参加城镇企业职工基本养老保险有关问题的通知》，彻底破除个体参保城乡二元结构，农民工以自由职业者身份参加社会保险全面畅通。2011 年，《合肥市城镇职工基本医疗保险办法》把参保对象扩大到具有本市市区城镇户口的无雇工的个体工商户、未在用人单位参加城镇职工基本医疗保险的非全日制从业人员以及其他灵活就业人员。Y 县城乡居民养老保险、城乡居民医疗保险统筹并轨，也走在全省前列。Y 县的城镇户口并不像一线城市那样具有吸引力、引人关注，从 2014 年 12 月实行居住证制度以来，实际上办居住证的人并不多，办证的目的主要是车辆入户、学习驾驶的外地人，90% 办居住证的都是为了学车拿驾照、打工做生意。

权利实现的差序格局是指权利实现中的一种状态，包含两层意思。一是现实中的权利主体是逐步扩大的，即一部分人先享有法定权利，然后推而广之及于其他人；二是现实中不同种类（政治、经济、文化、社会等）权利的法律化及其实现是循序渐进而非一蹴而就的。[1] 差序格局通过不同的政策体现出来，在同一时间对同一对象往往存在双轨或多轨政策，市民与农民工之间存在差序格局，城乡接合部的祖居户与外来户之间也存在这种现象。祖居户得到与征地有关的各种补偿，是他们应该享受的权利，但是当政府通过政策人为地把城乡接合部的居民分为祖居户、外来户，祖居户可享受某些权利，外来户被排斥在外时，祖居户享受的权利就成了特权。

祖居户与外来户的划分是一种典型的社会排斥，利用户口把外来户挡在诸多政策之外。外来户被剥夺了分到住房的权利，巨额房价压得他们很难过上体面的生活，他们"漂"在城市，而不是"居"在城市。那么外来户如何跨过户口这道门槛、享受和祖居户相同的权利？只有

---

[1] 郝铁川：《权利实现的差序格局》，《中国社会科学》2002 年第 5 期。

"户口未迁入但长期生活在本地的已婚配偶及其新生子女；农村男到女方落户，且户口已迁入可享受其他被拆迁人相同的安置政策"。其他地方政府认可的途径就没有了。

祖居户、外来户的区分在一线城市也有类似的现象。土客冲突是城市中的本地户籍人口与外来非户籍人口的冲突，有人使用"市民权"和"公民权"描述城市层面和国家层面城市居民的权利，用"市民待遇"和"国民待遇"概括城市政府和国家给予居民的待遇来形容两者的差别。[①] 市民权和公民权能不能用来指称祖居户、外来户的权利差别？笔者以为不能，市民权是城市里所有拥有户籍的人享有的权利，而祖居户的权利只有在城乡接合部才存在，把城乡接合部置于其所属行政区，祖居户也是少数，祖居户享有的是特权，与之对应的是外来户的普遍的权利。在土客冲突中，公民权要向市民权转化，而在祖居户、外来户的区分中，则要使特权扩大为普遍的权利。

祖居户、外来户划分的依据是户口，当前户口作为资源配置功能在弱化，但它作为身份仍然在起作用，它作为文化折射在祖居户的心理和地方政府的政策上。"我是谁"的自我认知一定要造成与他人的差距，在某个阶层之外绞尽脑汁、想尽办法挤进去，一旦进入成为既得利益者，就会制造差别以宣示与他人不同，或抬高门槛把外来者拒之门外。优越感在高低、亲疏、主仆中体现，在他人的挣扎中体会快感。

"在社会的所有部分，对每个具有相似动机和禀赋的人来说，都应当具有大致平等的教育和成就背景。那些具有同样能力和志向的人的期望，不应当受到他们的社会出身的影响。"[②] 每一个人不仅要有达到目的的平等机会，而且还要有平等的手段和资源去达到他们的目的。祖居户之所以成为祖居户也具有偶然因素，如出身、婚姻、城市发展等，祖居户因而成为有利者。但是他们成为有利者不能把外来者排斥在外。祖居户和外来户的本质差别并非因为能力、个人勤奋、智商等因素，而是

---

① 陈映芳：《农民工：制度安排与身份认同》，《社会学研究》2005 年第 3 期。
② 〔美〕约翰·罗尔斯：《正义论》，何怀宏等译，中国社会科学出版社，1988，第 73 页。

偶然因素——出身，由出身而衍生出身份差异，户口先天地赋予一个人的机会、地位与财富。用什么因素来消除祖居户、外来户由于社会偶然因素造成的差别，这就是时间，祖居户身份也可以还原为时间。如果没有时间限制，所有的外来户都和祖居户一样有相同的分房资格，那对政府来说也不公平，房屋补偿成为政府不可承受之重。实现祖居户与外来户有条件的平等，政府非不能，实不为。解决问题的办法并不难寻找，关键在于政府愿不愿意去做。

按照距离房屋征收时间的居住年限确定外来户房屋安置资格，居住15年以上的，户口已经迁入（当初承诺不享有分配宅基地、农田的）10年以上的，享有和祖居户相同的安置标准；居住10~14年的、户口迁入6~9年的（当初承诺不享有分配宅基地、农田的）安置标准减半；居住6~9年的，可购买安置标准一半的回迁房。符合条件的外来户，需提供证人和相关材料。这个方法比DB镇、CZ镇《征收集体土地上房屋安置人口的认定》（以下简称《认定》）要简单得多，《认定》规定了许多限制，每多一个限制就多了一个寻租空间，就为不讲游戏规则的人多了一个机会。户口迁入的可查派出所底册，农民工打工租房者要提供证人。20世纪50年代的土改就是依靠发动群众、让农民真正参与其中，大到房屋、小到一把锄头、一根扁担都实现了各方满意的分配。

笔者在Y县经开区CDY社区SCF村民组摸排后得知，居住15年以上的（以2015年10月为基准）有5户，其中一个流浪汉，他在此地已经住了35年，早期住在立交桥下，村办企业涵管厂倒闭后，他又搬到涵管厂居住至今；一对在火车站乞讨的老夫妻，以前住平房，现在租住近80平方米的回迁房；另外3户经商。居住10年以上，户口已经迁入6~9年并承诺不享有分配宅基地、农田的有10户；居住10~14年的有7户，居住6~9年的有10户，政府要提供1800平方米的补偿面积，远低于挂户政策提供的补偿面积。其最主要的区别是挂户把房子补给不该补的人，而以居住年限来确定房屋安置资格是把房子补给了应该补的人，彰显的是公平。

（四）差别原则：提高土地征收补偿标准

中国的主要资源集中在政府手里，政府占有资源，用于改善民生、发展城市建设，老百姓也可得到实惠。美国经济学家阿瑟·奥肯提出过"漏桶原理"：政府多征富人一元税，穷人得到的要少于一元，意指在分配领域的政府失灵。他有一句名言："当我们拿起刀来，试图将国民收入这块蛋糕在穷人和富人之间做平均分配时，整个蛋糕却忽然变小了。"政府通过税收和获得预算外的土地出让收入，再进行再分配，不如直接让农民得到更多的实惠。征地补偿的数额太小，而农民拿到手的就更少。2016年6月，每亩征地补偿费仅占土地出让费的0.425%。土地补偿的年产值计算法，用过去的价值作为将来的计算方法，其缺陷在于忽略了同样的一笔补偿款在不同的时间有不同的意义。经济学上的贴现，改变了用过去评价现在的思维方式，采用以将来评判现在；土地发展权也是着眼于未来的，它强调的是土地用途的改变，而现有的补偿是以土地原有用途计算出平均年产值的。

1. 土地贴现

土地征收补偿按照土地原有用途，计算出前三年的平均年产值，乘以一定的倍数得出土地补偿费和安置补助费，以前还有土地补偿费和安置补助费不得超过被征收前三年平均年产值的30倍规定，后来删除了此项规定。补偿标准偏低已经是共识，这种补偿没有体现土地对于农民的生存、保障作用，没有计算出征收土地造成的间接损失。平均年产值计算法的缺陷在于用过去的土地价格作为现在的依据，而又把平均年产值当成一个常量向未来延伸到二三十年的时间，忽略了时间在价值中的作用。Y县城乡接合部土地补偿倍数和安置补偿倍数加起来是23倍，共计42550元，即从补偿时算起到未来的23年，这个平均年产值是（根据规定是1850元）不变的，而实际上价值会随着时间的变化而变化，有科技进步、通货膨胀、不确定的经济风险，如经济危机，不要说23年，三五年后这个1850元和现在都不可同日而语。

经济学家提出贴现的做法，典型的是银行的票据贴现。贴现就是把将来的价值折算成现在的价值，目的是跟现在做比较，计算出未来和现在的贴现率，贴现率就是折扣。贴现率的意义在于为未来的价格确定价值权重，距当前越近的补偿价值权重就越大；距现在越远的补偿价值权重越小，30 年之后的补偿几乎可以忽略不计（价值权重远小于 1）。贴现率越高，现值越低。影响贴现率的影响因素很多，有自然因素，也有经济、社会、政治因素。量化表达参考银行利率和 CPI 指数。PV = FV/(1 + r)^n，PV 是现值；FV 是未来值，等于平均年产值 1850 元；r 是贴现率。本研究选取 2015 年 10 月 24 日开始执行的中国人民银行五年以上存款利率 5.15% 和近五年消费价格指数（CPI）的平均数 3% 作为贴现率，计算出 42550 元的贴现值，n 是贴现时间，n = 1，2，…，23。未来 23 年的土地补偿折算成现值是：

$$PV = 1850 + 1850/(1 + 5.15\%) + 1850/(1 + 5.15\%)^2 + \cdots + 1850/(1 + 5.15\%)^{22} = 25867$$

$$PV = 1850 + 1850/(1 + 3\%) + 1850/(1 + 3\%)^2 + \cdots + 1850/(1 + 3\%)^{22} = 30477$$

$$(42550 - 25867) + (42550 - 30477) = 28936$$

28936 元的补偿意义是：按照当时统一年产值计算，在考虑存款利率和 CPI 的情况下，每亩的 42550 元的补偿款，政府还应再付 28936 元的补偿款。

2. 土地发展权

土地发展权就是变更土地使用性质的权利，一项可与土地所有权分割而与其并列的财产权，土地发展权与所有权既可以是一体的，由所有权主体拥有；也可是分离的，单独拥有发展权而没有所有权。它的特征，一是客观性。无论何时何地它都是存在的，只不过有的时候是以潜在的形式存在，没有表现出来。二是抽象性。使用权、占有权、处置权等具有实物性的标志，而土地发展权是抽象的。三是土地发展权的使用遵循的是用者付费原则。谁使用、谁付费，可买卖、可交易，不过使用者付的费在不同的国家归属不同。四是政府性。土地发展权不同于其他财产权利，个人可以自由处分，但凡创设土地发展权的国家，国家都对其强烈干预，如土地用途管制、耕地保护、土地规划等，控制土地的无序开发和利用。五是未来性。从实现的角度讲，土地发展权要么是土地用途的改变，要么是利用程度的改变，经历了从现在到未来的变化过程，对于未来可预期的增值收益（也有可能贬值，这就是英国的发展权国有化补偿存在的理由），要体现在发展权之中。一块蕴藏着贵金属或稀有金属的土地经历了不同的社会形态、不同的所有制，从其形成到现在，一直未被发现，可能永远未被发现，而一旦被发现就有了土地发展权。从时间的角度讲，它预设了所有土地增值的可能，着眼于未来，而不强调当下的、已经取得的财产权，这种增值可能处于潜在状态，由于某种偶然原因成为现实；也有确定的因素，如城市发展过程中，城市周边土地会涨价。

土地发展权起源于英国，后来传到美国，1947 年英国《城乡规划法》规定：发展权归国家所有，全面实行发展许可制度、全部发展价值收归国有，对发展权的国有化提供补偿。[①] 虽然后来发展权国有化在实施中遇到挫折，但它还是以其他形式存在，如土地开发税、社区基础建设税；私有土地所有权保持不变，但若改变土地使用用途，必须向国家购买发展权。英国土地发展权涨价归公，体现了公平原则。美国是在采取土地用途管制，仍然不能遏制农地流失、土地浪费的情况下，于20 世纪 60 年代末建立了土地发展权制度。与英国不同的是美国发展权归私，归所有者，体现效率原则；进行市场化运作，通过土地出让区与受让区的划分，土地发展权转移是银行从出让区购买土地，向受让区出售。买卖双方是平等的市场主体，政府不干预谈判、签约、成交等环节。

现行的土地征收补偿并没有体现农民的"权利"，土地出让金的本质是地租，是购买国家若干年土地所有权的使用的费用。土地发展权之为"权利"，在于能够改变土地性质、用途等，但需要为获得这项权利付费。土地发展权为农民的生存权、土地财产权、住宅权等找到了恰当的载体，尽管土地发展权是人为创设的，但它为实现农民诸权利找到实现形式。

---

① 张新平：《英国土地发展权国有化演变及启示》，《中国土地》2005 年第 1 期。

土地发展权在土地公有还是私有之外开辟了另外一种思路，在中国要改变土地所有制，变农村集体所有为个人所有，遇到的障碍来自宪法秩序和全社会对可能加剧新的贫富分化的心理排斥。中央农村工作领导小组办公室主任陈锡文曾经说过："农村集体土地所有权，既是一种意识形态的结果，又和中国历代先贤追求的目标相联系；它既承担着对农民社会保障的经济职能，又承担着中国共产党历史上曾经认定的职能。目前在中国看不到这个前景（土地私有化）。"[①] 土地发展权也为提高补偿标准提供了一种可供借鉴的法律依据，建立土地发展权制度，在现有的法律制度框架之下，不挑战既有的法律制度，阻力最小、各个阶层接受程度最高。

土地发展权基于现有的土地所有制分为两类，即国有的归国有、集体的归集体。农民作为集体经济组织成员，理所当然享有土地发展权。实践往往走在理论的前面，重庆的地票制度、土地发展权转移与交易的浙江模式等都为土地发展权制度的建立提供了有益的探索和经验。建立发展权的意义在于可以保护耕地、提高土地的集约利用，政府在土地征收中的违法行为有了制约的经济手段。政府在征收土地时，潜意识往往认为，"这是集体的土地，本来就不是你的（农民）"。土地发展权为农民设置一道保护屏障，无论可能建立的土地发展权的具体运作形式怎样，但有一点可以肯定的是，发展权是用货币形式表现出来的，政府不会不顾忌自身的经济利益；农民要求提高土地增值收益的分配比重，就有了法律的或政策的依据。

二 彰显实质正义：完善土地收益分配的法律和相关政策

县级政府执行的是关于土地收益分配的法律政策，要直接面对

---

① 《陈锡文介绍现代农业和新农村建设有关情况并问答》，国务院新闻办新闻发布会网站，http://www.gov.cn/wszb/zhibo1/wzsl.htm，2007 年 1 月 30 日。

和农民的矛盾冲突，要根本解决问题，还需从法律和上级政策入手。

（一）征收中集体土地与国有土地同地、同权、同价

国家垄断土地一级市场，集体土地不能直接上市交易，只能由县级以上政府征收，变为国有土地后，才能通过招拍挂实现出让。在这个过程中，政府凭借垄断地位，低价"买"进，高价"卖"出，获得巨额差价。学术界强调集体土地和国有土地应同地同权同价，[①] 虽然学术界对同地、同权、同价理解不尽相同，有的偏重于其中某一方面，但还是有趋同的地方，如权能渐趋一致、价格基本相同。城乡接合部的集体土地与国有土地的同地、同权、同价应理解为：同地的前提是符合规划和用途管制，地理位置相同或相近，两种所有制土地具有可比性，不能拿偏远农村的土地和城市建成区的土地比较；同权即集体土地与国有土地具有相同的权能；同价即相同的市场价格，但具体到城乡接合部这一特定的空间，主张"三同"的学者似乎忽略了一个问题，既然集体土地可以入市，可以获得和国有土地相同的出让价格，那么土地出让收入如

[①] 集体土地和国有土地同地、同权、同价，主要有三种理解：一是集体建设用地拥有自由进入市场的机会和权利。见钱忠好、曲福田的《中国土地征用制度：反思与改革》（《中国土地科学》2004 年第 5 期），黎平的《农村集体建设用地流转治理的路径选择》（《中国土地科学》2009 年第 4 期），黄庆杰、王新的《农村集体建设用地流转的现状、问题与对策——以北京市为例》（《中国农村经济》2007 年第 1 期），龙开胜、陈利根的《农村集体建设用地流转的再思考》（《国土资源》2009 年第 1 期），冯奇、张小虎、田庆昌的《对农地直接入市问题的思考》（《改革与战略》2009 年第 1 期），此外还有陈会广、王双、沈冬军、黄庆杰、张银银、陶振华、沈开举等学者亦持此观点。二是集体建设用地应与国有建设用地拥有包括处分权能在内的同等权利，并获得在市场交易中主导土地要素价格的定价权。见张曙光的《城市化背景下土地产权的实施和保护》（《管理世界》2007 年第 12 期）、《地权的核心在保护用益物权》（《国土资源导刊》2011 年第 10 期），谭永忠、王庆日、冯敬俊等的《城中村问题产生的徽观动因——基于对土地租金剩余的分析》（《中国土地科学》2009 年第 7 期等）。三是集体建设用地应与国有建设用地具有完全相同的使用权能和达到同等水平的市场流转价格，见周其仁的《增加农民收入不能回避产权界定》（《发展》2002 年第 3 期）、《同地、同价、同权——我对广东省农地直接入市的个人看法》（《中国经济周刊》2005 年第 33 期），蔡继明、程世勇的《农村建设用地流转和土地产权制度变迁》（《东南学术》2008 年第 6 期）、《地价双向垄断与土地资源配置扭曲》（《经济学动态》2010 年第 11 期），蒋省三、刘守英、李青的《土地制度改革与国民经济成长》（《管理世界》2007 年第 9 期）。

何分配，完全归被征地农民吗？以 Y 县 2008～2014 年为例，城乡接合部农民不过 5 万人左右，不到全县人口的 5%，却占有 124.77 亿元（相当于财政收入 80%）的土地出让收入，这对 95% 的人来说是显失公平的。如果在村（居）委会和农民之间规定一个分成比例，村（居）委会拿到钱之后怎么用？谁来监督他们？

在"三同"背景下的土地收益分配要做到：一是保证农民体面的、有尊严的生活。妥善解决农民的住房、养老、医疗以及生计问题，使他们病有所医、老有所养、住有所居、子女学有所教。二是不能在农民中形成一个暴富阶层、食利阶层，毕竟土地增值收益不是由农民形成的，他们有权获得增值收益，但不是获得全部增值收益。三是土地增值收益主要用于公益事业，如城市基础设施的投资，对教育、卫生、医疗、文化等方面的投入。

（二）集体土地与国有土地房屋同等补偿

从 Y 县来看，国有土地房屋的补偿按照"拆一还一"的标准（整个合肥市都是这个标准），而集体土地按照人均 30 平方米的标准，实际上，几乎所有农民合法主房的面积都大于按照人均面积补偿之和，所以集体土地的补偿标准低于国有土地，由此产生了上访和钉子户。集体土地应该和国有土地的房屋征收补偿执行同一标准，即"拆一还一"，减少不稳定因素，减少阻力。在房屋收益分配中，以国有还是集体所有来区分补偿标准，没有意义。人为制造了矛盾，引起社会不公。因为土地收益分配在必然性中有很大的偶然性，盖一个工厂、开发区圈地、上一个项目等都会征地，征地后就变成国有土地，一条马路相隔就会有不同的土地所有制。

三 维护形式正义：统一房屋补偿标准

关于对政府征地违法违规行为的治理问题，学术界成果颇丰，提出的对策主要有加强土地监察、加大处罚力度、事前预防、使用技术手段等。[①] 本研究在此主要讨论房屋补偿标准的统一，房屋补偿混乱表现在工作机制不统一、历史遗留问题和现实问题相叠加等方面，要从现实和历史两个方面加以解决。

（一）重构集体土地上房屋征收补偿中的抽象权力与具体权力

在合肥，县级政府制定集体所有土地上的房屋征收补偿的具体办法，把授权给乡（镇）政府、开发园区管委会、城投公司等的权力收回来。县级政府成立统一的土地征收工作组，拟定房屋征收的具体办法，上报县级党委和政府批准；乡（镇）政府、开发园区管委会等负责实施，并接受土地征收工作机构的监督；监督土地补偿款、安置补偿款、青苗费的发放。尤其是改变合法、合规集体土地上房屋征收补偿政策的碎片化，改变开发区管委会、各乡（镇）政府、城投公司、各个项目指挥部各自为政的混乱局面。

房屋征收比土地征收在现实中遇到的阻力更大，土地征收中的许多恶性事件都是由房屋征收引起的。不仅国有土地和集体土地存在差别，而且对房屋的征收也有差别。国务院制定了《国有土地上房屋征收与补偿条例》，相应的省市县对国有土地上的房屋征收高度重视，制定相应的政策。但是，国务院没有制定相关的"集体土地上房屋征收与补偿条例"，这说明集体土地的问题没有引起中央的足够重视，城乡接合部比市区的房屋征收工作量还要大，集体土地与国有土地上的房屋征收、补偿在城乡接合部同样重要。省市县把集体土地房屋征收中最重要的问题，即到底要补农民多少房子，按什么标准执行留给了乡（镇）政府、开发园区管委会、城投公司去解决，因此导致政出多门。

---

① 相关成果见肖国荣《中国土地违法变迁及其影响因素研究》，中国农业大学博士学位论文，2015；唐鹏《土地财政收入形成及与地方财政支出偏好的关系研究》，南京农业大学博士学位论文，2014；耿末名《遏制土地违法行为的机制建设问题研究》，河北农业大学博士学位论文，2012；李相范《土地违法行为的经济学分析》，吉林大学博士学位论文，2010；陈翠芳《转型期土地违法行为——演变特征、诱发机理与化解机制研究》，武汉大学博士学位论文，2013；贾丽杰《制度约束、土地财政与地方政府互动机制研究》，天津大学博士学位论文，2012。

县级政府土地征收工作组由分管副县（区、市）长等任组长，各相关部门负责人任副组长，具体包括土地、规划、房产、公安、城管等部门及各乡（镇）、开发园区、城投公司以及牵涉的工程项目负责人。工程项目负责人是临时性的，项目结束，自动终止副组长身份。土地征收工作组是常设性的，由各单位抽调人员组成，不增加编制，办公地点可设在土地资源管理局。各部门职责分工明确，统筹、协调、配合，制定全县范围内统一的房屋征收补偿标准。各乡（镇）的职责是摸清情况，包括户主姓名、建房时间、面积、房屋结构、左邻右舍、联系方式等。安排熟悉情况的人员配合各责任单位开展工作。房产部门根据各乡（镇）的鉴定函，对房屋测绘并出具测绘结论，核实被测绘房屋相关证件，做好宣传解释工作。规划部门根据各乡（镇）的鉴定函，对房屋合法性予以界定，并出具界定文书，核实房屋相关证件。国土部门对房屋所占土地的性质进行认定，并提供相关依据。城管部门制定依法拆违所需的各类格式文书，包括现场勘言笔录、询问通知书、询问笔录；指导各部门制作调查取证询问笔录、填写和送达各类文书；依法履行强制拆除相关法律程序，并做好案件归类存档工作。公安部门提供户籍证明材料，保障各单位正常开展工作，做好突发事件的处置工作，负责相关工作的调查取证。法制办对征收程序合法性进行审查，协助各单位解决拆违工作中法律层面的问题。信访部门做好拆迁户来访接待工作，做好与上级信访部门的协调沟通工作。土地征收工作组制定集体土地上房屋征收补偿政策并报县委、县政府批准，对房屋征收的结果承担责任。土地征收工作组的成立避免有的项目由工程指挥部负责房屋征收，工程结束后，指挥部撤销，在房屋征收中产生的争议、纠纷往往无具体的责任主体。

（二）通过有利溯及解决历史遗留问题

在城乡接合部，房屋征收补偿的历史遗留问题比较多，在时间上呈现历史遗留问题和现实问题相叠加，主要问题在于房屋补偿的面积、区位等，这就涉及新老政策的衔接问题。在长期的实践中，这些新老政策调整对象的利益可概括为"老人老政策，新人新政策"，目的是保证

"老人"和"新人"的利益不受损。从公众对政策的心理预期讲，如果用新政策代替旧政策，要保护政策相关人的利益，在适用新政策之后，政策相关人的利益至少不能比原有政策给他带来的利益减少，否则，公众对政策就会有意见，就会产生不满情绪。美国心理学家约翰·亚当斯的公平理论可以作为利益相关人对新老政策变化的评判标准，即一个人得到什么，他所选择的参照物，纵向是自己的过去，横向是他人的现在，当他的付出与其所得的比值纵向比较等于自己的过去、横向比较等于他人的现在，才是公平的。政策的变动给公众带来的利益变化要前后相等只是底线，然而公众的心理预期一般认为新政策会带来更多的收益。"老人老政策，新人新政策"是经验总结，其中蕴含的学理基础可以借用法学上成熟的理论：法不溯及既往（广义上的政策也包括法律）来解释，其实政策的效力也是不溯及既往的，它是指不能用今天的政策去调整昨天的利益分配，它源于信赖利益保护原则和政策的稳定性原则。一是信赖利益保护原则。这是人们基于对政府政策的信任而做出的行为，在这种条件下所获得的利益受到保护。它是诚信政府的要求，简言之，就是政府要说话算数，已经做出的决定，不能随意更改。如果政策具有溯及力，后来的政策对在以前政策适用条件下已经获得的利益进行重新调整，不仅执行的难度不可想象，而且也严重损害人们对政府的信任。二是政策的稳定性。政策可以看成政府和政策相关人之间的一种契约，是对相关人的一种承诺。人们是根据这种承诺来决定自己的行为选择，获得稳定的预期。可预期的政策不一定是好政策，但不可预期的政策一定不是好政策，不可预期的政策将会使人无所适从，助长政策执行中的机会主义，降低政府权威，浪费社会资源，破坏社会秩序。

政策不溯及既往是原则，可溯及既往是例外。不溯及既往只限制不利溯及，不限制有利溯及。如果新政策比老政策对"老人"更为有利，赋予"老人"更多的权利，或者减少、免除他们已承担的义务和责任，则为有利溯及。"老人老政策，新人新政策"此时则变为"老人、新人都是新政策"。在我国的法律中对法的溯及力问题有比较明确的表述，《立法法》第84条规定："法律、行政法规、地方性法规、自治条例和单行条例、规章不溯及既往，但为了更好地保护公民、法人和其他组织的权利和利益而作的特别规定除外。"可以看出，法不溯及既往是原则。但是，也有例外，需要同时满足以下两个条件时法可以溯及既往：一是新法比旧法更为有利，二是法律明确规定溯及既往。根据《刑法》第 12 条的规定，从旧兼从轻是溯及力的原则。法律规定给我们一个启示就是：政策也可以溯及既往，只要是有利溯及。

政策就其对利益的权威分配而言，在人们的预期中，未来的利益总量要比现在多，像工资、收入等只能涨不能降，否则新政策就会失去合法性。"老人老政策，新人新政策"对"老人"和"新人"区别对待，并非人为造成"老人"和"新人"之间的利益差距，而是保护他们各自的利益，在纵向上与过去相比，利益的绝对值不降低；在横向上"老人"和"新人"互为参照系相比，利益的相对值不降低，这体现了政策的公平性。对于房屋征收补偿的历史遗留问题可以在过去、现在的政策中选择最有利于被征收人的办法解决，如果现在的标准高于过去，则按照现在标准执行。

在城乡接合部，即使房屋征收补偿标准统一了，还有土地的补偿问题。由于征地补偿标准是省政府制定的，市县两级政府无能为力，城乡接合部采用统一年产值计算法，而邻近的市区采用征地区片综合地价，不分地类直接确定补偿数额，征地区片综合地价要比统一年产值计算法高两倍还多。对于城乡接合部来说，这里的居民都曾经是熟人、亲戚、朋友，这种差距也会产生不满。

（三）投机性建设问题的处理：从局部到全局、从有偿到无偿

投机性建设被称为城市建设的"毒瘤"，给城市发展带来危害，它们无孔不入，见缝插"屋"损害城市形象，挤占道路，侵蚀公共资源，制约城市发展，危害公共安全，占领消防通道，毁坏供水、供气管道，破坏供电、通信设施，等等。如何对待投机性建设合肥市本身就有好的经验，2005 年的"大拆违"行动对于县级政府处理此类问题不无裨益。

案例 5 2005 年孙金龙合肥"大拆违"①

2005 年 5 月，时任合肥市委书记的孙金龙在一个多月的时间里接到 100 多封群众来信反映违法建设问题，他感到问题的严重性。于是决定彻查合肥市的违法建设，结果让他吃惊：合肥市竟有 1750 万平方米的违法建设（合肥市区，不包括市辖县），违法建设已经发展到疯狂的地步。长江路因有安徽省委、省政府以及其他十几个省直单位，被称为"安徽第一路"。可就在这"安徽第一路"上，违法建设有 17 万多平方米，有的商业门面离行车道只有 1 米，违法建设既有商业用房，也有办公用房，违建主体有省级单位、省直单位、市直单位、街道居委会、普通市民。在偏远的郊区就更不用说了，一人巷、握手楼，随处可见，有的村子不用下楼站在楼顶可以绕村一周。合肥监狱、中科大国家同步辐射实验室等要害部门周边也遍布违法建设，中科大反映到中央，虽有领导批示，违法建设还是屡禁不止。一听说有项目开工，建设用地周围马上就会有人"种"房子，隔夜楼在太阳升起时就"长"出来了。有个工程最初核实 7000 平方米的房屋补偿面积，后来竟达到 80000 平方米，工地被违法建设环绕无法开工，居民向投资商漫天要价，工期一拖再拖，因此也吓走了很多投资商。由此也产生了利益链条，实行专业化分工，为降低建设成本，有专门的厂家生产粗糙、廉价的建筑材料；有专门从事违法建设的施工队，包工包料打突击，一夜之间一栋楼房就能建成移交。每平方米成本价不过 100 元，补偿达到 200～300 元。300 万元修一条马路，给违法建设的钱就达到 1000 万元。

拆还是不拆，孙金龙思考了好几个晚上，为此还失眠过。最后决定：拆。作为动员型体制，孙金龙大拆违同其他自上而下的政策执行并无根本上的不同，成立组织—高位推动—动员部署—层层传

---

① 本部分内容参考了华艾主编的《合肥大拆违实录》（中共党史出版社，2006）以及同期的相关报纸、杂志。

递压力（一级抓一级）—落实执行。2005 年 7 月 4 号至 2006 年 11 月 8 号，共拆除违法建设 1275.85 万平方米，其中省直单位 17.92 万平方米，市直单位 20.56 万平方米，街道居委会 67.49 万平方米，全市共有 29 个街道（乡、镇）基本实现了"无违法建设街道（乡、镇）"目标，285 个社区实现了"无违法建设社区"目标。

拆违分成三个阶段，即自拆、助拆、强拆。助拆是指违法建设业主不能够自己拆除，或者劳动力不够，拆违工作人员在上门做通思想工作之后，街道或者区里就会安排人力和机械，帮助业主拆除违法建设。

拆违的原则，在《合肥市拆违方案》中规定：拆违面前人人平等，严禁"拆小不拆大，拆民不拆官，拆软不拆硬，拆明不拆暗"。

拆违中的成功做法。一是无偿拆违。违法建设没有得到一个硬币的补偿，它彰显的是法律的尊严和价值。二是属地管理。违法建设在谁的辖区范围谁负责，省政府办公楼里的一家省直单位，厅长、副厅长一天接待了 8 次登门拜访的街道党工委书记和主任。三是对困难群众保障。拆违期间出台《关于查处违法建设期间住房保障的补充通知》《关于查处违法建设期间做好城市居民最低生活保障的实施意见》《关于查处违法建设期间提供就业援助的实施意见》。在具体实践中，有关部门通力合作，加强了现场咨询、登记服务工作。通过对被拆违的特困群众实行医疗费用减免、快速办理廉租房补贴、优先发放最低生活保障费用等办法，确保不因拆违出现困难群众无房可住，确保不因拆违导致困难群众生活无保障。2006 年 6 月底，全市共为 321 户发放廉租住房补贴，按照人均 60 元/月的标准，共发放廉租住房补贴 37 万元；全市因拆违减少就业岗位 26857 个，提供就业岗位达到 33814 个。

黄同文，时任合肥市委副书记、市查处违法建设领导小组组长，把拆违的成功经验归纳为四点。一是坚定不移地坚持"属地管理"原则，形成了灵敏高效的指挥系统。二是坚定不移地坚持党政机关和党员干部带头，形成了强大的示范推动力。三是坚定不移地坚持依法拆违与有情操作相结合，保证了查违工作的快速和谐。四是坚定不移地坚持公开透明与群众参与的原则，确保拆违的公正公平。实践证明，领导重视尤其省、市领导的重视是做好拆违的保证。

政府强拆任何一处的违法建设都是合法的，但是有的拆，有的不拆就是不正义的；有的补偿，有的不补偿也是不正义的。总结合肥大拆违的经验，对"投机"治理而言可以总结为合法又正义，具体体现为两条。一是无偿拆违。政府要给全社会一个明确的预期，违法建设一定要依法处理，不要想得到一分钱的补偿。既然政府已经定性为违法建设，为什么拆违还要补偿？如果给，政府的补偿行为也是违法的。零补偿就断绝了很多人的投机心理，合肥大拆违过程中也曾经发生过边拆边建的现象，违建户还以为政府会像以前一样多少会给一点补偿，但是他们想错了，政府没给一个硬币。这就向全社会传递一个明确的信息，是违法建设，就要依法处理，并不因为违建户的议价能力而有所区别，不会出现"拆小不拆大，拆民不拆官，拆软不拆硬，拆明不拆暗"的现象。二是全市范围的大拆违。局部拆违就会有人会说：为什么拆我们的，违法建设又不只是我们这里有。合肥大拆违波及全市的每一个角落，违建户也觉得公平，不只是某个街道社区拆违，而是全市所有的违法建设都被拆除。孙金龙为合肥的城市建设动了一次彻底的"外科手术"，摘除了毒瘤，自此以后合肥没有违法建设。

四 保障程序正义：践履土地征收法定步骤

由于重实体、轻程序的传统，程序在实践中没有得到有效执行，甚至认为程序违法不是违法。程序先于权利，程序有其自身的价值，程序与实体是手段与目的的关系，按照罗尔斯的理解，土地征收程序是纯粹的程序正义。

（一）完善现有程序

学术界对于完善现有程序的理论研究成果颇丰，实务部门自身也有比较好的对策建议，笔者只谈完善现有程序的几个原则。

1. 保证农民在各个环节的参与权

农民的参与不能仅限于末端参与，而要参与土地征收中所有的环节。托克维尔说"每个人都是自己利益的最佳代表"，土地征收涉及农民的切身利益，他们表现出极高的参与热情。而现有的政策法律对此回应不足，体现政府意志有余、农民意愿不足。"两公告一登记"实际是让农民到相关单位办理征收的"通知书"，在征收方案和安置方案批准后才告知农民的。

确保农民的知情权。土地征收不能置于"黑箱"之中，除了极少数涉及国防等事项外，都应向农民公开。确保农民的表达权。在现实中，农民除了上访之外，好像没有其他表达自己意愿的渠道。听证会制度是既有的农民表达利益诉求的平台，但是要处理好听证记录和政府决策的关系。如果在听证会后，将听证记录束之高阁，政府决策依然故我，听证意见没有体现在政府决策之中，听证会就成了可有可无的摆设。

2. 赋予农民协商谈判权利

农民是原子化的个人，组织化程度低。村（居）委会是"半个政府"，它们不能真正代表农民。但当农民有一致利益需求时，他们也会联合起来一致行动，因为激励是相容的。协商不是完全的意义自治，在土地征收中也确有某些农民狮子大开口，漫天要价。调研时笔者发现，某农民在征地时，对政府说"你们往上报价，一直到我说停时为止"；也有的说"你们要把我的孩子全部变成公务员，再给 500 万元"。这些都是不可能满足的条件，但又不能剥夺农民讨价还价的权利，尤其是在处理代表公共利益的邻避设施与个人利益冲突时。在城市化的过程中，在可预见的历史时期内，邻避设施必然产生。从城市规划的角度讲，城市到底有多大，城市的边界在哪里，管理者并不清楚。"后院"在先，邻避设施在后。由于城市规模的迅速扩张，原有城市建成区的邻避设施必然外迁到城乡接合部，因此公共利益与个人利益的冲突不可避免。但是公共利益与个人利益冲突产生的必然性，并不是公共利益损害个人利益的当然性。奥托·迈耶在《德国行政法》中提出的比例原则，[①]可视作处理公共利益与个人利益关系的原则。它包括三个原则：一是适当性原则。强调的是目的和手段之间的关系，行政机关（行政法学规范的表达应是行政主体）采取的方法应有助于目的达成，不能用大炮打蚊子。二是必要性原则。当行政机关有多种达成目的的方法时，应选择对公民权益损害最小的方法。三是狭义比例原则。行政机关采取的方法所造成的损害要与目的本身利益成比例。必要性原则可称为最少侵害原则、最温和方式原则、不可替代性原则，我们把它称为无可奈何原则。在利益冲突中，农民有权对三个原则的实现同政府谈判，协商谈判保护了农民的个人利益，舒缓他们的紧张对立情绪。

协商谈判要有妥协，政府、农民都要妥协，政府不可恃权高压，农民不可无理取闹。双方都后退一步，从零和博弈走向双赢博弈。

3. 拓宽农民的救济渠道

无救济则无权利。征地救济包括行政协调裁决制度、行政复议、诉讼。行政协调裁决制度要求，征地机关自身不能既当运动员，又当裁判员，征地机关自己不能对自己的征地行为做出裁决，应有独立的第三方进行裁决。行政复议是一种体制内的监督、纠错机制，在土地征收中，上下级之间、土地管理的相关部门与主管部门之间的利益有千丝万缕的联系，司法作为社会公正的最后一道屏障，它的大门如果关上，农民就会没有希望。农民要有提起行政诉讼和民事诉讼的权利。司法机关要解决的是土地征收的合法性和补偿标准的争议，扩大司法管辖的受案范围，对征地中的一切纠纷都可提起诉讼。

（二）有效执行现有程序

根据相关法律，我国土地征收程序包括申请、审批、实施申请、公告征地方案审批结果、协商补偿安置方案、公告、登记权利，实施补偿

---

① 〔德〕奥托·迈耶：《德国行政法》，刘飞译，商务印书馆，2013，第 76 页。

安置方案、供地 9 个程序，程序之多、之细，与美国、加拿大、日本、德国、法国、印度等国相比，中国的土地征收程序是最多的。① 如果现有程序能够得到严格有效的执行，也不会存在那么多问题；如果法律、政策得不到有效的执行，制定再完备的法律、政策也是一纸空文，就像孟子说的"徒法而不能自行"。

1. 改变重实体、轻程序的做法

有的政府工作人员认为，只要结果不违法，就不是违法。程序违法也是为了发展地方经济，不是为了某个人的私利。在发展中，处于特定时期，程序违法的确被全社会认可，但随着法治的逐步完善，程序违法也是违法，政府的行为只能有一个标准，即符合法律，而不能有多个标准。

2. 让法律成为信仰

法律要成为老百姓的信仰，也要成为政府的信仰。恶法亦法，现有的程序虽然有瑕疵，但在没有修改之前，还应该遵照执行。况且现有程序如果真的能落实，也能解决大多数上访问题。执行法律的人如果变成扼杀法律的人，就如医生扼杀病人，乃是不可饶恕的罪恶。人们对法律的信仰不是因为它以法的形式出现，而是人们内心对它的尊重服从。政府违法，老百姓看得见，政府违法、老百姓也违法，政府再用非法的方式去处理老百姓的违法，整个社会就失去了准则，社会失序。

政府要做守法的典范，法律首先要成为政府的信仰。法律既为政府行为确定了边界，也保护了政府行为。政府越界，获得了眼前一时的利益，但从长计议，得不偿失。破坏了法律的尊严，就会损害政府形象，败坏社会风气。

3. 依法对程序违法进行处罚

一旦征地程序被确认为违法，征地行为就要撤销、变更或重新做出，政府要承担赔偿责任。程序违法的责任主体一般是政府，还要对主体进行处罚。处罚措施有行政、民事和刑事等多种，虽有刑事制裁，但

---

① 朱道林：《土地征用制度国际比较及借鉴》，中国大地出版社，2002，第 358~359 页。

实际上动用刑事制裁非常少，把责任追究到具体责任人的案例少之又少。对于政府来说，一般都是"花钱消灾"，如违约金、罚款等，政府的责任一般用钱解决。

程序处罚责任到人，追究相应的党纪、政纪责任，直至追究刑事责任。发挥处罚的震慑作用，真正做到有法必依，违法必究，维护法律尊严。

政府自身的资源分配已经超出制度正义的讨论范围，由于集体土地房屋征收补偿中抽象权力与具体权力分配失衡是直接针对土地利益分配的，故放在形式正义部分探讨，而锦标赛制和分税制改革在此单独讨论。

（1）干部晋升中的"无知之幕"。罗尔斯的"无知之幕"是一种理论假设、思维的理性设计，同德沃金的"荒岛拍卖"和"保险"，诺齐克的无政府状态一样是演绎的理论前提，意在体现原初状态的公平、过程公平，以达到结果公平。处于无知之幕中的人，不知道他在社会中的地位、不知道他自己关于善的观念、其他各方也不知道自己的社会环境。他仅知道自己所处的社会环境是正义的，知道社会组织的基础和人的心理学法则。[①]

在锦标赛制中，能够到经济领先的地区任职，对于日后的提拔具有重要意义。经济领先的地方由于经济发展的惯性，更容易干出成绩，更容易受到上级领导的肯定；而经济落后的地方，同样由于惯性，要出成绩则很难。20世纪初的苏州成为"省长摇篮"，[②] 包括后来成为辽宁省省委书记的王珉，王珉任苏州市委书记两年五个月，很难说他为苏州做了什么成绩，但并不妨碍他的提升。同样，苏州下辖的县级昆山市，也有很多领导都成了厅级以上的干部。谁能到经济领先的地方任职对其日后的升迁极为关键。当然，一个人的升迁还有很多偶然的因素，如上级领导的个人偏好，他欣赏某类人、厌恶某类人；候选人的关系，这里有

---

① 〔美〕约翰·罗尔斯：《正义论》，何怀宏等译，中国社会科学出版社，2009，第106页。
② 李梁：《政坛瞩目"苏州现象"》，《南方周末》2004年11月18日。

老乡关系、同学关系、姻亲关系、血缘关系、利益输送关系等；机会，在中国官场机会具有很大的不确定性，机会既有争来的，拼命三郎般干出来的；也有"碰"来的，如某人碰到欣赏自己的领导、碰到了好岳父、碰到了好爸爸，一个碌碌无为的人，时无英雄，使竖子成名等，太多的偶然、太多的不确定因素是政府官员迷信的重要原因。假定干部的提拔任命处于无知之幕，候选人不知道自己要去哪里任职，不知道自己能力和别人能力的大小、不知道自己有什么关系，也不知道别人有什么关系，不知道自己会有什么样的机会，大家都处在同一起点上，作为领导干部提拔任命的重要指标 GDP 就不那么重要了。

如果说，在干部晋升中，无知之幕只是假设，现实则要充分发挥协商民主。协商民主要利用现有的政治制度优势，人民代表大会制度是我国的根本政治制度，但在目前它的作用还没有充分发挥。党管干部原则体现为党提出候选人，让人民去选择，要保证人民的选择权利。现代民主，多为间接民主，也就是要保证作为代理人的人大代表、党代表的选择权。发挥政治协商会议的作用，政协委员来自不同的界别，他们有广泛的民意基础，重要的干部人选应该在政协委员中征询意见，听取他们对候选人的评价。干部人选的产生不能忽视老百姓的意见，"金杯银杯不如老百姓的口碑"，老百姓对县级领导干部有最直观的感受、最直接的评价，多听取他们的意见，能减少干部晋升中信息不对称的问题。

在干部考核中，不唯 GDP。2013 年 12 月，中组部下发《关于改进地方党政领导班子和领导干部政绩考核工作的通知》，要求"地方党政领导班子和领导干部的年度考核、目标责任考核、绩效考核、任职考察、换届考察以及其他考核考察，要看全面工作，看经济、政治、文化、社会、生态文明建设和党的建设的实际成效，看解决自身发展中突出矛盾和问题的成效，不能仅仅把地区生产总值及增长率作为考核评价政绩的主要指标，不能搞地区生产总值及增长率排名"。GDP 只是干部政绩的一个方面，干部政绩要从经济、政治、文化、生态、党建等方面综合考虑。既要"金山银山，又要绿水青山"，如果 GDP（Gross Domestic Product）变成 GDP（Gross Domestic Pollution），则环境受到严重污染，生态遭到严重破坏。全国不少地方的"癌症村"、到处可见的雾霾天气、沙尘暴的肆虐、厄尔尼诺现象等都在警示我们对生态的破坏，大自然已经开始报复我们。严重的生态污染已经威胁到人类的生存，影响到人的繁衍和人种质量。经济发展的最终目的是人的幸福，如果经济发展失去了人的幸福判断标准，这样的 GDP（Gross Domestic Product）就没有意义。政治生态也是选人、用人的一个标准，有的领导主政一方，不是一身正气、两袖清风、造福一方，而是雁过拔毛、夺泥燕口、削铁针头、台上讲反腐、台下搞腐败，搞帮派，拉山头，政治生态一片乌烟瘴气，不出事则已，一出事则是拔出萝卜带出泥，出现塌方式腐败。有的地方社会矛盾激化，干群关系紧张，群体性事件、越级上访等频发，社会承受能力极其脆弱，一个微小的事件就会成为导火索，引起大事件的发生，这都是社会矛盾长期集聚，得不到有效化解的结果。经济发展不能丢掉文化发展，经济和文化建设，两手都要抓、两手都要硬。当前，尤其不能丢掉传统文化的"根"，传统文化是我们的精神家园，是我们的归宿，丢掉传统文化，我们就会成为灵魂上的"漂泊者"。

（2）按照事权、财权匹配的原则，推进分税制改革。分税制改革对于提高中央政府的宏观调控能力、为形成全国统一的市场打下基础、提供公平竞争的市场环境、为国防建设提供了物质基础等，但是它也带来了一些问题，解决之道在于坚持分税制改革，建立事权、财权相匹配的分税制。

我国的事权划分不是按照事权项目而是按照事权要素来划分，其特点是"中央决策，地方执行"[①]。由此兴起一种新的治理形式，即项目制。项目制可以理解为政治晋升和单位制的替代。从财政视角来理解就是符合中央政府的本意，它是"一种财政专项转移支付，是中央政府为了缓解地方政府财权与事权不对等问题而进行的资源调配与反哺。这种资金被指定了专门用途，戴上了各种'项目'的'帽子'，以期严格

---

① 刘尚希：《分税制的是与非》，《经济研究参考》2012 年第 7 期。

体现资金拨付部门的意志"①。这就需要规范项目制的运作，合理划分专项转移支付和一般性转移支付的比例。2016 年 8 月，国务院出台《关于推进中央与地方财政事权和支出责任划分改革的指导意见》，要求"实现责权利相统一""做到支出责任与财政事权相适应"，对分税制改革有指导意见。约束政府的举债权，政府的举债权是一种创造动产的权力。"举债权意味着授权于政府，使它能够从无限期的未来满足自己的征税欲望。因此人们可以期待，举债权会受到特别严厉的限制。"②在制度经济学家看来，这种限制当然是法律的限制，但在中国这种限制主要来自上级政府。

五　本章小结

农民获得土地红利凭借的是个人权利，一是要保障农民的权利，农民权利是农民利益的防护层，也是对抗国家权力的手段；保证农民机会平等和征地补偿中体现差别原则。二是对县级政府土地利益分配的治理，根据制度正义分为实质正义、形式正义和程序正义。实质正义解决的是县级政府土地征收的依据和原因，包括征收中两种所有制土地同地、同价、同权，在补偿上要同等。形式正义要求重构集体土地上房屋征收中的抽象权力和具体权力，以有利溯及解决历史遗留问题，无偿和全部解决投机性建设。程序正义，虽然我国有程序立法，但这些法律规定没有得到有效执行，所以应做好两方面的工作，即对既有程序的完善和既有程序的执行。改革政府自身的资源分配形式，即干部晋升中的"无知之幕"和建立事权与财权匹配的分税制。

---

① 周飞舟：《财政资金的专项化及其问题——兼论"项目治国"》，《社会》2012 年第 1 期。
② 〔美〕杰佛瑞·布坎南、〔澳〕詹姆斯·布坎南：《宪政经济学》，冯克利等译，中国社会科学出版社，2004，第 127 页。

| 尾论 |
本项研究的总结与展望

一　本项研究的基本结论

（一）还权于民

还权于民不仅仅要体现在法律条文中，更主要的是政府要落实到行动上。权利实现之路在今天更多地需要政府自上而下推动，自下而上的道路在中国效果并不明显。村（居）民自治实施的效果不尽如人意，公推公选发展仅止于乡（镇）一级，没有向上发展。自上而下路径的优点是，便于推行、凭借压力施行，阻力小，但需要靠某个开明领导人的放权，领导人要能注意到某个问题的重要性，领导人注意力的分配也是一种资源。他注意到的问题才是问题，注意力之外的就不是问题。中国的民主化道路，俞可平总结为"增量式民主"，有人提出以党内民主带动人民民主，还有人提出上下互动。民主化改革同经济改革如出一辙，也是一种渐进的改革，没有一揽子计划，没有具体的路线图，没有时间表。但它是问题的导向，现有的问题已经到了非改不可的地步，政治系统无法按照原有的秩序去运作，改革提上了议事日程。这要靠某个焦点问题对政治系统产生强大的刺激，然后政治系统做出反应，推开"政策窗口"。土地利益分配问题已经对政治系统产生了影响，如"乌坎事件""嘉禾事件"以及前些年不时见诸报端的血案。

在土地征收中不如彻底还权于民，公布所有的信息，使公开成为常态，不公开是例外，除极少数的（如国防），其他都应公开，让农民监督政府。

如果政府不把本属于农民的权利还给农民，不对农民的利益诉求做出反应，不从制度上加以解决，农民就会寻求制度外的解决办法，同政府做交易，投机性建设、挂户就是例子，从而滋生腐败。政府把应该享受权利的人排除在外，手中掌握资源寻租，吸引那些想得到这些资源的人来做交易，这就产生了不公平，不该得到利益的人获得了利益。政府与农民之间有交易，两者关系就会产生紧张。政府强拆农民的违法建设，而农民还理直气壮，不认为自己违法，施工阶段背后"有人"，补偿阶段有的人投机得逞，外来户认为其也应该享有与祖居户相同的权利，所以外来户选择上访。虽然政府规定不准越级上访，但是他们还是要去北京、去合肥，试图找到"青天大老爷"为自己做主，为自己伸张正义。如果政府与农民的关系长期紧张，农民要么是政治冷漠，要么是极端的政治参与，极端的政治参与会造成社会的不稳定、社会失序。

（二）还利于民

美国发展经济学家德布拉吉·瑞说："我们决不应该迷失经济发展的目的，那就是以人为本，提高他们的生活条件，扩大他们的选择余地。"[①] 政府追求 GDP 没有错，但如果发展成国内总贫困 GDP 或者国内总污染 GDP，这样的 GDP 再多也没有意义。城镇化的大马路、大草坪、高楼大厦不是目的，是要让更多的人有获得感，从城镇化中受益。农民工能受到公平的待遇，失地农民能得到更好的保障，所有人的收入普遍提高，每一个有城市梦的人在城市能够找到自己的位置。

2016 年以来，合肥房价畸高，市区房价的提高，拉动郊县房价，高房价是对普通百姓的一种掠夺。现在是市场经济，没有谁或哪个部门可以强制房地产企业降低房价，房价要遵守市场规律。但政府在公平分

---

① 〔美〕德布拉吉·瑞：《发展经济学》，陶然译，北京大学出版社，2002，第 5 页。

配利益方面却大有可为，土地出让收入在投入城市基础设施建设的同时，加大保障性住房的投资，尽可能解决部分低收入者的住房需求；在房屋征收补偿中，补偿政策要体现公平，在农村和城市均等分配财政投入；土地征收补偿要解决农民的保障和生计两个问题，提高征地补偿标准，征地补偿款的使用和安置补偿款的发放要公开、透明，杜绝暗箱操作，县（市、区）政府、乡（镇）政府、开发园区管委会、行政村（居）委会要受到上级的监督和来自农民的监督。

（三）提高治理能力

政府征地可以减少土地利用的负外部性，节约土地市场的交易费用；但是政府权力具有天然的扩张性，个人在面对强大的政府时，是无能为力的，讨价还价的能力有限，"钉子户"多以妥协告终。土地利益分配涉及三方利益主体，即政府、企业和农民。政府需要企业，尤其是房地产企业，他们是"给"政府钱。但是对于农民，农民是从政府手里"要钱"，"要钱"就远不如"给钱"那样受政府欢迎。农民的土地出让意愿没有受到决策者的重视，省政府的征地补偿、县镇政府的房屋补偿农民都无权参与定价。

作为政治问题的土地利益分配，政府很少妥协。几乎一切都是在按照政府单方面的意愿在做，政府在土地利益分配中处于支配地位，政府与企业、农民之间不是契约关系，政府权力大导致社会治理能力降低。英国学者米切尔·曼区分了两种国家权力，[①] 国家的专制权力（despotic power），国家的基础性权力（infrastructural power）。后者指的是国家渗透社会的能力，国家有效贯彻其政治决策的能力（capacity），也就是治理能力。中国传统社会皇权不下县，县以下实行自治，依靠宗族、血缘的力量，家族宗族承接了国家权力，家成为纵向的管理单元，实行家国共治。在农村，绅士也是实现国家意志的重要力量。"官僚和绅士共治

---

① Michael Man, "The Autonomous Power of the State : Its Origin, Mechanism and Result," *European Journal of Sociology*, 25 (1984), p. 185 – 213.

地方，绅权由官权的合作而相得益彰""绅士也和皇权共治天下。"① 后来费正清提出"士绅社会"②，"它处于由地方行政官代表的公共事务领域与个人及其家族的私人领域之间。"③

今天，中国仍然是一个高度集权的国家，政府虽然管得宽，但是治理能力弱。以土地收益分配为例，如果没有行政村（居）委会这样的半行政机构配合，土地收益分配根本无法进行。虽然省市县三级政府制定了相关政策，但在实际操作中，权力是倒置的，村大于镇，镇大于县，县大于市，县大于省，以至于把房屋征收的标准留给乡（镇）政府和开发园区管委会去制定。而治理能力弱、治理能力低又成了基层腐败的原因，近些年开发区成了腐败重灾区，上至开发区领导，下至行政村（居）委会干部围绕土地产生的腐败，无不与社会治理能力低有关。城乡接合部的其他问题如社会治安、社区治理、小产权房、城中村改造和邻避效应等都与政府权力鞭长莫及、什么都管但又管不好有关。

为了提高治理能力，政府就要缩小管理范围，收缩权力的边界，同时赋予社会、个人、农民权利，以实现有效的社会治理、国家治理。政府放权、还权，动员社会、个人力量积极参与治理，实现各方共治。

（四）建立良序社会

制度正义的目的是要建立"良序社会"（well-ordered society），现代民主社会的特征"不仅仅存在多元的宗教、道德和哲学整全学说，而且也存在多元的、互不相容且合理的整全学说。这些学说中的任何一种都不能得到公民们的普遍认可。任何人都不应当期待，在可预见的未来，这些学说中的一种或几种会得到所有公民，或几乎所有公民的认可"。④ 罗尔斯后期的正义理论转向政治自由主义，以重叠共识整合多

---

① 吴晗、费孝通：《皇权与绅权》，观察社，1948，第48~51页。
② 〔美〕费正清：《费正清文集：美国与中国》，张理京译，世界知识出版社，1999，第57页。
③ 〔加拿大〕卜正民、张华：《为权利祈祷：佛教与晚明中国士绅社会的形成》，张华译，江苏人民出版社，2008，第21页。
④ John Rawls, *Political Liberalism* (Columbia University Press, 1996), p. 18.

元社会。"为了了解一个秩序良好的社会怎样达到统一和稳定，与政治的正义观念一道，我们引进了另一个政治自由主义的基本观念，即合理性的全面性学说的重叠共识的观念，在这样一种共识中，合理性的学说各自从它自己的观点出发赞同这个政治理念。社会团结是建立在这种对政治观念的共识之上的。"① 所谓重叠共识是指："这种政治的正义观念为各种理性的然而对立的宗教、哲学和道德学说所支持的，而这些学说自身都拥有众多的拥护者，并且世代相传，生生不息。"②

"政治家的任务是寻求一致。通过透视各种现存利益和要求，政治家力图找到一种全体的或能够赢得绝大多数支持的融合或政策。"③ 政府掌握了主要的社会资源，在处理与农民的利益关系时，提高征地补偿标准，发展社会事业，解决养老、医疗的后顾之忧；对于外来农民，以合法、公正的方式解决其正当的利益诉求，堵塞非法的幕后交易，处理方式要能见得"阳光"。政府的政策要保证起点公平、过程公平，即体现程序正义；结果公平，即对资源分配的调剂。打击在房屋征收中套取房屋补偿、克扣补偿款的行为，有的人在房屋补偿中获得了暴利，成为食利阶层，不仅是分配不公的问题，也加大了代际的不公平，应没收违法所得，缩小代际差别。政府与开发商之间，划清权力与资本的界限，资本只能在经济市场发挥作用，资本进入政治市场，就意味着权钱勾结，形成资本的怪胎——权贵资本，权贵资本借助权力，会使经济市场规律失灵，政治市场制度失灵。在国家层次，国家存在自主性，地方经济理性往往替代自主性，对权钱交易需要自上而下的制度化的防范、打击与自下而上的监督结合。

建立重叠共识的第一步是利益的满足，主要是各种民生事业的发展，但民生不能代替民主。人民既有经济权利的要求，还有政治权利的

---

① john Rawls, *Political Liberalism* (Columbia University Press, 1996), p. 38.
② 〔美〕约翰·罗尔斯《作为公平的正义——正义新论》，姚大志译，上海三联书店，2002，第 55 页。
③ 〔美〕约翰·罗尔斯：《政治自由主义》，万俊人译，译林出版社，2001，第 412 页。

要求，"个人权利是个人手中的政治护身符"①，只有拥有权利，民主才能保证民生；没有民主，民生就会偏离既定轨道而受到损害。

（五） 抑制资本

孙中山在 20 世纪 20 年代，就提出过节制资本的思想。"凡本国人及外国人之企业，或有独占的性质，或规模过大为私人之力所不能办者，如银行、铁道、航路之属，由国家经营管理之，使私有资本制度不能操纵国民之生计，此则节制资本之要旨也。"② 毛泽东在《新民主主义论》一文中也曾提出："中国的经济，一定要走'节制资本'与'平均地权'的路，决不能是'少数人所得而私'，决不能让少数资本家与少数地主'操纵国民生计'。"③ 在城市化过程中，主要防止房地产企业对国计民生事业的垄断。

限制资本在市场外的作用，将资本的作用限制在经济领域内。但是资本强制为自己开辟道路，孙立平教授曾经说过"驾驭资本"，驾驭资本关键在于处理好政府与市场的关系，政府为企业营造公平的竞争环境，凡能够用市场手段解决的问题，看得见的手不能进入，不能为企业谋取市场之外的利益。

在政府决策中，不能让开发商左右政府政策，用政策反制农民。这就要依靠国家自主性的发挥，如果说，中央政府是中性政府，"追求的是整个社会的经济增长，追求的是增加全体人民的利益而不是特定集团的利益"④，那么在地方则不是中性的。

当下应该发展实体经济，以供给侧结构性改革为契机，县域传统产业升级换代，围绕城市的产业发展，提供配套服务，同时用新兴产业带动传统工业发展；农副产品向深加工方向发展，做成城市的"菜篮子""米袋子"，引导休闲农业和生态农业的发展，营销方式多样化，电子

---

① 〔美〕罗纳德·德沃金：《认真对待权利》，信春鹰、吴玉章译，中国大百科全书出版社，2008，第 6 页。
② 《孙中山全集》第 9 卷，中华书局，1986，第 120 页。
③ 《毛泽东选集》第 2 卷，人民出版社，1991，第 6 页。
④ 姚洋：《中性政府：对转型期中国经济成功的一个解释》，《经济评论》2009 年第 3 期。

商务进农村，降低对于房地产业的过度依赖。

二　本项研究的不足之处

本研究是个案研究，个案研究会有一种从个案扩展到全体的冲动，笔者也不例外。但是笔者深知个案研究的局限，它毕竟不同于概率抽样，只能算是非概率抽样，难以保证样本的代表性，因而试图把个案调查中得出的结果推广到总体中去就难免出现以偏概全，只见树木、不见森林。它的意义或许在于如吉尔茨所说的"深描"，在于对个案的深入研究。"我们所从事的实证研究从严格的方法论类型上划分，它可能更类似于人类学所讲的田野工作，它的长处在于对被调查对象独特品行的体验与感悟。"[1]

其实，个案研究的代表性问题在社会学家那里早就遇到了，费孝通的《江村经济》在英国出版时的原名是 Peasant Life in China，即"中国农民的生活"，然而费孝通的"江村"就是中国的农村，一个江村的农民生活就是中国农民的生活吗？20 世纪 80 年代初，伦敦经济学院人类学系的利奇教授用这个问题拷问费孝通，在利奇看来，甚至是多个乡村的研究依旧无法具有代表性。费老的答案是类型学的研究，江村只是一种"类型"。"如果我们用比较方法将中国农村的各种类型一个一个地描述出来，那么不需要将千千万万个农村一一地加以观察而接近于了解中国所有的农村了。"[2] 费老的研究也是遵循类型学的概念展开的，《云南三村》（英释为 Three Types of Village in Interior China，汉语就是《中国内地农村的三个类型》）、《乡土中国》延续了《江村经济》的类型方法。费老在晚年拓宽了微型社会学研究方法的应用领域，在小城镇研究中运用了类型研究和比较的方法。如果利奇当时应答了费老，这场隔时空的对话，将会碰撞出思维的火花，只是利奇已经去世，对话变成缺席

---

[1]　吴毅：《农村政治研究：缘自何方，前路何在》，《开放时代》2005 年第 2 期。
[2]　费孝通：《人的研究在中国》，《读书》1990 年第 10 期。

的独白。斯人已逝，但费老的思考还在继续，1997 年费孝通在《重读
江村经济·序言》中对利奇教授的质疑作了更为详尽的回答。他认为
利奇教授认定的那种从个别农村入手的微型研究不能概括中国国情的看
法，是混淆了数学上的总数和人文世界的整体，忘记了社会人类学家研
究的不是数学而是人文。

由于时间、精力、财力等的限制，类型比较不适合笔者去做，如何
选择适合笔者的研究方法是下一步要做的事情。

三　本项研究的未来展望

结合笔者教育部课题"基于协同理论的大城市边缘区治理"，打算
把个案扩展到合肥市所辖各县（市、区），扩展个案法"试图立足宏观
分析微观，通过微观反观宏观，并在实践中处处凸现理论的功能。此
外，经由理论重构产生的一般性法则使其较好地处理了特殊性与普遍性
的关系问题。"① 美国社会学家布洛维成功地运用扩展个案法，选取美
国、赞比亚、匈牙利、俄国等不同国家的个案，展示 20 世纪晚期资本
家与工人的矛盾。② 运用扩展个案法的第一步是扩大研究范围。合肥市
各县（市、区）的土地利益分配处于不同的时期，Y 县在合肥市老三
县中属于早发型，1992 年该县就在毗邻合肥市的城乡接合部建立了一
个省级经济开发区，当时相邻的合肥瑶海区（时称东市区）还没有开
发区，后来这个开发区并入合肥。肥西县的发展稍晚于 Y 县；长丰县
最晚，但发展势头良好，它在与合肥市的城乡接合部有个开发区，2014
年财政收入达到 25 亿元，超过该县财政收入的一半。不同的时期，土
地资源的储备也有差别；不同的经济发展水平，政府的征地行为为何出
现差别，巢湖市和庐江县被巢湖隔开，不像上述三县环绕、包围了合
肥，地价要低，它们和老三县相比，土地征收中的政府行为有没有区

---

① 卢晖临：《如何走出个案——从个案研究到扩展个案研究》，《中国社会科学》2007 年
第 1 期。

② Michael Burawoy, *Manufacturing Consent* (The University of Chicago Press, 1985).

别？第二步是扩大研究内容，包括小产权房、邻避设施、社区治理、户籍改革、社会治安、府际关系（纵向、横向）等，这份工作在 Y 县已经完成。在更大范围内扩大研究内容，需要使用不同的理论工具，布洛维使用了马克思的阶级理论、科奈尔的短缺经济理论，我们可以选择治理、协同、利益相关者等理论。

参考文献

一 中文著作类

〔美〕阿拉斯代尔·麦金太尔:《谁之正义? 何种合理性?》,万俊人译,当代中国出版社,1996。

〔印〕阿玛蒂亚·森:《超越功利主义》,文梁捷译,复旦大学出版社,2011。

〔印〕阿玛蒂亚·森:《正义的理念》,王磊译,中国人民大学出版社,2013。

〔美〕埃莉诺·奥斯特罗姆:《规则、博弈与公共池塘资源》,王巧玲译,陕西人民出版社,2011。

〔美〕爱德华·苏贾:《后大都市——城市和区域的批判性研究》,李钧译,上海教育出版社,2006。

〔英〕安东尼·吉登斯:《社会学方法的新规则——一种对解释社会学的建设性批判》,田佑中等译,社会科学文献出版社,2003。

包亚明:《现代性与空间的生产》,上海教育出版社,2003。

〔美〕保罗·萨巴蒂尔:《政策过程理论》,彭宗超等译,生活·读书·新知三联书店,2004。

北京大学国家发展研究院综合课题组:《还权赋能:奠定长期发展的可靠基础》,北京大学出版社,2010。

毕宝德:《土地经济学》,中国人民大学出版社,2007。

〔英〕边沁:《政府片论》，沈叔平译，商务印书馆，2009。

〔美〕布莱恩·琼斯:《再思民主政治中的决策制定:注意力、选择和公共政策》，李丹阳译，北京大学出版社，2010。

蔡玉胜:《大城市城乡接合部城乡一体化研究》，天津社会科学出版社，2012。

陈庆云:《公共政策分析》，北京大学出版社，2011。

陈映芳等:《征地与郊区农村的城市化》，文汇出版社，2003。

陈振明:《公共政策分析》，中国人民大学出版社，2003。

迟福林:《步入21世纪的中国农村土地制度改革》，中国经济出版社，1998。

慈继伟:《正义的两面》，生活·读书·新知三联书店，2014。

〔日〕大岳秀夫:《政策过程》，傅禄永译，经济日报出版社，1992。

〔美〕戴维·约翰·法默尔:《公共行政的语言——官僚制、现代性和后现代性》，吴琼译，中国人民大学出版社，2005。

〔美〕丹尼尔·豪斯曼:《经济分析、道德哲学与公共政策》，纪如曼译，上海译文出版社，2008。

〔美〕德博拉·斯通:《政策悖论:政治决策中的艺术》，顾建光译，中国人民大学出版社，2006。

邓安庆:《正义伦理与价值秩序》，复旦大学出版社，2013。

邓宏乾:《中国城市财政主体财源研究》，商务印书馆，2008。

丁煌:《西方行政学说史》，武汉大学出版社，2011。

费孝通:《中国城镇化道路》，内蒙古人民出版社，2010。

〔美〕盖依·彼得斯:《美国的公共政策:承诺与执行》，顾丽梅等译，复旦大学出版社，2008。

辜胜阻:《城镇化与经济发展热点问题探索》，科学出版社，2007。

顾朝林:《中国城镇体系——历史·现状·展望》，商务印书馆，1992。

合肥市统计局:《合肥统计年鉴》，中国统计出版社，2008~2014。

何怀宏:《正义理论导引》，北京师范大学出版社，2015。

贺雪峰：《地权的逻辑·Ⅱ》，东方出版社，2013。

胡伟：《政府过程》，浙江人民出版社，1998。

黄祖辉：《城市发展中的土地制度研究》，中国社会科学出版社，2000。

〔英〕霍华德：《明日的田园城市》，金经元译，商务印书馆，2000。

〔美〕杰·D. 怀特：《公共行政研究的叙事基础》，胡辉华译，中央编译出版社，2010。

〔英〕杰弗里·罗伯逊：《正义的游戏》，印波译，中国政法大学出版社，2015。

金太军：《公共政策执行梗阻与消解》，广东人民出版社，2005。

敬东：《大都市郊区化与城市土地利用控制》，同济大学出版社，2008。

〔美〕凯文·林奇：《城市意象》，方益萍译，华夏出版社，2009。

廖洪乐：《中国农村土地六十年》，中国财政经济出版社，2008。

凌学东：《集体土地上房屋征收补偿价值的法律分析》，中国法制出版社，2014。

刘昌平：《中国新型农村社会养老保险制度研究》，中国社会科学出版社，2008。

刘君德：《当代中国城市：权力、区域、空间》，东南大学出版社，2011。

刘民培：《农村土地征收程序与补偿机制研究》，中国农业科技出版社，2011。

卢新海：《城市土地管理与经营》，科学出版社，2006。

陆大道：《中国地域空间、功能及其发展》，中国大地出版社，2011。

〔美〕罗伯特·H. 贝斯等：《分析性叙述》，熊美娟等译，中国人民大学出版社，2008。

〔美〕罗伯特·诺齐克：《无政府、国家与乌托邦》，何怀宏译，中国人民大学出版社，1993。

〔美〕罗纳德·德沃金：《至上的美德》，冯克利译，江苏人民出版社，2003。

《马克思恩格斯选集》第1卷，人民出版社，1995。

马骏：《治国与理财：公共预算与国家建设》，生活·读书·新知三联书店，2011。

〔加拿大〕迈克尔·豪利特：《公共政策研究：政策循环与政策子系统》，庞诗等译，生活·读书·新知三联书店，2006。

〔美〕迈克尔·桑德尔：《公正该如何是好》，朱慧玲译，中信出版社，2012。

〔美〕迈克尔·沃尔泽：《正义诸领域》，褚松燕译，译林出版社，2002。

〔美〕麦克斯怀特：《公共行政的合法性——一种话语分析》，吴琼译，中国人民大学出版社，2002。

《毛泽东选集》第4卷，人民出版社，1991。

茅于轼：《公正透明：中国政府体制改革之路》，法律出版社，2004。

欧明豪：《中国工业化、城镇化进程中的农村土地问题研究》，经济科学出版社，2011。

钱永祥：《哲学与公共规范》，台湾，中山人文社会科学研究所专书，1995。

荣敬本：《从压力型体制向民主合作体制的转变》，中央编译出版社，2008。

石元康：《当代西方自由主义理论》，上海三联书店，2000。

宋戈：《中国城镇化过程中土地利用问题研究》，中国农业出版社，2005。

宋金平等：《北京城市城乡结合部空间结构演化与重组》，科学出版社，2012。

孙弘：《中国土地发展权研究》，中国人民大学出版社，2004。

孙群郎：《美国城市郊区化研究》，商务印书馆，2005。

田保传：《上海郊区城市化道路探索》，上海大学出版社，1998。

王春光：《中国城市化之路》，云南人民出版社，1997。

王坤：《新中国土地征收制度研究》，社会科学出版社，2008。

王万茂：《土地资源管理学》，高等教育出版社，2008。

王卫国：《中国土地权利研究》，中国政法大学出版社，2008。

吴良镛：《京津冀地区城乡空间发展规划研究三期报告》，清华大学出版社，2013。

吴元波：《上海城市郊区化：现状、问题与发展模式研究》，立信会计出版社，2011。

吴忠民：《社会公正论》，山东人民出版社，2004。

吴忠民：《走向公正的中国社会》，山东人民出版社，2008。

《习近平谈治国理政》，外文出版社，2014。

《习近平谈治国理政》第 2 卷，外文出版社，2017。

肖顺武：《公共利益研究：一种分析范式及其在土地征收中的运用》，法律出版社，2010。

肖顺武：《公共利益研究》，法律出版社，2010。

徐凤真：《集体土地征收制度创新研究》，法律出版社，2012。

徐向东：《自由主义、社会契约与政治辩护》，北京大学出版社，2005。

徐勇、徐增阳：《流动中的乡村治理：对农民流动的政治社会学分析》，中国社会科学出版社，2003。

Y 县地方志编纂委员会：《Y 县县志》，方志出版社，2014。

Y 县统计局：《Y 县统计年鉴》，2008~2014。

姚大志：《正义与善：社群主义研究》，人民出版社，2014。

〔日〕野口悠纪雄：《土地经济学》，胡伟白译，商务印书馆，1997。

殷志静：《中国户籍制度改革》，中国政法大学出版社，1996。

俞可平：《治理与善治》，社会科学文献出版社，2000。

郁建兴：《从行政推动到内源发展》，北京师范大学出版社，2011。

〔美〕约翰·罗尔斯：《当代社会契约论》，包利民译，江苏人民出版社，2008。

臧俊梅：《土地发展权的创设及其在农地保护中的运用研究》，科学出版社，2011。

〔美〕詹姆斯·E. 安德森：《公共政策制定》，谢明等译，中国人民大学出版社，2009。

张康之：《公共行政的行动主义》，江苏人民出版社，2014。

张康之：《合作的社会及其治理》，上海人民出版社，2014。

张立荣：《当代中国服务型政府建设和公共服务体系完善理论与实证研究》，中国社会科学出版社，2012。

张立荣：《公共管理的理论与实证研究》，中国社会科学出版社，2015。

张秀兰、徐月宾：《中国发展型社会政策论纲》，中国劳动社会保障出版社，2007。

赵宝华：《利益相关者权力》，经济管理出版社，2003。

赵敦华：《劳斯的〈正义论〉解说》，香港三联书店，1989。

赵树枫：《北京郊区城市化道路探索》，首都大学出版社，2001。

郑立波：《中国城市郊区化动力机制研究》，经济科学出版社，2008。

周其仁：《产权与制度变迁：中国改革的经验研究》，北京大学出版社，2004。

周一星：《北京郊区化及其对策》，科学出版社，2000。

朱光磊：《当代中国政府过程》，天津人民出版社，2002。

朱晓娟：《房屋征收与补偿》，中国民主法制出版社，2015。

二 中文论文类

蔡继明：《必须给被征地农民以合理补偿》，《中国审计》2004 年第 8 期。

陈志武：《中国土地私有化结果不会比现在糟》，《财经》2005年第10期。

邓大才：《产权与政治研究：进路与整合》，《学术月刊》2011年第12期。

邓大才：《土地政治：两种观点和两个视角》，《社会科学》2012年第6期。

邓大才：《新型农村城镇化的发展类型与发展趋势》，《中州学刊》2013年第2期。

邓大松：《中国养老社会保险基金敏感性实证研究》，《经济科学》2001年第6期。

傅广宛：《政策制定中的公民参与》，《中国行政管理》2007年第12期。

韩昊英：《容纳式城市发展政策：国际视野和经验》，《浙江大学学报》（人文社会科学版）2009年第2期。

贺东航：《公共政策执行的中国经验》，《中国社会科学》2011年第5期。

贺雪峰：《就地权逻辑答周其仁教授》，《华中农业大学学报》（社会科学版）2013年第3期。

胡存智：《城镇化中的土地管理问题》，《行政管理改革》2012年第11期。

胡存智、宫玉泉：《新世纪中国土地市场建设大趋势》，《中国土地科学》2001年第2期。

靳相木：《土地征收"公正补偿"内涵及其实现》，《农业经济问题》2014年第2期。

靳相木、杜茎深：《耕地保护补偿研究：一个结构性的进展评论》，《中国土地科学》2013年第3期。

李郇：《土地财政与城市经济发展问题》，《中国土地科学》2013年第7期。

李开宇：《行政区划调整对城市空间扩展的影响研究》，《经济地理》2010 年第 1 期。

李丽雅：《特大城市边缘地区城市化与行政区划体制改革研究》，《经济地理》2002 年第 4 期。

刘国臻：《论我国土地征收公共利益目的之边界》，《中国行政管理》2010 年第 9 期。

卢晖临：《如何走出个案》，《中国社会科学》2007 年第 1 期。

卢新海：《城市化进程中土地资源可持续利用的几个问题》，《中国房地产》2013 年第 5 期。

卢新海：《公共管理视角下的城市规划职能探析》，《城市规划学刊》2005 年第 11 期。

卢新海：《海外耕地投资研究综述》，《中国土地科学》2014 年第 8 期。

卢新海：《积极财政政策对房地产市场的影响》，《中国房地产》2015 年第 2 期。

齐睿：《土地征收补偿与安置制度辨析》，《中国行政管理》2015 年第 1 期。

曲福田：《城乡统筹与农村集体土地产权制度改革》，《管理世界》2011 年第 6 期。

曲福田：《我国土地管理政策：理论命题与机制转变》，《管理世界》2005 年第 4 期。

曲福田：《中国农地发展权之路》，《管理世界》2010 年第 6 期。

山世英、靳相木：《改革开放以来我国土地市场建设的重大进展、基本经验和关键问题分析》，《改革与战略》2012 年第 5 期。

盛亚：《区域创新政策中利益相关者的量化分析》，《科研管理》2013 年第 6 期。

孙秀林：《土地财政与分税制：一个实证解释》，《中国社会科学》2013 年第 4 期。

孙学玉：《强县扩权与市管县体制改革的必要性分析》，《中国行政管理》2006 年第 5 期。

谭荣：《中国农地发展权之路：治理结构改革代替产权结构改革》，《管理世界》2010 年第 6 期。

谭荣、曲福田：《政府与市场边界：土地非农化治理结构的选择》，《管理世界》2009 年第 12 期。

谭荣、曲福田：《中国土地非农化与农地资源保护》，《管理世界》2006 年第 12 期。

谭术魁：《土地出让收入的公共性质及其实现》，《管理世界》2012 年第 7 期。

谭术魁、宋海朋：《我国土地城市化与人口城市化的匹配状况》，《城市问题》2013 年第 11 期。

谭术魁等：《土地例行督察的土地违法遏制效果测算》，《中国土地科学》2013 年第 3 期。

王春光：《新生代农村流动人口的社会认同和城乡融合关系研究》，《社会学研究》2001 年第 3 期。

向玉乔：《社会制度实现分配正义的基本原则及价值维度》，《中国社会科学》2013 年第 3 期。

徐勇：《现代国家建构与土地制度变迁》，《河北学刊》2007 年第 2 期。

徐月宾：《中国政府在社会福利中的角色重建》，《中国社会科学》2005 年第 5 期。

徐增阳：《农民工非制度化维权倾向的影响因素研究》，《中国软科学》2015 年第 1 期。

严金明、王晨：《基于城乡统筹发展的土地管理制度改革创新模式评析与政策选择》，《中国软科学》2011 年第 7 期。

严金明：《中国土地综合整治战略顶层设计》，《农业工程学报》2012 年第 14 期。

严金明、刘杰：《关于土地利用规划本质、功能和战略导向的思考》，《中国土地科学》2012 年第 2 期。

杨小凯：《中国土地所有权私有化的意义》，《信报财经月刊》2001

年第 4 期。

杨宇振：《权力、资本与空间》，《城市规划学刊》2009 年第 1 期。

叶剑平：《转型深化期中国农村土地产权结构考察与思考》，《财经科学》2012 年第 9 期。

叶剑平等：《2008 年中国农村土地使用权调查研究》，《管理世界》2010 年第 1 期。

易小明：《分配正义的两个基本原则》，《中国社会科学》2015 年第 3 期。

张莉：《政企合谋下的土地出让》，《管理世界》2013 年第 12 期。

张立荣、方堃：《农村公共服务新模式：以钱养事 + 无缝隙服务——基于湖北省咸宁市咸安区的实证调查与研究》，《中国行政管理》2009 年第 7 期。

张立荣、姜庆志：《国内外服务型政府和公共服务体系建设研究述评》，《政治学研究》2013 年第 1 期。

张立荣、冷向明：《基本公共服务均等化取向下的政府行为变革》，《政治学研究》2007 年第 4 期。

张占录：《城乡一体化规划体系与法定图则制度》，《中国土地科学》2005 年第 11 期。

张占录：《基于用地效率分析的城市区域空间结构极化模型及空间发展战略》，《城市发展研究》2011 年第 8 期

郑风田：《我国现行土地制度的产权残缺与新型农地制度构想》，《管理世界》1995 年第 4 期。

周飞舟：《锦标赛体制》，《社会学研究》2009 年第 3 期。

周建亮：《我国集体土地征收制度改革的路径选择》，《中国行政管理》2012 年第 7 期。

周黎安：《中国地方官员的晋升锦标赛模式研究》，《经济研究》2007 年第 7 期。

周为民：《按劳分配与按要素分配》，《中国社会科学》2002 年第 4 期。

三 外文文献

Alejandro, *The Limits of Rawlsian Justice* (Johns Hopkins University Press, 1998).

Ambaye, Daniel W. *Author*: *Land Rights and Expropriation in Ethiopia* (Springer International, 2015).

Baynes, *The Normative Grounds of Social Criticism*, State University of (New York Press, 1992).

Brain Walker, John Rawls, Mikhail Bakhtin, and the Praxis of Toleration, *SAGE Publications* 2 (1995).

Davion, *The Idea of A Political Liberalism* (Rowman & Littlefield Publishers, 2000).

Erin Cline, *Confucius, Raws, and the Sence of Justice* (Fordham University Press, 2012).

Fitzpatrick, *John Stuart Mill's Political Philosophy* (Continuum International Pub. Group, 2006).

Freeman, *Strategic Management*: *A Stakeholder Approach* (M A Pitman, 1984).

Gene H. Blocker, John Rawls', *Theory of Social Justice* (Ohio University Press, 1980).

George, *Natural Law and Public Reason* (Georgetown University Press, 2000).

Grinlinton, David P., *Property Rights and Sustainability*: *The Evolution of Property Rights to Meet Ecological Challeng Use SFX Services*.

Jensen, *Globalizing governance in A Multi-stakeholder World* (Lap Lambert Academic Publishing, 2010).

John Rawls, *A Theory of Justice* (The Belknap Press of Harvard University Press, 1999).

John Rawls, *Liberty, Equality and Law* (University of Utah Press,

1987).

John Rawls, *The Law of People* (The Harvard University Press, 1999).

John Rawls, *A Theory of Justice* (A Study Guide from "Nonfiction Classic for Students", 2002).

Mann , Ricoeur, Rawls, *Capability Justice* (Continuum International Pub. Group , 2012).

Martin O'Neill and Thad Williamson, *Property-owning Democracy* (Wiley-Blackwell, 2012).

Michael J. Sandel, *Liberalism and its Critics* (New York University Press, 1982).

Michael J. Sandel, *Liberalism and the Limits of Justice*, Cambridge (UK Cambridge University Press, 1982).

Owen , *Religion and the Demise of Liberal Rationalism* (University of Chicago Press, 2001).

Peluso, *Nancy Lee: New Frontiers of Land Control* (New York : Routledge, 2013).

Ray, *John Rawls and the Agenda of Social Justice* (Anamika Publishers & Distributors , 1999).

Reath, *Reclaiming the History of Ethics* (Cambridge University Press, 1997).

Richardson , *The Two Principles and Their Justifications* (Garland Pub, 1999).

Robert Nozick , *Anarchy, State, and Utopia* (Basic Books, 1974).

Samuel Scheffler, *Consequentialism and its Critics* (Oxford University Press, 1988).

Samul Freeman, *The Cambridge Companion to Rawls* (The Harvard University Press, 1999).

Strike, *Liberal Justice and the Marxist Critique of Education* (Routledge, 1989).

Thom Brooks and Fabian Freyenhagen, *The legacy of John Rawls* (Continuum, 2005).

Wolff, R. P. *Reading Rawls* (Princeton University Press, 1977).

| 附录一 |

课题组赴 Y 县收集资料清单

一 国土资源管理局

2008～2014 年土地出让的面积、价格

《Y 县土地利用规划》

2008～2014 年建设用地、经营性用地使用情况

工业用地的地价

为合肥市发展提供的用地指标（增减挂钩、占补平衡）

拆迁安置政策

二 民政局

通过行政区划调整，合肥市从 Y 县划出去的乡（镇）以及面积（最好能提供相关文件）

三 人社局

贯彻 2013 年《合肥市户籍制度改革实施细则》中遇到的问题

失地农民的社会保障问题、在解决城市居民的社会保障方面出台哪些政策及实施情况

农民工的社会保障问题（养老保障、医疗卫生保障、工伤保障、

失业保障及子女教育、住房等方面）

四 财政局

与新型城镇化相关的财政支出：医疗卫生、社会保障和就业、环境保护、交通运输、教育、城市基础设施、城市公用事业

城镇化与投融资方式、Y 县融资平台建设情况

五 发改委

DB 镇、CZ 镇产业聚集区的发展

Y 县支柱产业专项发展规划

2008 年以来城中村、廉租房、棚户区改造

如何鼓励民间资金投向基础设施领域

"十三五"规划，如何发展与合肥毗邻地区（DB 镇、CZ 镇等）的相关产业、基础设施、公共服务

六 规划局

合肥市城市总体规划（2001～2005 年）文本和电子版

合肥城市总体规划（1995～2010 年）所确定的社会、经济及城市建设的各项目标到 2005 年底完成情况。

《合肥市城市总体规划（2006～2020 年）》文本和电子版

合肥市 141 发展战略的文本和电子版

合肥市 1331 发展战略的文本和电子版

Y 县县城总体规划的背景、思路，如何处理与上位规划的关系

DB 镇、CZ 镇的规划

七 房产局

2008 年以来全县房地产历年购置土地面积、商品房施工面积、商品房竣工面积、商品房销售面积、商品房待售面积和商品房销售额

2008 年以来安置房、城中村、棚户区改造的建设情况

拆迁安置政策、在拆迁过程中遇到的问题

Y 县房地产开发企业的数量、资质等情况

八 招商局

2008 年以来引进内资、外资数量，地区分布

九 DB 镇、CZ 镇

征地政策、补偿政策、拆迁安置政策

拆迁中遇到的主要问题

| 附录二 |

E 村访谈提纲

一 外来户

1. 外来户人口、买房加建房面积大概有多少

2. 何时来 E 村，为什么选择在 E 村

3. 拆迁前，上面做了哪些工作，谁主持的

4. 政府给出什么条件，你们提出什么条件，来了哪些人结果如何，为什么

5. 上面和你们采取什么做法，上面怎么做，你们怎么应对

6. 为什么有的人家拆了，在什么情况下拆的，政府承诺的政策兑现没有，为什么一直拖到现在

7. 祖居户和外来户政策相同吗

二 祖居户

1. 祖居户人口，住房面积、土地面积多少，现在还剩多少

2. 已拆迁多少户、在什么情况下答应政府提出的条件的

3. 为什么没搬迁、政府提出什么条件、你们提出什么条件

附录三

CDY 社区 SCF 村访谈提纲

1. 历年安置补偿政策、按什么标准补偿

2. 知道"一书四方案""两公告一登记"吗

3. 为什么要上访

4. 有证据证明别人是"挂户"吗、有证据证明村（居）委会干部的违法行为吗

附录四

CZ 镇 GF 村访谈提纲

1. 附近的楼盘是哪年开始建的，为什么到现在没建好
2. 开发商采取了哪些办法，开工时房价多少，现在房价多少

附录五

土地征收的相关法律、法规节选

《中华人民共和国宪法》

（2004 年修订）

第九条　矿藏、水流、森林、山岭、草原、荒地、滩涂等自然资源，都属于国家所有，即全民所有；由法律规定属于集体所有的森林和山岭、草原、荒地、滩涂除外。

国家保障自然资源的合理利用，保护珍贵的动物和植物。禁止任何组织或者个人用任何手段侵占或者破坏自然资源。

第十条　城市的土地属于国家所有。

农村和城市郊区的土地，除由法律规定属于国家所有的以外，属于集体所有；宅基地和自留地、自留山也属于集体所有。国家为了公共利益的需要，可以依照法律规定对土地实行征收或者征用并给予补偿。

任何组织或者个人不得侵占、买卖或者以其他形式非法转让土地。土地的使用权可以依照法律的规定转让。

一切使用土地的组织和个人必须合理地利用土地。

《中华人民共和国物权法》

（2007 年修订）

第四十二条 为了公共利益的需要，依照法律规定的权限和程序可以征收集体所有的土地和单位、个人的房屋及其他不动产。

征收集体所有的土地，应当依法足额支付土地补偿费、安置补助费、地上附着物和青苗的补偿费等费用，安排被征地农民的社会保障费用，保障被征地农民的生活，维护被征地农民的合法权益。

征收单位、个人的房屋及其他不动产，应当依法给予拆迁补偿，维护被征收人的合法权益；征收个人住宅的，还应当保障被征收人的居住条件。

任何单位和个人不得贪污、挪用、私分、截留、拖欠征收补偿费等费用。

第四十三条 国家对耕地实行特殊保护，严格限制农用地转为建设用地，控制建设用地总量。不得违反法律规定的权限和程序征收集体所有的土地。

第四十七条 城市的土地，属于国家所有。法律规定属于国家所有的农村和城市郊区的土地，属于国家所有。

第四十八条 森林、山岭、草原、荒地、滩涂等自然资源，属于国家所有，但法律规定属于集体所有的除外。

第五十八条 集体所有的不动产和动产包括：

（一）法律规定属于集体所有的土地和森林、山岭、草原、荒地、滩涂；

（二）集体所有的建筑物、生产设施、农田水利设施；

（三）集体所有的教育、科学、文化、卫生、体育等设施；

（四）集体所有的其他不动产和动产。

第五十九条 农民集体所有的不动产和动产，属于本集体成员集体所有。

下列事项应当依照法定程序经本集体成员决定：

（一）土地承包方案以及将土地发包给本集体以外的单位或者个人承包；

（二）个别土地承包经营权人之间承包地的调整；

（三）土地补偿费等费用的使用、分配办法；

（四）集体出资的企业的所有权变动等事项；

（五）法律规定的其他事项。

第六十条 对于集体所有的土地和森林、山岭、草原、荒地、滩涂等，依照下列规定行使所有权：

（一）属于村农民集体所有的，由村集体经济组织或者村民委员会代表集体行使所有权；

（二）分别属于村内两个以上农民集体所有的，由村内各该集体经济组织或者村民小组代表集体行使所有权；

（三）属于乡（镇）农民集体所有的，由乡（镇）集体经济组织代表集体行使所有权。

第一百二十六条 耕地的承包期为三十年。草地的承包期为三十年至五十年。林地的承包期为三十年至七十年；特殊林木的林地承包期，经国务院林业行政主管部门批准可以延长。

前款规定的承包期届满，由土地承包经营权人按照国家有关规定继续承包。

第一百二十七条 土地承包经营权自土地承包经营权合同生效时设立。

县级以上地方人民政府应当向土地承包经营权人发放土地承包经营权证、林权证、草原使用权证，并登记造册，确认土地承包经营权。

《中华人民共和国土地管理法》

（2004 年修订）

第二条 中华人民共和国实行土地的社会主义公有制，即全民所有制和劳动群众集体所有制。

全民所有，即国家所有土地的所有权由国务院代表国家行使。

任何单位和个人不得侵占、买卖或者以其他形式非法转让土地。土地使用权可以依法转让。

国家为了公共利益的需要，可以依法对土地实行征收或者征用并给予补偿。

国家依法实行国有土地有偿使用制度。但是，国家在法律规定的范围内划拨国有土地使用权的除外。

第三条 十分珍惜、合理利用土地和切实保护耕地是我国的基本国策。各级人民政府应当采取措施，全面规划，严格管理，保护、开发土地资源，制止非法占用土地的行为。

第四条 国家实行土地用途管制制度。

国家编制土地利用总体规划，规定土地用途，将土地分为农用地、建设用地和未利用地。严格限制农用地转为建设用地，控制建设用地总量，对耕地实行特殊保护。

前款所称农用地是指直接用于农业生产的土地，包括耕地、林地、草地、农田水利用地、养殖水面等；建设用地是指建造建筑物、构筑物的土地，包括城乡住宅和公共设施用地、工矿用地、交通水利设施用地、旅游用地、军事设施用地等；未利用地是指农用地和建设用地以外的土地。

使用土地的单位和个人必须严格按照土地利用总体规划确定的用途使用土地。

第八条 城市市区的土地属于国家所有。

农村和城市郊区的土地，除由法律规定属于国家所有的以外，属于农民集体所有；宅基地和自留地、自留山，属于农民集体所有。

第九条 国有土地和农民集体所有的土地，可以依法确定给单位或者个人使用。使用土地的单位和个人，有保护、管理和合理利用土地的义务。

第十条 农民集体所有的土地依法属于村农民集体所有的，由村集体经济组织或者村民委员会经营、管理；已经分别属于村内两个以上农村集体经济组织的农民集体所有的，由村内各该农村集体经济组织或者村民小组经营、管理；已经属于乡（镇）农民集体所有的，由乡（镇）农村集体经济组织经营、管理。

第十一条 农民集体所有的土地，由县级人民政府登记造册，核发证书，确认所有权。农民集体所有的土地依法用于非农业建设的，由县级人民政府登记造册，核发证书，确认建设用地使用权。

单位和个人依法使用的国有土地，由县级以上人民政府登记造册，核发证书，确认使用权；其中，中央国家机关使用的国有土地的具体登记发证机关，由国务院确定。

确认林地、草原的所有权或者使用权，确认水面、滩涂的养殖使用权，分别依照《中华人民共和国森林法》、《中华人民共和国草原法》和《中华人民共和国渔业法》的有关规定办理。

第十二条 依法改变土地权属和用途的，应当办理土地变更登记手续。

第十三条 依法登记的土地的所有权和使用权受法律保护，任何单位和个人不得侵犯。

第十四条 农民集体所有的土地由本集体经济组织的成员承包经营，从事种植业、林业、畜牧业、渔业生产。土地承包经营期限为三十年。发包方和承包方应当订立承包合同，约定双方的权利和义务。承包经营土地的农民有保护和按照承包合同约定的用途合理利用土地的义务。农民的土地承包经营权受法律保护。

在土地承包经营期限内，对个别承包经营者之间承包的土地进行适当调整的，必须经村民会议三分之二以上成员或者三分之二以上村民代表的同意，并报乡（镇）人民政府和县级人民政府农业行政主管部门批准。

第十五条 国有土地可以由单位或者个人承包经营，从事种植业、林业、畜牧业、渔业生产。农民集体所有的土地，可以由本集体经济组织以外的单位或者个人承包经营，从事种植业、林业、畜牧业、渔业生产。发包方和承包方应当订立承包合同，约定双方的权利和义务。土地承包经营的期限由承包合同约定。承包经营土地的单位和个人，有保护和按照承包合同约定的用途合理利用土地的义务。

第十七条 各级人民政府应当依据国民经济和社会发展规划、国土整治和资源环境保护的要求、土地供给能力以及各项建设对土地的需求，组织编制土地利用总体规划。

土地利用总体规划的规划期限由国务院规定。

第十八条 下级土地利用总体规划应当依据上一级土地利用总体规划编制。

地方各级人民政府编制的土地利用总体规划中的建设用地总量不得超过上一级土地利用总体规划确定的控制指标，耕地保有量不得低于上一级土地利用总体规划确定的控制指标。

省、自治区、直辖市人民政府编制的土地利用总体规划，应当确保本行政区域内耕地总量不减少。

第十九条 土地利用总体规划按照下列原则编制：

（一）严格保护基本农田，控制非农业建设占用农用地；

（二）提高土地利用率；

（三）统筹安排各类、各区域用地；

（四）保护和改善生态环境，保障土地的可持续利用；

（五）占用耕地与开发复垦耕地相平衡。

第二十条 县级土地利用总体规划应当划分土地利用区，明确土地用途。

乡（镇）土地利用总体规划应当划分土地利用区，根据土地使用条件，确定每一块土地的用途，并予以公告。

第二十一条 土地利用总体规划实行分级审批。

省、自治区、直辖市的土地利用总体规划，报国务院批准。

省、自治区人民政府所在地的市、人口在一百万以上的城市以及国务院指定的城市的土地利用总体规划，经省、自治区人民政府审查同意后，报国务院批准。

本条第二款、第三款规定以外的土地利用总体规划，逐级上报省、自治区、直辖市人民政府批准；其中，乡（镇）土地利用总体规划可以由省级人民政府授权的设区的市、自治州人民政府批准。

土地利用总体规划一经批准，必须严格执行。

第二十二条 城市建设用地规模应当符合国家规定的标准，充分利用现有建设用地，不占或者少占农用地。

城市总体规划、村庄和集镇规划，应当与土地利用总体规划相衔接，城市总体规划、村庄和集镇规划中建设用地规模不得超过土地利用总体规划确定的城市和村庄、集镇建设用地规模。

在城市规划区内、村庄和集镇规划区内，城市和村庄、集镇建设用地应当符合城市规划、村庄和集镇规划。

第二十三条 江河、湖泊综合治理和开发利用规划，应当与土地利用总体规划相衔接。在江河、湖泊、水库的管理和保护范围以及蓄洪滞洪区内，土地利用应当符合江河、湖泊综合治理和开发利用规划，符合河道、湖泊行洪、蓄洪和输水的要求。

第二十四条 各级人民政府应当加强土地利用计划管理，实行建设用地总量控制。

土地利用年度计划，根据国民经济和社会发展计划、国家产业政策、土地利用总体规划以及建设用地和土地利用的实际状况编制。土地利用年度计划的编制审批程序与土地利用总体规划的编制审批程序相同，一经审批下达，必须严格执行。

第二十五条 省、自治区、直辖市人民政府应当将土地利用年度计划的执行情况列为国民经济和社会发展计划执行情况的内容，向同级人民代表大会报告。

第二十六条 经批准的土地利用总体规划的修改，须经原批准机关批准；未经批准，不得改变土地利用总体规划确定的土地用途。

经国务院批准的大型能源、交通、水利等基础设施建设用地，需要改变土地利用总体规划的，根据国务院的批准文件修改土地利用总体规划。

经省、自治区、直辖市人民政府批准的能源、交通、水利等基础设施建设用地，需要改变土地利用总体规划的，属于省级人民政府土地利用总体规划批准权限内的，根据省级人民政府的批准文件修改土地利用总体规划。

农民集体所有的土地由本集体经济组织以外的单位或者个人承包经营的，必须经村民会议三分之二以上成员或者三分之二以上村民代表的同意，并报乡（镇）人民政府批准。

第三十一条 国家保护耕地，严格控制耕地转为非耕地。

国家实行占用耕地补偿制度。非农业建设经批准占用耕地的，按照"占多少，垦多少"的原则，由占用耕地的单位负责开垦与所占用耕地的数量和质量相当的耕地；没有条件开垦或者开垦的耕地不符合要求的，应当按照省、自治区、直辖市的规定缴纳耕地开垦费，专款用于开垦新的耕地。

省、自治区、直辖市人民政府应当制定开垦耕地计划，监督占用耕地的单位按照计划开垦耕地或者按照计划组织开垦耕地，并进行验收。

第三十七条 禁止任何单位和个人闲置、荒芜耕地。已经办理审批手续的非农业建设占用耕地，一年内不用而又可以耕种并收获的，应当由原耕种该幅耕地的集体或者个人恢复耕种，也可以由用地单位组织耕种；一年以上未动工建设的，应当按照省、自治区、直辖市的规定缴纳闲置费；连续两年未使用的，经原批准机关批准，由县级以上人民政府无偿收回用地单位的土地使用权；该幅土地原为农民集体所有的，应当交由原农村集体经济组织恢复耕种。

在城市规划区范围内，以出让方式取得土地使用权进行房地产开发的闲置土地，依照《中华人民共和国城市房地产管理法》的有关规定办理。

承包经营耕地的单位或者个人连续二年弃耕抛荒的，原发包单位应当终止承包合同，收回发包的耕地。

第四十五条 征收下列土地的，由国务院批准：

（一）基本农田；

（二）基本农田以外的耕地超过三十五公顷的；

（三）其他土地超过七十公顷的。

第四十六条 国家征收土地的，依照法定程序批准后，由县级以上地方人民政府予以公告并组织实施。

被征用土地的所有权人、使用权人应当在公告规定期限内，持土地权属证书到当地人民政府土地行政主管部门办理征地补偿登记。

第四十七条 征收土地的，按照被征收土地的原用途给予补偿。

征收耕地的补偿费用包括土地补偿费、安置补助费以及地上附着物和青苗的补偿费。征收耕地的土地补偿费，为该耕地被征收前三年平均年产值的六至十倍。征收耕地的安置补助费，按照需要安置的农业人口数计算。需要安置的农业人口数，按照被征收的耕地数量除以征地前被征收单位平均每人占有耕地的数量计算。每一个需要安置的农业人口的安置补助费标准，为该耕地被征收前三年平均年产值的四至六倍。但是，每公顷被征收耕地的安置补助费，最高不得超过被征收前三年平均年产值的十五倍。

征收其他土地的土地补偿费和安置补助费标准，由省、自治区、直辖市参照征收耕地的土地补偿费和安置补助费的标准规定。

被征收土地上的附着物和青苗的补偿标准，由省、自治区、直辖市规定。

征收城市郊区的菜地，用地单位应当按照国家有关规定缴纳新菜地开发建设基金。

第四十八条 征地补偿安置方案确定后，有关地方人民政府应当公告，并听取被征地的农村集体经济组织和农民的意见。

第四十九条 被征地的农村集体经济组织应当将征收土地的补偿费用的收支状况向本集体经济组织的成员公布，接受监督。

禁止侵占、挪用被征用土地单位的征地补偿费用和其他有关费用。

第五十四条 建设单位使用国有土地，应当以出让等有偿使用方式取得；但是，下列建设用地，经县级以上人民政府依法批准，可以以划拨方式取得：

（一）国家机关用地和军事用地；

（二）城市基础设施用地和公益事业用地；

（三）国家重点扶持的能源、交通、水利等基础设施用地；

（四）法律、行政法规规定的其他用地。

第五十五条 以出让等有偿使用方式取得国有土地使用权的建设单位，按照国务院规定的标准和办法，缴纳土地使用权出让金等土地有偿使用费和其他费用后，方可使用土地。

第六十九条 有关单位和个人对县级以上人民政府土地行政主管部门就土地违法行为进行的监督检查应当支持与配合，并提供工作方便，不得拒绝与阻碍土地管理监督检查人员依法执行职务。

第七十条 县级以上人民政府土地行政主管部门在监督检查工作中发现国家工作人员的违法行为，依法应当给予行政处分的，应当依法予以处理；自己无权处理的，应当向同级或者上级人民政府的行政监察机关提出行政处分建议书，有关行政监察机关应当依法予以处理。

第七十一条 县级以上人民政府土地行政主管部门在监督检查工作中发现土地违法行为构成犯罪的，应当将案件移送有关机关，依法追究刑事责任；不构成犯罪的，应当依法给予行政处罚。

第七十二条 依照本法规定应当给予行政处罚，而有关土地行政主管部门不给予行政处罚的，上级人民政府土地行政主管部门有权责令有关土地行政主管部门作出行政处罚决定或者直接给予行政处罚，并给予有关土地行政主管部门的负责人行政处分。

《中华人民共和国土地管理法实施条例》

（2011 年修订）

第二条 下列土地属于全民所有即国家所有：

（一）城市市区的土地；

（二）农村和城市郊区中已经依法没收、征收、征购为国有的土地；

（三）国家依法征收的土地；

（四）依法不属于集体所有的林地、草地、荒地、滩涂及其他土地；

（五）农村集体经济组织全部成员转为城镇居民的，原属于其成员集体所有的土地；

（六）因国家组织移民、自然灾害等原因，农民成建制地集体迁移后不再使用的原属于迁移农民集体所有的土地。

第四条 农民集体所有的土地，由土地所有者向土地所在地的县级人民政府土地行政主管部门提出土地登记申请，由县级人民政府登记造册，核发集体土地所有权证书，确认所有权。

农民集体所有的土地依法用于非农业建设的，由土地使用者向土地所在地的县级人民政府土地行政主管部门提出土地登记申请，由县级人民政府登记造册，核发集体土地使用权证书，确认建设用地使用权。

设区的市人民政府可以对市辖区内农民集体所有的土地实行统一登记。

第六条 依法改变土地所有权、使用权的，因依法转让地上建筑物、构筑物等附着物导致土地使用权转移的，必须向土地所在地的县级以上人民政府土地行政主管部门提出土地变更登记申请，由原土地登记机关依法进行土地所有权、使用权变更登记。土地所有权、使用权的变更，自变更登记之日起生效。

依法改变土地用途的，必须持批准文件，向土地所在地的县级以上人民政府土地行政主管部门提出土地变更登记申请，由原土地登记机关依法进行变更登记。

第八条 全国土地利用总体规划，由国务院土地行政主管部门会同国务院有关部门编制，报国务院批准。

省、自治区、直辖市的土地利用总体规划，由省、自治区、直辖市人民政府组织本级土地行政主管部门和其他有关部门编制，报国务院批准。

省、自治区人民政府所在地的市、人口在 100 万以上的城市以及国务院指定的城市的土地利用总体规划，由各该市人民政府组织本级土地行政主管部门和其他有关部门编制，经省、自治区人民政府审查同意后，报国务院批准。

本条第一款、第二款、第三款规定以外的土地利用总体规划，由有关人民政府组织本级土地行政主管部门和其他有关部门编制，逐级上报省、自治区、直辖市人民政府批准；其中，乡（镇）土地利用总体规划，由乡（镇）人民政府编制，逐级上报省、自治区、直辖市人民政府或者省、自治区、直辖市人民政府授权的设区的市、自治州人民政府批准。

第十条 依照《土地管理法》规定，土地利用总体规划应当将土地划分为农用地、建设用地和未利用地。

县级和乡（镇）土地利用总体规划应当根据需要，划定基本农田保护区、土地开垦区、建设用地区和禁止开垦区等；其中，乡（镇）土地利用总体规划还应当根据土地使用条件，确定每一块土地的用途。

土地分类和划定土地利用区的具体办法，由国务院土地行政主管部门会同国务院有关部门制定。

第十三条 各级人民政府应当加强土地利用年度计划管理，实行建设用地总量控制。土地利用年度计划一经批准下达，必须严格执行。

土地利用年度计划应当包括下列内容：

（一）农用地转用计划指标；

（二）耕地保有量计划指标；

（三）土地开发整理计划指标。

第十七条 禁止单位和个人在土地利用总体规划确定的禁止开垦区内从事土地开发活动。

在土地利用总体规划确定的土地开垦区内，开发未确定土地使用权的国有荒山、荒地、荒滩从事种植业、林业、畜牧业、渔业生产的，应当向土地所在地的县级以上人民政府土地行政主管部门提出申请，报有批准权的人民政府批准。

一次性开发未确定土地使用权的国有荒山、荒地、荒滩600公顷以下的，按照省、自治区、直辖市规定的权限，由县级以上地方人民政府批准；开发 600 公顷以上的，报国务院批准。

开发未确定土地使用权的国有荒山、荒地、荒滩从事种植业、林业、畜牧业或者渔业生产的，经县级以上人民政府依法批准，可以确定给开发单位或者个人长期使用，使用期限最长不得超过 50 年。

第十九条　建设占用土地，涉及农用地转为建设用地的，应当符合土地利用总体规划和土地利用年度计划中确定的农用地转用指标；城市和村庄、集镇建设占用土地，涉及农用地转用的，还应当符合城市规划和村庄、集镇规划。不符合规定的，不得批准农用地转为建设用地。

第二十条　在土地利用总体规划确定的城市建设用地范围内，为实施城市规划占用土地的，按照下列规定办理：

（一）市、县人民政府按照土地利用年度计划拟订农用地转用方案、补充耕地方案、征收土地方案，分批次逐级上报有批准权的人民政府。

（二）有批准权的人民政府土地行政主管部门对农用地转用方案、补充耕地方案、征收土地方案进行审查，提出审查意见，报有批准权的人民政府批准；其中，补充耕地方案由批准农用地转用方案的人民政府在批准农用地转用方案时一并批准。

（三）农用地转用方案、补充耕地方案、征收土地方案经批准后，由市、县人民政府组织实施，按具体建设项目分别供地。

在土地利用总体规划确定的村庄、集镇建设用地范围内，为实施村庄、集镇规划占用土地的，由市、县人民政府拟订农用地转用方案、补充耕地方案，依照前款规定的程序办理。

第二十一条　具体建设项目需要使用土地的，建设单位应当根据建设项目的总体设计一次申请，办理建设用地审批手续；分期建设的项目，可以根据可行性研究报告确定的方案分期申请建设用地，分期办理建设用地有关审批手续。

第二十五条　征收土地方案经依法批准后，由被征收土地所在地的市、县人民政府组织实施，并将批准征地机关、批准文号、征收土地的用途、范围、面积以及征地补偿标准、农业人员安置办法和办理征地补偿的期限等，在被征收土地所在地的乡（镇）、村予以公告。

被征收土地的所有权人、使用权人应当在公告规定的期限内，持土地权属证书到公告指定的人民政府土地行政主管部门办理征地补偿登记。

市、县人民政府土地行政主管部门根据经批准的征收土地方案，会同有关部门拟订征地补偿、安置方案，在被征收土地所在地的乡（镇）、村予以公告，听取被征收土地的农村集体经济组织和农民的意见。征地补偿、安置方案报市、县人民政府批准后，由市、县人民政府土地行政主管部门组织实施。对补偿标准有争议的，由县级以上地方人民政府协调；协调不成的，由批准征收土地的人民政府裁决。征地补偿、安置争议不影响征收土地方案的实施。

征收土地的各项费用应当自征地补偿、安置方案批准之日起3个月内全额支付。

第二十六条 土地补偿费归农村集体经济组织所有；地上附着物及青苗补偿费归地上附着物及青苗的所有者所有。

征收土地的安置补助费必须专款专用，不得挪作他用。需要安置的人员由农村集体经济组织安置的，安置补助费支付给农村集体经济组织，由农村集体经济组织管理和使用；由其他单位安置的，安置补助费支付给安置单位；不需要统一安置的，安置补助费发放给被安置人员个人或者征得被安置人员同意后用于支付被安置人员的保险费用。

市、县和乡（镇）人民政府应当加强对安置补助费使用情况的监督。

第二十九条 国有土地有偿使用的方式包括：

（一）国有土地使用权出让；

（二）国有土地租赁；

（三）国有土地使用权作价出资或者入股。

《中华人民共和国城市房地产管理法》

（2007 年修改）

第六条 为了公共利益的需要，国家可以征收国有土地上单位和个人的房屋，并依法给予拆迁补偿，维护被征收人的合法权益；征收个人住宅的，还应当保障被征收人的居住条件。具体办法由国务院规定。

第八条 土地使用权出让，是指国家将国有土地使用权（以下简称土地使用权）在一定年限内出让给土地使用者，由土地使用者向国家支付土地使用权出让金的行为。

第九条 城市规划区内的集体所有的土地，经依法征收转为国有土地后，该幅国有土地的使用权方可有偿出让。

第十条 土地使用权出让，必须符合土地利用总体规划、城市规划和年度建设用地计划。

第十一条 县级以上地方人民政府出让土地使用权用于房地产开发的，须根据省级以上人民政府下达的控制指标拟订年度出让土地使用权总面积方案，按照国务院规定，报国务院或者省级人民政府批准。

第十二条 土地使用权出让，由市、县人民政府有计划、有步骤地进行。出让的每幅地块、用途、年限和其他条件，由市、县人民政府土地管理部门会同城市规划、建设、房产管理部门共同拟订方案，按照国务院规定，报经有批准权的人民政府批准后，由市、县人民政府土地管理部门实施。

直辖市的县人民政府及其有关部门行使前款规定的权限，由直辖市人民政府规定。

第十三条 土地使用权出让，可以采取拍卖、招标或者双方协议的方式。

商业、旅游、娱乐和豪华住宅用地，有条件的，必须采取拍卖、招标方式；没有条件，不能采取拍卖、招标方式的，可以采取双方协议的方式。

采取双方协议方式出让土地使用权的出让金不得低于按国家规定所确定的最低价。

第十五条 土地使用权出让，应当签订书面出让合同。

土地使用权出让合同由市、县人民政府土地管理部门与土地使用者签订。

第十六条 土地使用者必须按照出让合同约定，支付土地使用权出让金；未按照出让合同约定支付土地使用权出让金的，土地管理部门有权解除合同，并可以请求违约赔偿。

第十七条 土地使用者按照出让合同约定支付土地使用权出让金的，市、县人民政府土地管理部门必须按照出让合同约定，提供出让的土地；未按照出让合同约定提供出让的土地的，土地使用者有权解除合同，由土地管理部门返还土地使用权出让金，土地使用者并可以请求违约赔偿。

第十八条 土地使用者需要改变土地使用权出让合同约定的土地用途的，必须取得出让方和市、县人民政府城市规划行政主管部门的同意，签订土地使用权出让合同变更协议或者重新签订土地使用权出让合同，相应调整土地使用权出让金。

第十九条 土地使用权出让金应当全部上缴财政，列入预算，用于城市基础设施建设和土地开发。土地使用权出让金上缴和使用的具体办法由国务院规定。

第二十条 国家对土地使用者依法取得的土地使用权，在出让合同约定的使用年限届满前不收回；在特殊情况下，根据社会公共利益的需要，可以依照法律程序提前收回，并根据土地使用者使用土地的实际年限和开发土地的实际情况给予相应的补偿。

第二十三条 土地使用权划拨，是指县级以上人民政府依法批准，在土地使用者缴纳补偿、安置等费用后将该幅土地交付其使用，或者将土地使用权无偿交付给土地使用者使用的行为。

依照本法规定以划拨方式取得土地使用权的，除法律、行政法规另有规定外，没有使用期限的限制。

第二十四条 下列建设用地的土地使用权，确属必需的，可以由县级以上人民政府依法批准划拨：

（一）国家机关用地和军事用地；

（二）城市基础设施用地和公益事业用地；

（三）国家重点扶持的能源、交通、水利等项目用地；

（四）法律、行政法规规定的其他用地。

第二十六条 以出让方式取得土地使用权进行房地产开发的，必须按照土地使用权出让合同约定的土地用途、动工开发期限开发土地。超过出让合同约定的动工开发日期满一年未动工开发的，可以征收相当于土地使用权出让金百分之二十以下的土地闲置费；满两年未动工开发的，可以无偿收回土地使用权；但是，因不可抗力或者政府、政府有关部门的行为或者动工开发必需的前期工作造成动工开发迟延的除外。

第二十七条 房地产开发项目的设计、施工，必须符合国家的有关标准和规范。

房地产开发项目竣工，经验收合格后，方可交付使用。

第二十八条 依法取得的土地使用权，可以依照本法和有关法律、行政法规的规定，作价入股，合资、合作开发经营房地产。

第三十三条 基准地价、标定地价和各类房屋的重置价格应当定期确定并公布。具体办法由国务院规定。

第四十条 以划拨方式取得土地使用权的，转让房地产时，应当按照国务院规定，报有批准权的人民政府审批。有批准权的人民政府准予转让的，应当由受让方办理土地使用权出让手续，并依照国家有关规定缴纳土地使用权出让金。

以划拨方式取得土地使用权的，转让房地产报批时，有批准权的人民政府按照国务院规定决定可以不办理土地使用权出让手续的，转让方应当按照国务院规定将转让房地产所获收益中的土地收益上缴国家或者作其他处理。

第四十三条 以出让方式取得土地使用权的，转让房地产后，其土地使用权的使用年限为原土地使用权出让合同约定的使用年限减去原土地使用者已经使用年限后的剩余年限。

第四十四条 以出让方式取得土地使用权的，转让房地产后，受让人改变原土地使用权出让合同约定的土地用途的，必须取得原出让方和市、县人民政府城市规划行政主管部门的同意，签订土地使用权出让合同变更协议或者重新签订土地使用权出让合同，相应调整土地使用权出让金。

第四十五条 商品房预售，应当符合下列条件：

（一）已交付全部土地使用权出让金，取得土地使用权证书；

（二）持有建设工程规划许可证；

（三）按提供预售的商品房计算，投入开发建设的资金达到工程建设总投资的百分之二十五以上，并已经确定施工进度和竣工交付日期；

（四）向县级以上人民政府房产管理部门办理预售登记，取得商品房预售许可证明。

商品房预售人应当按照国家有关规定将预售合同报县级以上人民政府房产管理部门和土地管理部门登记备案。

商品房预售所得款项，必须用于有关的工程建设。

第四十六条 商品房预售的，商品房预购人将购买的未竣工的预售商品房再行转让的问题，由国务院规定。

《中华人民共和国农村土地承包法》
（2002年版）

第八条 农村土地承包应当遵守法律、法规，保护土地资源的合理开发和可持续利用。未经依法批准不得将承包地用于非农建设。

国家鼓励农民和农村集体经济组织增加对土地的投入，培肥地力，提高农业生产能力。

第十二条 农民集体所有的土地依法属于村农民集体所有的，由村集体经济组织或者村民委员会发包；已经分别属于村内两个以上农村集体经济组织的农民集体所有的，由村内各该农村集体经济组织或者村民小组发包。村集体经济组织或者村民委员会发包的，不得改变村内各集体经济组织农民集体所有的土地的所有权。

国家所有依法由农民集体使用的农村土地，由使用该土地的农村集体经济组织、村民委员会或者村民小组发包。

第十六条 承包方享有下列权利：

（一）依法享有承包地使用、收益和土地承包经营权流转的权利，有权自主组织生产经营和处置产品；

（二）承包地被依法征收、征用、占用的，有权依法获得相应的补偿；

（三）法律、行政法规规定的其他权利。

第二十条 耕地的承包期为三十年。草地的承包期为三十年至五十年。林地的承包期为三十年至七十年；特殊林木的林地承包期，经国务院林业行政主管部门批准可以延长。

《国有土地上房屋征收与补偿条例》
（2011 年修订版）

第一章 总则

第一条 为了规范国有土地上房屋征收与补偿活动，维护公共利益，保障被征收房屋所有权人的合法权益，制定本条例。

第二条 为了公共利益的需要，征收国有土地上单位、个人的房屋，应当对被征收房屋所有权人（以下称被征收人）给予公平补偿。

第三条 房屋征收与补偿应当遵循决策民主、程序正当、结果公开的原则。

第四条 市、县级人民政府负责本行政区域的房屋征收与补偿工作。

市、县级人民政府确定的房屋征收部门（以下称房屋征收部门）组织实施本行政区域的房屋征收与补偿工作。

市、县级人民政府有关部门应当依照本条例的规定和本级人民政府规定的职责分工，互相配合，保障房屋征收与补偿工作的顺利进行。

第五条 房屋征收部门可以委托房屋征收实施单位，承担房屋征收与补偿的具体工作。房屋征收实施单位不得以营利为目的。

房屋征收部门对房屋征收实施单位在委托范围内实施的房屋征收与补偿行为负责监督，并对其行为后果承担法律责任。

第六条 上级人民政府应当加强对下级人民政府房屋征收与补偿工作的监督。

国务院住房城乡建设主管部门和省、自治区、直辖市人民政府住房城乡建设主管部门应当会同同级财政、国土资源、发展改革等有关部门，加强对房屋征收与补偿实施工作的指导。

第七条 任何组织和个人对违反本条例规定的行为，都有权向有关人民政府、房屋征收部门和其他有关部门举报。接到举报的有关人民政府、房屋征收部门和其他有关部门对举报应当及时核实、处理。

监察机关应当加强对参与房屋征收与补偿工作的政府和有关部门或者单位及其工作人员的监察。

第二章　征收决定

第八条 为了保障国家安全、促进国民经济和社会发展等公共利益的需要，有下列情形之一，确需要征收房屋的，由市、县级人民政府做出房屋征收决定：

（一）国防和外交的需要；

（二）由政府组织实施的能源、交通、水利等基础设施建设的需要；

（三）由政府组织实施的科技、教育、文化、卫生、体育、环境和资源保护、防灾减灾、文物保护、社会福利、市政公用等公共事业的需要；

（四）由政府组织实施的保障性安居工程建设的需要；

（五）由政府依照城乡规划法有关规定组织实施的对危房集中、基础设施落后等地段进行旧城区改建的需要；

（六）法律、行政法规规定的其他公共利益的需要。

第九条 依照本条例第八条规定，确需征收房屋的各项建设活动，应当符合国民经济和社会发展规划、土地利用总体规划、城乡规划和专项规划。保障性安居工程建设、旧城区改建，应当纳入市、县级国民经济和社会发展年度计划。

制定国民经济和社会发展规划、土地利用总体规划、城乡规划和专项规划，应当广泛征求社会公众意见，经过科学论证。

第十条 房屋征收部门拟定征收补偿方案，报市、县级人民政府。

市、县级人民政府应当组织有关部门对征收补偿方案进行论证并予以公布，征求公众意见。征求意见期限不得少于 30 日。

第十一条 市、县级人民政府应当将征求意见情况和根据公众意见修改的情况及时公布。

因旧城区改建需要征收房屋，多数被征收人认为征收补偿方案不符合本条例规定的，市、县级人民政府应当组织由被征收人和公众代表参加的听证会，并根据听证会情况修改方案。

第十二条 市、县级人民政府做出房屋征收决定前，应当按照有关规定进行社会稳定风险评估；房屋征收决定涉及被征收人数量较多的，应当经政府常务会议讨论决定。

做出房屋征收决定前，征收补偿费用应当足额到位、专户存储、专款专用。

第十三条 市、县级人民政府做出房屋征收决定后应当及时公告。公告应当载明征收补偿方案和行政复议、行政诉讼权利等事项。

市、县级人民政府及房屋征收部门应当做好房屋征收与补偿的宣传、解释工作。

房屋被依法征收的，国有土地使用权同时收回。

第十四条 被征收人对市、县级人民政府做出的房屋征收决定不服的，可以依法申请行政复议，也可以依法提起行政诉讼。

第十五条 房屋征收部门应当对房屋征收范围内房屋的权属、区位、用途、建筑面积等情况组织调查登记，被征收人应当予以配合。调查结果应当在房屋征收范围内向被征收人公布。

第十六条 房屋征收范围确定后，不得在房屋征收范围内实施新建、扩建、改建房屋和改变房屋用途等不当增加补偿费用的行为；违反规定实施的，不予补偿。

房屋征收部门应当将前款所列事项书面通知有关部门暂停办理相关手续。暂停办理相关手续的书面通知应当载明暂停期限。暂停期限最长不得超过1年。

第三章 补偿

第十七条 做出房屋征收决定的市、县级人民政府对被征收人给予的补偿包括：

（一）被征收房屋价值的补偿；

（二）因征收房屋造成的搬迁、临时安置的补偿；

（三）因征收房屋造成的停产停业损失的补偿。

市、县级人民政府应当制定补助和奖励办法，对被征收人给予补助和奖励。

第十八条 征收个人住宅，被征收人符合住房保障条件的，做出房屋征收决定的市、县级人民政府应当优先给予住房保障。具体办法由省、自治区、直辖市制定。

第十九条 对被征收房屋价值的补偿，不得低于房屋征收决定公告之日被征收房屋类似房地产的市场价格。被征收房屋的价值，由具有相应资质的房地产价格评估机构按照房屋征收评估办法评估确定。

对评估确定的被征收房屋价值有异议的，可以向房地产价格评估机构申请复核评估。对复核结果有异议的，可以向房地产价格评估专家委员会申请鉴定。

房屋征收评估办法由国务院住房城乡建设主管部门制定，制定过程中，应当向社会公开征求意见。

第二十条 房地产价格评估机构由被征收人协商选定；协商不成

的，通过多数决定、随机选定等方式确定，具体办法由省、自治区、直辖市制定。

房地产价格评估机构应当独立、客观、公正地开展房屋征收评估工作，任何单位和个人不得干预。

第二十一条 被征收人可以选择货币补偿，也可以选择房屋产权调换。

被征收人选择房屋产权调换的，市、县级人民政府应当提供用于产权调换的房屋，并与被征收人计算、结清被征收房屋价值与用于产权调换房屋价值的差价。

因旧城区改建征收个人住宅，被征收人选择在改建地段进行房屋产权调换的，做出房屋征收决定的市、县级人民政府应当提供改建地段或者就近地段的房屋。

第二十二条 因征收房屋造成搬迁的，房屋征收部门应当向被征收人支付搬迁费；选择房屋产权调换的，产权调换房屋交付前，房屋征收部门应当向被征收人支付临时安置费或者提供周转用房。

第二十三条 对因征收房屋造成停产停业损失的补偿，根据房屋被征收前的效益、停产停业期限等因素确定。具体办法由省、自治区、直辖市制定。

第二十四条 市、县级人民政府及其有关部门应当依法加强对建设活动的监督管理，对违反城乡规划进行建设的，依法予以处理。

市、县级人民政府做出房屋征收决定前，应当组织有关部门依法对征收范围内未经登记的建筑进行调查、认定和处理。对认定为合法建筑和未超过批准期限的临时建筑的，应当给予补偿；对认定为违法建筑和超过批准期限的临时建筑的，不予补偿。

第二十五条 房屋征收部门与被征收人依照本条例的规定，就补偿方式、补偿金额和支付期限、用于产权调换房屋的地点和面积、搬迁费、临时安置费或者周转用房、停产停业损失、搬迁期限、过渡方式和过渡期限等事项，订立补偿协议。

补偿协议订立后，一方当事人不履行补偿协议约定的义务的，另一方当事人可以依法提起诉讼。

第二十六条　房屋征收部门与被征收人在征收补偿方案确定的签约期限内达不成补偿协议，或者被征收房屋所有权人不明确的，由房屋征收部门报请做出房屋征收决定的市、县级人民政府依照本条例的规定，按照征收补偿方案做出补偿决定，并在房屋征收范围内予以公告。

补偿决定应当公平，包括本条例第二十五条第一款规定的有关补偿协议的事项。

被征收人对补偿决定不服的，可以依法申请行政复议，也可以依法提起行政诉讼。

第二十七条　实施房屋征收应当先补偿、后搬迁。

做出房屋征收决定的市、县级人民政府对被征收人给予补偿后，被征收人应当在补偿协议约定或者补偿决定确定的搬迁期限内完成搬迁。

任何单位和个人不得采取暴力、威胁或者违反规定中断供水、供热、供气、供电和道路通行等非法方式迫使被征收人搬迁。禁止建设单位参与搬迁活动。

第二十八条　被征收人在法定期限内不申请行政复议或者不提起行政诉讼，在补偿决定规定的期限内又不搬迁的，由做出房屋征收决定的市、县级人民政府依法申请人民法院强制执行。

强制执行申请书应当附具补偿金额和专户存储账号、产权调换房屋和周转用房的地点和面积等材料。

第二十九条　房屋征收部门应当依法建立房屋征收补偿档案，并将分户补偿情况在房屋征收范围内向被征收人公布。

审计机关应当加强对征收补偿费用管理和使用情况的监督，并公布审计结果。

第四章　法律责任

第三十条　市、县级人民政府及房屋征收部门的工作人员在房屋征收与补偿工作中不履行本条例规定的职责，或者滥用职权、玩忽职守、徇私舞弊的，由上级人民政府或者本级人民政府责令改正，通报批评；造成损失的，依法承担赔偿责任；对直接负责的主管人员和其他直接责任人员，依法给予处分；构成犯罪的，依法追究刑事责任。

第三十一条　采取暴力、威胁或者违反规定中断供水、供热、供气、供电和道路通行等非法方式迫使被征收人搬迁，造成损失的，依法承担赔偿责任；对直接负责的主管人员和其他直接责任人员，构成犯罪的，依法追究刑事责任；尚不构成犯罪的，依法给予处分；构成违反治安管理行为的，依法给予治安管理处罚。

第三十二条　采取暴力、威胁等方法阻碍依法进行的房屋征收与补偿工作，构成犯罪的，依法追究刑事责任；构成违反治安管理行为的，依法给予治安管理处罚。

第三十三条　贪污、挪用、私分、截留、拖欠征收补偿费用的，责令改正，追回有关款项，限期退还违法所得，对有关责任单位通报批评、给予警告；造成损失的，依法承担赔偿责任；对直接负责的主管人员和其他直接责任人员，构成犯罪的，依法追究刑事责任；尚不构成犯罪的，依法给予处分。

第三十四条　房地产价格评估机构或者房地产估价师出具虚假或者有重大差错的评估报告的，由发证机关责令限期改正，给予警告，对房地产价格评估机构并处 5 万元以上 20 万元以下罚款，对房地产估价师并处 1 万元以上 3 万元以下罚款，并记入信用档案；情节严重的，吊销资质证书、注册证书；造成损失的，依法承担赔偿责任；构成犯罪的，依法追究刑事责任。

第五章　附则

第三十五条　本条例自公布之日起施行。2001 年 6 月 13 日国务院公布的《城市房屋拆迁管理条例》同时废止。本条例施行前已依法取得房屋拆迁许可证的项目，继续沿用原有的规定办理，但政府不得责成有关部门强制拆迁。

《安徽省实施〈中华人民共和国土地管理法〉办法》

安徽省人民代表大会常务委员会关于修改《安徽省实施〈中华人民共和国土地管理法〉办法》的决定已经于 2004 年 6 月 26 日安徽省第十届人民代表大会常务委员会第十次会议通过，现予公布，自 2004 年 7 月 1 日起开始施行。

第四章　耕地保护

第十五条　市人民政府应当严格执行土地利用总体规划和土地利用年度计划，确保本行政区域内耕地总量不减少。确因土地后备资源匮乏，新增建设用地后，新开垦耕地的数量不足以补偿所占用耕地数量的，必须报经省人民政府批准减免本行政区域内开垦耕地的数量，并支付相应的耕地开垦费后，由省人民政府组织易地开垦。

第十六条　省人民政府建立新增耕地储备库。市、县人民政府组织开垦的超过耕地开垦计划的新增耕地或者年度内占用耕地补偿平衡有余的耕地，可以纳入新增耕地储备库。储备的耕地可以用于折抵建设占用耕地的补偿指标，也可以有偿调剂用于其他市、县折抵建设占用耕地的补偿指标。

市、县人民政府应当建立土地开发、整理项目库，保证耕地开垦计划的执行。

第十七条　各级人民政府应当建立基本农田保护制度，按照上级人民政府下达的基本农田保护面积指标，合理划定本行政区域内的基本农田保护区，落实保护措施，确保土地利用总体规划确定的本行政区域内基本农田保护面积不减少。

第十八条　非农业建设经批准占用耕地的，用地单位应当负责开垦与所占用耕地的数量和质量相当的耕地；没有条件开垦的，用地单位在办理农用地转用审批手续时，应当按照每平方米 6~9 元的标准缴纳耕地开垦费；占用基本农田的，缴纳耕地开垦费的标准应当高于上述标准的 40%。

用地单位开垦的耕地不符合要求的，参照前款规定的标准缴纳耕地开垦费。

开垦耕地所需资金或者缴纳的耕地开垦费，作为建设用地成本列入建设项目总投资。

第十九条　县级以上人民政府可以要求占用耕地的单位将所占用耕地耕作层的土壤用于新开垦耕地、劣质地或者其他耕地的土壤改良。

第二十条　禁止任何单位或者个人闲置、荒芜耕地。已经办理审批手续的非农业建设占用耕地，一年内不用而又可以耕种并收获的，应当由原耕种该幅耕地的集体或者个人恢复耕种，也可以由用地单位组织耕种；一年以上未动工建设的，用地单位应当按照每平方米 5～10 元的标准缴纳闲置费；连续两年未使用的，经原批准机关批准，由县级以上人民政府无偿收回用地单位的土地使用权；该幅土地原为农民集体所有的，应当交由原农村集体经济组织恢复耕种。

承包经营耕地的单位或者个人连续两年弃耕抛荒的，原发包单位应当终止承包合同，收回发包的耕地。

第二十一条　在土地利用总体规划确定的土地开垦区内开发土地，应当保护和改善生态环境，积极进行土壤改良，防止沙化、盐渍化、潜育化和水土流失。一次性开发未确定使用权的荒山、荒地、荒坡、荒滩，从事种植业、林业、畜牧业、渔业生产的，由开发单位或者个人向土地所在地的市、县人民政府土地行政主管部门提出申请，按照下列规定的权限办理审批手续：

（一）不超过 20 公顷的，报土地所在地的市、县人民政府批准；

（二）超过 20 公顷不超过 50 公顷的，报市人民政府批准；

（三）超过 50 公顷的，报省人民政府批准。

第二十二条　市、县和乡（镇）人民政府应当组织农村集体经济组织，按照土地利用总体规划和土地整理规划，实施土地整理，增加耕地面积，提高耕地质量。

土地整理后新增耕地面积，由省人民政府土地行政主管部门负责验收，也可以委托市人民政府土地行政主管部门验收。委托验收的，验收结果须经省人民政府土地行政主管部门复核确认。

第二十三条　因挖损、塌陷、压占等造成土地破坏的，用地单位和个人应当按照国家有关规定负责复垦；没有条件复垦的，按照被破坏土地每平方米 6～9 元的标准缴纳土地复垦费；复垦不符合要求的，参照上述标准缴纳复垦费。土地复垦的具体办法，由省人民政府制定。

第二十四条　耕地开垦费、土地闲置费和土地复垦费由县以上人民政府土地行政主管部门负责征收，并缴入同级财政专户，专项用于土地开发、整理和复垦，不得挪作他用。

省人民政府根据社会、经济发展水平，可以调整耕地开垦费、土地闲置费和土地复垦费的标准。

第五章　建设用地

第二十五条　任何单位或者个人进行建设，需要使用土地的，应当依法办理建设用地审批手续。

以有偿使用方式提供国有土地使用权的，由市、县人民政府土地行政主管部门与土地使用者签订国有土地有偿使用合同，颁发建设用地批准书后，依法办理土地使用权登记。

以划拨方式提供国有土地使用权的，由市、县人民政府土地行政主管部门向土地使用者颁发国有土地划拨决定书和建设用地批准书后，依法办理土地使用权登记。

乡镇企业、乡（镇）村公共设施和公益事业以及农村村民住宅等乡（镇）村建设，经依法批准使用农民集体所有的土地的，由市、县人民政府土地行政主管部门向土地使用者颁发建设用地批准书后，依法办理土地使用权登记。

第二十六条　建设项目可行性研究论证时，建设单位应当向建设项目批准机关的同级土地行政主管部门提出建设项目用地预审申请，由土地行政主管部门对建设项目用地有关事项进行审查，提出建设项目用地预审报告；可行性研究报告报批时，必须附具土地行政主管部门出具的建设项目用地预审报告。

第二十七条 具体建设项目需要占用土地利用总体规划确定的国有未利用地，除依法报国务院批准的外，超过 4 公顷的，报省人民政府批准；不超过 4 公顷的，报土地所在地的市、县人民政府批准。

具体建设项目使用原有建设用地和已批准农用地转用、土地征用范围内的土地的，以及农村集体经济组织依法使用农民集体所有的未利用地进行非农业建设的，报土地所在地的市、县人民政府批准。

第二十八条 依据《土地管理法》第五十五条第二款规定，县人民政府收取的新增建设用地土地有偿使用费，除 30% 缴中央财政外，40% 留本级财政，10% 缴市财政，20% 缴省财政；市人民政府收取的新增建设用地土地有偿使用费，除 30% 缴中央财政外，50% 留本级财政，20% 缴省财政。

市、县人民政府收取的原有建设用地的土地有偿使用费，20% 缴省财政。

第二十九条 建设单位使用国有土地，除依法可以以划拨方式取得外，应当以出让等有偿使用方式取得。原以划拨方式取得国有土地使用权的，除依照《土地管理法》第五十四条规定可以继续保留划拨用地外，应当实行有偿使用。处置土地资产，涉及省属单位的，应当经市、县人民政府土地行政主管部门初审后，报省土地行政主管部门确定。

以划拨方式取得的国有土地使用权，经批准准予改变土地建设用途的，除依照《土地管理法》第五十四条规定可以继续保留划拨用地外，应当办理土地有偿使用手续，缴纳土地有偿使用费。

第三十条 国有土地租赁，应当报土地所在地的市、县人民政府批准，由土地使用者与市、县人民政府土地行政主管部门签订租赁合同。

前款所称国有土地租赁，是指国家将国有土地出租给使用者使用，由使用者向国家定期支付租金的行为。

第三十一条 以划拨国有土地使用权作价出资（入股），应当报有批准权的人民政府批准，由土地使用者与市、县人民政府土地行政主管部门签订国有土地使用权出让合同。

前款所称国有土地使用权作价出资（入股），是指国家以一定年限的土地使用权作价，作为出资（入股）投入企业的行为。

第三十二条　国有土地使用权出让、作价出资（入股）、转让、抵押等，涉及地价评估的，由具有土地评估资格的评估机构进行评估，并按照国家规定报土地行政主管部门备案。

第三十三条　征用土地应当按照下列程序办理：

（一）拟订、报批征用土地方案。市、县人民政府土地行政主管部门拟订农用地转用方案、补充耕地方案、征用土地方案和供地方案，经市、县人民政府审核同意后，逐级上报有批准权的人民政府批准。征用林地的，应当先征得林业行政主管部门同意。

（二）公告征用土地方案。征用土地方案经依法批准后，由市、县人民政府将批准征地机关、批准文号和征用土地的用途、范围、面积以及征地补偿标准、农业人员安置办法和办理征地补偿的期限等，在被征用土地所在地的乡（镇）、村予以公告。

（三）办理补偿登记。被征用土地的所有权人和使用权人应当在公告之日起15日内，持土地权属证书或者其他有效证明，到市、县人民政府土地行政主管部门办理征地补偿登记。

（四）公告征地补偿安置方案。市、县人民政府土地行政主管部门根据批准的征用土地方案，会同有关部门拟订征地补偿、安置方案，在被征用土地所在地的乡（镇）、村予以公告，听取被征用土地的农村集体经济组织和农民的意见，征询意见期限为15日；征地补偿、安置方案报市、县人民政府批准后，由市、县人民政府土地行政主管部门组织实施。对补偿标准有争议的，由县以上人民政府协调；协调不成的，由批准征用土地的人民政府裁决。

（五）交付被征用土地。征用土地的各项费用应当自征地补偿、安置方案批准之日起3个月内全额支付。被征地的土地所有权人和使用权人应当自征地各项费用付清之日起30日内交付被征用的土地。

征用农民承包的土地的，应当依法办理土地承包合同变更手续。

国家依法征用土地的，按照规定核减该幅土地的农业税和有关农产品的定购任务。

第三十四条　征用耕地以外的其他土地的土地补偿费标准：

（一）征用鱼塘、藕塘、苇塘、灌丛、药材地等，为其被征用前 3 年平均年产值的 6 倍。

（二）征用果园、茶园、桑园等，为其被征用前 3 年平均年产值的 7 倍；未曾收获的，为其同类土地前 3 年平均年产值的 6 倍。

（三）征用耕种不满 3 年的开荒地，为其所在村（组）耕地前 3 年平均年产值的 3～4 倍；耕种 3 年以上的，按照耕地补偿。

（四）征用农民集体所有的建设用地，为其所在村（组）耕地前 3 年平均年产值的 4～5 倍。

（五）征用其他土地的，为其所在村（组）耕地前 3 年平均年产值的 2～3 倍。

征用林地的土地补偿费标准，按照有关法律、法规规定执行。

第三十五条　征用耕地以外的其他土地的，每一个需要安置的农业人口的安置补助费标准：

（一）征用农用地的，为其前 3 年平均年产值的 3～4 倍；

（二）征用农民集体所有的建设用地，为其所在村（组）耕地前 3 年平均年产值的 2～3 倍。

征用荒山、荒地的，不支付安置补助费。

第三十六条　依照本办法规定支付土地补偿费和安置补助费，尚不能使需要安置的农民保持原有生活水平的，经省人民政府批准，可以增加安置补助费。但是，土地补偿费和安置补助费的总和不得超过土地被征用前 3 年平均年产值的 30 倍。

省人民政府根据社会、经济发展水平，在特殊情况下，可以提高征用耕地以外的其他土地的土地补偿费和安置补助费的标准。

因采矿造成塌陷需要征用土地的补偿费标准和村庄搬迁、农民安置办法，由省人民政府另行制定。

第三十七条　被征用土地上的青苗和附着物的补偿费标准：

（一）被征用耕地上的青苗，按照当季作物的产值补偿；多年生作物，按照其年产值补偿；无青苗的，不予补偿。

（二）鱼苗放养 2 年以上的，不予补偿；不足 2 年的，按照放养鱼苗费的 3～4 倍补偿。

（三）用材林、防护林、特种用途林主干平均胸径大于 20 厘米的，按照其实有材积价值的 10%～20% 补偿；主干平均胸径 5～20 厘米的，按照其实有材积价值的 60%～80% 补偿。

（四）苗圃苗木、经济林、薪炭林按照其被征用前三年平均年产值 2 倍补偿；尚无产值的，按实际造林投资 2 倍补偿。幼龄林、新造林按实际投资 2 倍补偿。

（五）房屋及其他附着物的补偿费标准，由省人民政府规定。

第三十八条　非农业建设经批准使用国有农、林、牧、渔场的土地的，应当参照《土地管理法》第四十七条和本办法第三十四条、第三十七条规定，给予补偿。

第三十九条　农村集体经济组织兴办企业或者以土地使用权入股、联营等形式与其他单位、个人共同兴办企业，使用土地的补偿标准参照征用土地补偿标准的低限执行。

乡（镇）、村公共设施，公益事业使用土地，应当对原土地使用权人给予补偿，除地上附着物和青苗补偿费全额支付外，其他补偿费按照前款规定的标准减半执行；使用本集体经济组织所有的土地，已经调剂相应的土地给原土地使用权人的，可以不予补偿。

第四十条　严格控制征用蔬菜基地。确因特殊情况需要征用的，除依法报批外，应当按照征多少补充多少的原则，落实新的蔬菜基地，并按照规定缴纳新菜地开发建设基金。

第四十一条　收回农民耕种的国有土地，不支付土地补偿费。有青苗的，支付青苗补偿费；本办法实施前，已经耕种 10 年以上，收回后直接影响农民生活的，按照安置补助费的标准支付困难补助费。

因建设需要埋设电线杆、电线塔、电缆、管道等设施占用土地的，只补偿青苗损失；占地较多的，应当依法征用土地。

第四十二条　农村集体经济组织的耕地被征用完后，原农村集体经济组织全部成员转为城镇居民的，其余的土地属于国家所有，由原农村集体经济组织使用；建设项目占用该土地时，应当按照征地办法和标准给予原农村集体经济组织补偿。

第四十三条 农村村民一户只能拥有一处宅基地。

农村村民新建住宅，其宅基地的面积标准：

（一）城郊、农村集镇和圩区，每户不得超过 160 平方米；

（二）淮北平原地区，每户不得超过 220 平方米；

（三）山区和丘陵地区，每户不得超过 160 平方米；利用荒山、荒地建房的，每户不得超过 300 平方米。

第四十五条 建设项目施工和地质勘查需要临时使用国有土地或者农民集体所有的土地的，由土地所在地的市、县人民政府土地行政主管部门审批；其中，在城市规划区内的临时用地，在报批前，应当先经城市规划行政主管部门同意。

抢险救灾等急需使用土地的，可以先行使用土地。其中，属于临时用地的，灾后应当恢复原状并交还原土地使用者使用，不再办理用地审批手续；属于永久性建设用地的，建设单位应当在灾情结束后 6 个月内申请补办建设用地审批手续。

第四十六条 依照《土地管理法》第五十八条第一款第（一）项、第（二）项规定收回土地使用权的，应当参照当地征用土地补偿标准，对土地使用权人给予适当补偿；无偿划拨的，不予补偿。

依照《土地管理法》第六十五条第一款第（一）项规定收回土地使用权的，应当按照取得土地使用权的费用，对土地使用权人给予补偿。

收回以有偿方式取得的国有土地使用权的，应当根据使用土地年限和土地开发情况给予补偿。除国有土地有偿使用合同另有约定外，收回国有土地使用权，应当对地上的建筑物、构筑物等附着物给予补偿。

第六章 监督检查

第四十七条 县以上人民政府土地行政主管部门应当对本行政区域

内贯彻实施土地管理法律、法规的情况进行监督检查，对违反土地管理法律、法规的行为进行查处。

有关单位和个人对县以上人民政府土地行政主管部门就土地违法行为进行的监督检查应当支持与配合，并提供工作方便，不得拒绝与阻碍土地管理监督检查人员依法执行职务。

第四十九条　上级人民政府对下级人民政府或者上级土地行政主管部门对下级土地行政主管部门土地审批、发证、行政处罚以及土地招标、拍卖等具体行政行为应当进行监督，对违法、不当的行为，责令限期纠正；拒不纠正的，依法予以变更或者撤销。

第五十条　上级人民政府土地行政主管部门发现下级人民政府不依法收回闲置土地，应当报经同级人民政府批准后依法收回用地单位的土地使用权，作为本级储备土地；符合耕地条件的，应当组织耕种。

第五十一条　市、县人民政府主要负责人离任时，上级人民政府可以组织土地、财政、监察等部门对其任期内的下列事项进行离任审查：

（一）土地利用总体规划执行情况；

（二）土地利用年度计划执行情况；

（三）耕地保护和耕地占补平衡的情况；

（四）土地利用审批中行使职权的情况；

（五）耕地占用税、土地有偿使用费等税费收缴使用情况。

第五十二条　土地行政主管部门将土地违法案件移送有关机关追究刑事责任或者行政责任的，有关机关应当依法处理，并将处理结果告知土地行政主管部门。

第七章　法律责任

第五十三条　超过批准用地面积多占土地建住宅的，由县以上人民政府土地行政主管部门责令退还非法多占的土地；在非法多占的土地上新建房屋的，限期拆除。

第五十四条　依法应当实行有偿使用而以划拨方式提供国有土地使用权的，其批准文件无效，由上级人民政府责令限期办理有偿使用手续；对直接负责的主管人员和其他直接责任人员，依法给予行政处分。

非法低价出让或者处置国有土地使用权的，由上级人民政府土地行政主管部门宣布无效，责令限期重新办理有偿使用手续；对直接负责的主管人员和其他直接责任人员，依法给予行政处分；构成犯罪的，依法追究刑事责任。

第五十六条　侵占、挪用被征用土地单位的征地补偿费用和其他有关费用，构成犯罪的，依法追究刑事责任；尚不构成犯罪的，依法给予行政处分。

第五十七条　违反本办法规定，批准减、免土地有偿使用费、耕地开垦费、土地闲置费和土地复耕费的，由上级人民政府或其土地行政主管部门责令限期追缴；逾期不缴的，由土地行政主管部门申请人民法院强制执行。对直接负责的主管人员和其他直接责任人员，依法给予行政处分；情节严重，构成犯罪的，依法追究事责任。

安徽省地方土地征收政策的相关规定

《安徽省人民政府关于调整安徽省
征地补偿标准的通知》

（皖政〔2015〕24 号）

各市、县人民政府，省政府各部门、各直属机构：

为进一步做好征地补偿工作，切实维护被征地农民和农村集体经济组织的合法权益，根据国家规定和各地经济发展状况，现将调整后的《安徽省征地区片综合地价标准》和《安徽省征地统一年产值及补偿标准》（简称新征地补偿标准）予以公布，并就有关事项通知如下。

一、自 2015 年 3 月 1 日起，本省行政区域内征收集体土地的土地补偿费和安置补助费，均按新征地补偿标准执行。建设用地位于同一年产值或区片综合地价区域的，征地补偿水平要保持一致，做到征地补偿同地同价。大中型水利水电工程建设征地补偿标准，按国务院有关规定执行。各市、县人民政府可根据本地实际情况，对特殊地类提高征地补偿标准。

二、使用国有农（林、牧、渔）场土地，参照农（林、牧、渔）场所在乡（镇、街道）的区域（区片）征地补偿标准执行，农（林、牧、渔）场周边有多个区域（区片）的，按周边区域（区片）的最高标准执行。

三、各市、县人民政府要切实做好新旧征地补偿标准的衔接工作，加强政策宣传解读，妥善解决实施过程中的有关问题，确保新征地补偿标准顺利实施。新征地补偿标准施行前已依法获得征地批准，且市、县人民政府已制定并公告征地补偿、安置方案的，补偿标准按照公告确定的标准执行；未制定或公告征地补偿、安置方案且未实施征地的，按新征地补偿标准执行。

四、各市、县征地补偿标准，由省人民政府统一制订，并根据国家规定和各地经济发展状况适时调整。各市人民政府应根据本地经济发展水平和实际情况，调整被征收土地上的房屋、其他附着物及青苗补偿标准，报省国土资源厅备案后执行，调整周期与征地补偿标准调整周期相同。

五、新征地补偿标准由省国土资源厅负责解释。

地区	区域		统一年产值标准（元/亩）	农用地			建设用地和未利用地		
	编号	行政区域范围		土地补偿倍数	安置补助倍数	征地补偿标准（元/亩）	土地补偿倍数	安置补助倍数	征地补偿标准（元/亩）
Y县	I	DB镇、Y县经开区	1850	8	15	42550	5	6.5	21275
	II	CZ镇、QTJ镇、CLH镇、合肥循环经济示范园	1850	7	15	40700	5	6	20350

《合肥市人民政府关于印发〈合肥市国有土地上房屋征收与补偿办法〉的通知》

（合政〔2015〕29号）

各县（市）、区人民政府，市政府各部门、各直属机构：

《合肥市国有土地上房屋征收与补偿办法》已经 2015 年 3 月 19 日

市政府第 45 次常务会审议通过，现印发给你们，请认真贯彻执行。

合肥市人民政府

2015 年 3 月 25 日

合肥市国有土地上房屋征收与补偿办法

第一章　总则

第一条　为了规范本市国有土地上房屋征收与补偿活动，维护公共利益，保障被征收房屋所有权人（以下称被征收人）的合法权益，根据国务院《国有土地上房屋征收与补偿条例》及有关法律法规的规定，结合本市实际，制定本办法。

第二条　本办法适用于本市市区范围内国有土地上的房屋征收与补偿工作。

第三条　各区人民政府负责本区域内房屋征收与补偿工作。各区人民政府确定的房屋征收部门具体组织实施本行政区域内房屋征收与补偿工作。

合肥经济技术开发区、合肥高新技术产业开发区、合肥新站综合开发试验区范围内的公共利益建设项目，市人民政府可以委托各开发区管委会负责组织实施房屋征收与补偿工作。

市城乡建设行政主管部门负责本市房屋征收与补偿工作的指导、监督工作。

发展改革、财政、国土资源、房地产、规划、土地储备、监察和审计等部门应当依照本办法的规定和各自职责分工，互相配合，保障房屋征收与补偿工作的顺利进行。

第二章　征收决定

第四条　为了公共利益需要，有下列情形之一，确需征收房屋的，由区人民政府（接受委托的开发区管委会，下同）做出房屋征收决定：

（一）国防和外交的需要；

（二）由政府组织实施的能源、交通、水利等基础设施建设的需要；

（三）由政府组织实施的科技、教育、文化、卫生、体育、环境和资源保护、防灾减灾、文物保护、社会福利、市政公用等公共事业的需要；

（四）由政府组织实施的保障性安居工程建设的需要；

（五）由政府依照城乡规划法有关规定组织实施的对危房集中、基础设施落后等地段进行旧城区改建的需要；

（六）法律、行政法规规定的其他公共利益的需要。

第五条 为了公共利益需要征收房屋的各项建设活动，应当符合国民经济和社会发展规划、土地利用总体规划、城乡规划和专项规划。

保障性安居工程建设和旧城区改建项目，还应当纳入国民经济和社会发展年度计划。

第六条 房屋征收部门应当对征收范围内房屋的权属、区位、用途、建筑面积等情况组织调查登记，被征收人应当予以配合。调查结果应当在房屋征收范围内向被征收人公布。

被征收人不配合调查登记的，房屋征收部门可以通过房屋权属登记档案或者现场勘测结果进行登记，作为征收补偿的依据。

第七条 房屋征收部门在调查登记的同时，应当组织被征收人选定房地产价格评估机构，对征收范围内各类房屋进行预评估，确定货币补偿基准价。评估委托费用列入征收成本。

房屋征收房地产价格评估机构实行备选制。市城乡建设行政主管部门会同房地产管理部门公布备选的房地产价格评估机构名单。房地产价格评估机构由被征收人在规定时间内协商选定；协商不成的，由房屋征收部门主持，通过公开抽签、摇号等方式确定。

房地产价格评估机构应当独立、客观、公正地开展房屋征收评估工作，市房地产管理部门应当加强对房地产价格评估机构的管理和监督。

第八条 房屋征收部门根据预评估结果拟定房屋征收补偿方案，报区人民政府。

区人民政府应当组织有关部门对房屋征收补偿方案进行论证，并公开征求意见。征求意见期限不得少于30日。

第九条 区人民政府应当及时公布意见征求情况和方案修改情况。

因旧城区改建需要征收房屋，超过半数以上被征收人认为征收补偿方案不符合本办法规定的，区人民政府应当组织召开由被征收人和公众代表参加的听证会，并根据听证会情况修改方案。

第十条 区人民政府做出房屋征收决定前，应当按照有关规定进行社会稳定风险评估。

第十一条 区人民政府做出房屋征收决定后应当及时公告。公告应当载明征收补偿方案和行政复议、行政诉讼权利等事项。

区人民政府及房屋征收部门应当做好房屋征收与补偿的宣传、解释工作。

房屋被依法征收的，国有土地使用权同时收回。

第十二条 房屋征收范围确定后，不得在房屋征收范围内实施下列行为，违反规定实施的，不予补偿：

（一）新建、扩建、改建房屋；

（二）改变房屋、土地用途；

（三）房屋析产、转让、租赁、抵押；

（四）迁入户口或者分户（因婚姻、出生、回国、大中专生毕业、军人退伍转业、刑满释放等原因迁入的除外）；

（五）以被征收房屋为注册地址办理工商注册登记手续；

（六）其他不当增加补偿利益的行为。

房屋征收部门应当将前款所列事项书面通知有关部门暂停办理相关手续，并载明暂停期限。暂停期限最长不得超过1年。

第十三条 房屋征收部门可以委托房屋征收实施单位，承担房屋征收与补偿的具体工作。房屋征收实施单位不得以营利为目的。

房屋征收部门负责对房屋征收实施单位在委托范围内实施的房屋征

收与补偿行为进行监督，并对其行为后果承担法律责任。

第十四条 征收补偿资金应当根据房屋征收工作和建设进度及时足额到位、专款专用，确保房屋征收与补偿工作顺利进行。

第三章 征收补偿

第十五条 房屋征收部门应当根据被征收人提供的合法有效证照所确认的房屋面积和用途，对被征收人予以补偿。

被征收房屋的权属、面积、用途应当依据房屋所有权证（合肥市直管公房租赁证或者租赁协议）和房屋登记簿确认。房屋所有权证与房屋登记簿不一致的，除有证据证明房屋登记簿确有错误外，以房屋登记簿的记载为准。

房屋所有权证、房屋登记簿所载内容与建设工程规划许可证不符的，以建设工程规划许可证所载内容为准。

第十六条 对征收范围内的违法建筑和超过批准期限的临时建筑，不予补偿。

区人民政府做出房屋征收决定前，应当组织有关部门依法对征收范围内未经登记的建筑进行调查、认定和处理。

第十七条 房屋无有效证照，但在 1986 年航拍图上有标注且产权归属明晰的，可以结合 1986 年底前最邻近年份的地形图确定房屋面积，并给予补偿；1986 年底前地形图无标注的，可以结合 1986 年后最邻近年份的地形图确定房屋面积，并给予补偿。

前款房屋产权属于个人的，按照住宅房屋给予补偿。产权属于单位的，按照土地用途给予补偿，即土地用途为工业生产、仓储或实际用于生产厂房、仓储的，按照生产用房给予货币补偿；其他土地用途的，按照办公用房给予货币补偿。

第十八条 房屋征收补偿实行产权调换或者货币补偿方式。

对被征收房屋的补偿包括对被征收房屋及其附属物的补偿，以及因征收房屋造成的搬迁、临时安置、停产停业损失的补偿。

被征收人在征收补偿方案确定的签约期限内签订补偿协议并按时搬

迁的，房屋征收部门应当给予搬迁奖励。

第十九条 征收房屋实行产权调换的，应当根据城市规划要求和建设工程性质，提供产权调换房屋。因旧城区改建征收个人住宅，被征收人选择在改建地段进行房屋产权调换的，应当在改建地段或者就近地段提供安置房。

第二十条 征收住宅房屋实行产权调换的，应当按照套内建筑面积进行"征一补一"。实行异地产权调换的，应当根据征收区域与产权调换区域房屋市场价格，在征收补偿方案中确定面积调整系数。

第二十一条 征收住宅房屋实行产权调换的，应当根据产权调换房屋实际公摊系数计算产权调换房屋的建筑面积。

住宅房屋被征收人在产权调换建筑面积基础上，每户可以增购不超过 15 平方米建筑面积，增购价格按照建筑安装成本价计算。

根据前两款确定的建筑面积仍不足 50 平方米的，可以按照建筑安装成本价增补至 50 平方米。与产权调换房屋套型不符的，被征收人可以选择邻近的房屋套型，增加的建筑面积按照建筑安装成本价结算差价，减少的建筑面积按照市场评估价结算差价。

第二十二条 征收非住宅房屋实行产权调换的，应当根据房屋证照记载的用途，按照市场评估方式计算、结清产权调换差价。

第二十三条 征收房屋实行货币补偿的，由承担预评估工作的房地产价格评估机构按照货币补偿基准价，结合被征收房屋调查登记时的结构、成新、层次、配套等修正因素，计算货币补偿金额，出具分户评估报告。

房地产价格评估机构应当以征收决定公告之日为评估时点，结合市场变化情况，对各类房屋预评估的货币补偿基准价进行修正。

第二十四条 房屋征收部门应当依法建立房屋征收补偿档案，并将分户补偿情况在房屋征收范围内向被征收人公布。

第二十五条 征收房屋实行产权调换的，被征收人实行过渡性安置，住宅过渡期不超过 18 个月，非住宅过渡期不超过 30 个月。过渡期内被征收人自行临时过渡的，房屋征收部门应当按照规定标准支付临时安置费。逾期未安置，自逾期之月起不满 12 个月的，按照规定标准的 50% 增付临时安置费；超过 12 个月的，按照规定标准的 100% 增付临时安置费。

房屋征收部门提供周转房的，过渡期内不支付临时安置费。逾期未安置的，自逾期之月起按照前款规定支付临时安置费。

征收房屋实行现房安置或者货币补偿的，支付 3 个月临时安置费。

第二十六条 征收房地产管理部门直管公有房屋或者单位自管公有房屋，原租赁关系继续保持的，应当实行产权调换；被征收人与房屋承租人解除租赁关系的，被征收人可以选择货币补偿。

征收房地产管理部门直管公有住宅房屋实行货币补偿的，房屋承租人及其配偶未享受过国家房改政策购房的，货币补偿费的 30% 支付给被征收人，70% 支付给房屋承租人，房屋承租人及其配偶对已补偿面积部分不再享受房改政策；已享受国家房改政策购房，但未达到规定面积标准的，其不足标准的房屋面积，货币补偿费的 30% 支付给被征收人，70% 支付给房屋承租人后不再享受房改政策；已按规定面积标准享受国家房改政策购房的，应当无偿腾退。

征收单位自管公有住宅房屋实行货币补偿的，货币补偿费全额支付给被征收人，被征收人可以按照前款规定进行分配。

第二十七条 征收单位和个人生产、经营性质的非住宅房屋，实行产权调换的，过渡期内，房屋征收部门应当按房屋合法有效建筑面积，每月给予被征收人停产停业损失补偿。补偿标准为货币补偿基准价的 5‰。

征收生产、经营性质的非住宅房屋，实行货币补偿或者一次性安置的，按照前款标准一次性给予 6 个月的停产停业损失补偿。

房屋征收范围确定时闲置的非住宅房屋，不给予停产停业损失补偿。

第二十八条 被征收人未经规划、国土部门批准擅自改变房屋用途的，按照原建设工程规划许可证确定的房屋用途予以补偿。

被征收人于 2005 年 8 月 29 日《关于严禁擅自改变房屋结构和使用

功能的通知》（合查违组〔2005〕10号）发布施行前，利用沿街底层私有住宅从事生产经营活动，已连续合法经营，并能够提供纳税记录的，可以参照同区域类似生产、经营用房，按照本办法第二十七条规定，对实际生产经营面积，给予被征收人6个月补贴。

第二十九条 被征收房屋涉及不可拆卸的附属物、构筑物，由被征收人与房屋征收部门参照市城乡建设行政主管部门规定的标准协商补偿。协商不成的，按照征收决定公告之日的市场评估价予以补偿。

征收企业厂房的，房屋征收部门可以委托具有资产评估资质的评估机构，对用于生产经营的机械设备（不含已废弃机械设备）现值进行评估，经现场公示无异议后，按照评估结果的10%对机械设备搬迁费用予以补偿。

第三十条 房屋征收部门与被征收人依照本办法规定，就补偿方式、补偿金额和支付期限、用于产权调换房屋的地点和面积、搬迁费、过渡方式和过渡期限、临时安置费或者周转用房、停产停业损失、搬迁期限等事项订立补偿协议。签订补偿协议时，被征收人应当将被征收房屋的房地产权属证明交付房屋征收部门，办理注销手续。

一方当事人不履行补偿协议，另一方当事人可以依法提起诉讼。

第三十一条 房屋征收部门与被征收人在征收补偿方案确定的签约期限内达不成补偿协议，或者被征收房屋所有权人不明确的，由房屋征收部门报请区人民政府依照本办法规定，按照征收补偿方案做出补偿决定，并在房屋征收范围内予以公告。

第三十二条 被征收人对补偿决定不服的，可以依法申请行政复议，也可以依法提起行政诉讼。

被征收人在法定期限内不申请行政复议或者不提起行政诉讼，在补偿决定规定的期限内又不搬迁的，由做出房屋征收决定的区人民政府依法申请人民法院强制执行。

强制执行申请书应当附具补偿金额和专户存储账号，产权调换房屋和周转用房的位置、面积等材料。

第四章　法律责任

第三十三条　违反本办法规定，区人民政府及其房屋征收部门、市人民政府相关职能部门及其工作人员在房屋征收与补偿工作中不履行本办法规定的职责，或者滥用职权、玩忽职守、徇私舞弊的，由上级人民政府或者本级人民政府予以通报批评，并责令改正；造成损失的，依法承担赔偿责任。对直接负责的主管人员和其他直接责任人员，依法给予处分。构成犯罪的，依法追究其刑事责任。

第三十四条　采取暴力、威胁或者违反规定中断供水、供热、供气、供电和道路通行等非法方式迫使被征收人搬迁，且造成损失的，依法承担赔偿责任。直接负责的主管人员和其他直接责任人员构成犯罪的，依法追究其刑事责任；尚不构成犯罪的，依法给予处分。构成违反治安管理行为的，依法给予治安管理处罚。

第三十五条　采取暴力、威胁等方法阻碍依法进行的房屋征收与补偿工作构成犯罪的，依法追究刑事责任；构成违反治安管理行为的，依法给予治安管理处罚。

第三十六条　贪污、挪用、私分、截留、拖欠征收补偿费用的，责令改正，追回有关款项，限期退还违法所得，对有关责任单位给予通报批评和警告；造成损失的，依法承担赔偿责任；对直接负责的主管人员和其他直接责任人员构成犯罪的，依法追究其刑事责任；尚不构成犯罪的，依法给予处分。

第三十七条　房地产价格评估机构和工作人员有下列行为之一的，由房地产管理部门根据国务院《国有土地上房屋征收与补偿条例》、《房地产评估机构管理办法》（建设部令第142号）、《注册房地产估价师管理办法》（建设部令第151号）等规定予以处罚，并记入其信用档案：

（一）出具虚假或者有重大差错评估报告的；

（二）与征收当事人串通，损害对方合法权益的；

（三）在房地产价格评估机构确定过程中以不正当手段获取评估业

务的；

（四）在房地产价格评估机构确定过程中招募他人做宣传或者入户宣传的；

（五）依照本办法确定的评估机构，无正当理由不接受委托的；

（六）法律、法规禁止的其他行为。

第五章　附则

第三十八条　Y县、肥西县、长丰县、庐江县、巢湖市可参照本办法，结合本地实际，制定具体实施办法，报市政府批准后执行。

第三十九条　本办法自 2015 年 4 月 1 日起施行，有效期 3 年。

《合肥市人民政府关于印发〈合肥市集体土地上房屋征收与补偿暂行办法〉的通知》

（合政〔2014〕175 号）

各县（市）、区政府，市政府各部门，各直属机构：

《合肥市集体土地上房屋征收与补偿暂行办法》已经 2014 年 10 月 22 日市政府第 38 次常务会议审议通过，现印发给你们，请认真贯彻执行。

合肥市人民政府
2014 年 11 月 13 日

合肥市集体土地上房屋征收与补偿暂行办法

第一条　为了规范集体土地上房屋征收与补偿工作，维护被征收房屋的集体经济组织、成员等合法权益，保障城市建设顺利进行，根据《中华人民共和国土地管理法》《中华人民共和国城乡规划法》《安徽省实施〈中华人民共和国土地管理法〉办法》等法律法规的规定，结合本市实际，制定本办法。

第二条 本办法适用于本市市区范围内集体土地上的房屋征收与补偿工作。

第三条 市国土资源行政主管部门会同市城乡建设行政主管部门负责集体土地上房屋征收与补偿的管理和监督工作。市发展改革、财政、人社、规划、房地产、农业、公安、土地储备、监察和审计等部门应当依照本办法的规定和各自职责分工，互相配合，保障集体土地上房屋征收与补偿工作的顺利进行。

各区人民政府（包括受市政府委托的高新技术产业开发区管委会、经济技术开发区管委会、新站综合开发试验区管委会，下同）负责辖区内集体土地上房屋征收与补偿工作。区人民政府组织本级有关部门和乡（镇）人民政府、街道办事处、开发区社区管理委员会（以下称征收房屋实施单位），具体实施辖区内集体土地上房屋征收与补偿工作。

第四条 因建设需要征收集体土地上房屋的，区人民政府应当根据发展改革、规划和国土资源管理等部门出具的建设项目立项、规划范围和土地征收等批准文件，做出房屋征收决定并公告。公告应当载明项目名称、房屋征收范围、补偿安置方案、搬迁期限和行政复议、行政诉讼权利等事项。

房屋征收决定前，区人民政府应当依据相关政策拟定房屋征收补偿安置方案，并在被征收房屋所在地的集体经济组织范围内征求意见。补偿安置方案应当经区人民政府研究通过。

房屋征收决定前，区人民政府应当按照有关规定进行社会稳定风险评估。

第五条 征收房屋实施单位应当对征收范围内房屋的权属、建筑面积、居住人口状况等进行登记，被登记人应当予以配合。登记结果应当按照规定在征收范围等地进行公示。

第六条 房屋征收范围确定后，不得在征收范围内实施下列行为；违反规定实施的，不予补偿：

（一）新建、扩建、改建房屋；

（二）改变房屋、土地用途；

（三）房屋析产、转让、租赁、抵押；

（四）迁入户口或者分户（因婚姻、出生、大中专毕业、军人退伍转业、刑满释放等原因迁入户口的除外）；

（五）以被征收房屋为注册地址办理工商注册登记手续；

（六）其他不当增加补偿利益的行为。

区人民政府应当将前款所列事项书面通知有关部门暂停办理相关手续，并载明暂停期限。暂停期限最长不得超过 1 年。

第七条　征收集体土地上住宅房屋，应当对实际居住于被征收房屋并在被征收房屋所在地已依法享有承包土地的集体经济组织成员（以下称被征收人）进行补偿安置。已在其他集体土地上房屋征收项目中获得房屋安置的集体经济组织成员，不得重复安置。

征收集体土地上住宅房屋的补偿安置方式分为产权调换和货币补偿两种。

第八条　征收集体土地上住宅房屋，分别按照下列情形计算有效面积：

（一）被征收房屋面积大于人均 60 平方米建筑面积的，按照人均 60 平方米建筑面积计算有效面积。若被征收房屋已办理《建设工程规划许可证》或者《农房建筑执照》等合法证照且证载面积大于人均 60 平方米建筑面积的，按照证载面积计算有效面积。

（二）被征收房屋面积小于人均 60 平方米大于人均 30 平方米建筑面积的，按照人均实有面积计算有效面积。

（三）被征收房屋面积小于人均 30 平方米建筑面积的，被征收人可以按照 200 元/平方米申请补齐至人均 30 平方米建筑面积后计算有效面积。但是，因私自交易等原因造成被征收房屋面积小于人均 30 平方米建筑面积的，按照实有面积计算有效面积。

被征收房屋计算有效面积后的剩余面积，不予补偿。

第九条　被征收人选择产权调换的，其被征收住宅房屋依据本办法

第八条规定计算有效面积后，对被征收人按照人均 30 平方米建筑面积实行产权调换，产权调换后的剩余有效面积按照被征收房屋单位平方米造价结合成新予以补偿。因交易等原因造成被征收房屋面积小于人均 30 平方米建筑面积的，按照交易后剩余面积实行产权调换。单位平方米造价按照市人民政府公布的标准执行。

产权调换后，被征收人可按 800 元/平方米申请增购，增购面积为人均 15 平方米建筑面积。

第十条 被征收人选择货币补偿的，按对应安置房屋所在区域房地产市场评估基准价乘以应安置面积予以补偿。应安置面积应依据本办法第九条进行结算（含人均可以购买的 15 平方米建筑面积）。

第十一条 与被征收集体土地上住宅房屋有关的下列人员，可以认定为本办法的被征收人，但已享受房改售房（含集资建房和经济适用房）等住房福利政策的除外：

（一）集体经济组织成员的配偶，及其共同生育和依法收养的子女；

（二）原属集体经济组织成员的政策性农转非人员；

（三）原属集体经济组织成员在读大中专学生、现役军人和正在服刑人员；

（四）符合房屋安置资格和计划生育政策的孕妇尚未出生的孕儿。

第十二条 征收集体土地上房屋以房屋征收公告之日作为房屋安置人口界定的截止时间。

第十三条 被征收人利用集体土地上住宅房屋自行改为非住宅或者用作其他用途的，按照住宅房屋予以补偿安置。对利用住宅房屋开展生产经营，且其生产经营活动已取得工商营业执照并符合安全生产等规定的，征收房屋实施单位可以委托具有资产评估资质的评估机构对生产经营设施现值进行评估，经现场公示无异议后，按照评估结果的 10% 对设施搬迁费用予以补偿。

第十四条 征收具有合法证照的集体性质非住宅房屋的，按照被征收房屋单位平方米造价结合成新予以补偿。

第十五条 征收集体土地上房屋涉及不可拆卸的附属物、构筑物，按照市政府公布的补偿标准协商补偿。协商不成的，按照征收公告之日市场评估价予以补偿。

第十六条 征收集体土地上住宅房屋实行产权调换的，被征收人实行过渡性安置，过渡期不超过18个月。过渡期内，被征收人自行解决临时住房的，区人民政府应当按照规定标准支付临时安置费。逾期未安置，自逾期之月起不满12个月的，按照规定标准的50%增付逾期临时安置费；超过12个月的，自第13个月起，按照规定标准的100%增付逾期临时安置费。征收集体土地上住宅房屋实行现房安置的或者被征收人选择货币化补偿的，按照规定标准支付3个月临时安置费。

征收集体土地上住宅房屋，对符合本办法第七条、第十一条的被征收人，按照人均45平方米计算临时安置费。征收集体性质非住宅，不予以临时安置费补偿。临时安置费的发放按照市人民政府公布的标准执行。

征收集体土地上住宅房屋应当支付搬迁费。实行产权调换过渡性安置的，按照500元/户·次的标准支付2次搬迁费，实行现房安置或者货币补偿的，支付1次搬迁费。

被征收人在征收补偿方案确定的搬迁期限内按时搬迁的，征收房屋实施单位可以对被征收人给予奖励。具体奖励标准由各区人民政府自行制定。

第十七条 被征收人应当按时搬迁并与征收房屋实施单位在签约期限内依照本办法就安置方式、安置人口、安置地点和应安置面积、补偿金额、搬迁费、过渡方式和过渡期限、临时安置费、搬迁期限等事项订立补偿安置协议。

第十八条 征收房屋实施单位与被征收人在签约期限内达不成补偿安置协议的，由征收房屋实施单位报请区人民政府按照征收补偿安置方案做出补偿安置决定。补偿安置决定应当在房屋征收范围内予以公告。

第十九条 被征收人对补偿安置决定不服的，可以依法申请行政复议，也可以依法提起行政诉讼。

被征收人在法定期限内不申请行政复议或者不提起行政诉讼，且在补偿安置决定规定期限内又不搬迁的，由做出房屋征收决定的区人民政府依法申请人民法院强制执行。强制执行申请书应当附具补偿金额、专户存储账号、安置房屋或者周转用房的地点和面积等材料。

第二十条 各区人民政府应当加强本区域征收集体土地上房屋补偿安置信息化建设工作，并逐步在全市范围内实现信息共享。

第二十一条 被征收人提供虚假、伪造的房屋、土地、户籍等证件或者证明资料，骗取补偿的，经调查属实，签订的征收补偿安置协议自始无效，依法追回已经发放的补偿费和安置房屋。涉嫌犯罪的，依法移送司法机关追究刑事责任。

第二十二条 国土资源、规划、公安等有关部门，被征收人所在单位、组织以及个人出具虚假证明或者违规办理用地、建房、户口迁移等手续的，经调查属实，依法追究相关责任人法律责任。

第二十三条 征收房屋实施单位及其工作人员存在徇私舞弊、弄虚作假、擅自扩大征收房屋补偿安置范围以及故意帮助被征收人欺骗套取补偿安置等行为的，经调查属实，依法追究相关责任人法律责任。

第二十四条 房地产价格评估机构实行备选制。市城乡建设行政主管部门会同房地产管理部门应当公布备选的房地产价格评估机构名单。征收房屋实施单位应当组织被征收人在规定时间内从备选名单中协商选定房地产价格评估机构；协商不成的，由征收房屋实施单位牵头以公开抽签、摇号等方式确定，并对抽签、摇号过程和结果进行公证和监督。

房地产价格评估机构应当独立、客观、公正地开展房屋征收评估工作，市房地产管理部门应当加强对房地产价格评估机构的管理和监督。

第二十五条 巢湖市、Y县、肥西县、长丰县、庐江县、合肥巢湖经济开发区可参照本办法执行。

第二十六条 本办法由市国土资源及城乡建设行政主管部门负责

解释。

第二十七条 本办法自 2014 年 12 月 1 日起实施，有效期 3 年。

本办法实施前，征收集体土地时尚未对其上的房屋做出补偿安置的，适用本办法予以补偿安置；已启动但尚未结束的集体土地房屋征收补偿工作，仍按原政策或项目补偿方案执行。

《合肥市人民政府关于调整 Y 县被征收土地上房屋其他附着物及青苗补偿标准的通知》

（合政秘〔2015〕122 号）

Y 县被征收土地上房屋其他附着物及青苗补偿标准

一、为规范征地补偿安置工作，切实维护被征地农民和房屋被征收人的合法权益，根据《中华人民共和国土地管理法》、省人民政府《关于调整安徽省征地补偿标准的通知》（皖政〔2015〕24 号）及省国土资源厅《关于做好新征地补偿标准实施工作的通知》（皖国土资〔2015〕27 号）文件精神，制订本标准。

二、本标准适用于 Y 县范围内征收（用）农民集体土地上房屋、其他附着物及青苗的补偿。国家、省、市另有规定标准的重点工程、基础设施建设的，从其规定。

三、征地拆迁补偿方式有两种：一是本通知所规定的货币补偿（标准见附表）；二是提供安置房进行实物补偿，具体补偿标准由各乡（镇）人民政府、开发园区管委会拟定，报县政府批准执行。

四、乡（镇）、村公共设施、公益事业以及新农村建设使用集体土地的，可比照执行。

五、地上附着物补偿费、青苗补偿费归地上附着物和青苗的所有权人所有。

在征地告知后，凡在拟征土地上抢建、抢栽、抢种的地上附着物和青苗，征地时一律不予补偿。

六、本标准由 Y 县人民政府负责解释，自发布之日起执行。

附表一

一、各类房屋单位平方米造价

类别		单位平方米造价（元）	每平方米建筑面积折旧价格（元）				
			九成	八成	七成	六成	五成
现浇砼框架		910	819	728	637	546	455
砖混		660	594	528	462	396	330
砖瓦、砖木	级别 一级	410	369	328	287	246	205
	二级	380	342	304	266	228	190
	三级	350	315	280	245	210	175
简易		230	207	184	161	138	115

二、房屋成新折旧年限表

结构	九成	八成	七成	六成	五成
现浇砼框架结构	1～3 年	4～7 年	8～11 年	12～20 年	21 年及以上
砖混结构	1～3 年	4～6 年	7～9 年	10～16 年	17 年及以上
砖瓦、砖木结构	1～2 年	3～5 年	6～8 年	9～14 年	15 年及以上
简易结构	1 年	2 年	3 年	4 年	5 年及以上

三、房屋级别

一级：24 扁砖大瓦、木桁条或预制桁条，水泥地坪、标准门窗、内外墙粉刷、水电齐全，檐高 3 米以上；

二级：24 斗砖墙、大小瓦、木桁条，水泥地坪、门窗齐备、内或外墙粉刷、水电齐全，檐高 2.8～3.0 米；

三级：18、12 砖墙、大小瓦，门窗齐备、水电齐全，檐高 2.6～2.8 米。

简易结构：泥焊小瓦或泥焊大瓦屋面、草屋面，芦席竹垫层，混合人字屋架、铁屋架、半屋架，半砖半土墙或土墙，不规则一门二窗，通电，檐高 2.6 米及以下。

附表二

住宅产权调换差价标准

单位：元/平方米建筑面积

被拆房结构 安置房结构	现浇砼框架结构		砖混		砖瓦、砖木		
	7成以下（含七成）	7成以上	7成以下（含七成）	7成以上	一	二	三
砖混	120	0	140	100	169	194	218
现浇砼框架	140	120	220	194	255	266	290
24米以上高层	339		377		399	424	443

说明：上述产权调换差价标准不含新建装饰及配套设施费用。

附表三

搬迁补助费、临时安置补助费

一、住宅

（一）搬迁补助费：每户每次 350 元，二次搬迁另按此标准支付。

（二）临时安置补助费：实行产权调换的，过渡期限在 18 个月内，以所拆房屋所有权证载面积每月按下列标准计算：

区位级别	标准
一类地区：DB 镇、Y 县经济开发区	6 元/平方米建筑面积
二类地区：合肥循环经济示范园、CZ 镇、QTJ 镇、CLH 镇	5 元/平方米建筑面积
三类地区：其他乡、镇	4 元/平方米建筑面积

二、非住宅临时安置补助费

（一）办公用房：5 元/平方米建筑面积；

（二）生产、商业、仓储、加工企业用房：6 元/平方米建筑面积。

三、简易房不在本补偿标准内。

附表四

附着物、构筑物及其附属设施补偿标准

项目		补偿标准	备注
围墙	砖	10～15 元/平方米	自拆
		15～20 元/平方米	
	简易	7 元/平方米	
固定墙体柜		40～60 元/平方米	自拆
		120～190 元/平方米	
空调	柜式	120 元/个	移机费
	分体式	120 元/个	
	窗机	60 元/个	
热水器	太阳能	100 元/个	移机费
	电能	72 元/个	
	煤气	72 元/个	
有线电视（移机）		按现行行业标准执行	自行办理
电话（移机）		按现行行业标准执行	自行办理
装饰吊顶	纸天棚	4 元/平方米	
	纤维板、灰板条	10 元/平方米	
	三合板	19 元/平方米	
	PVC 板	7 元/平方米	
墙裙		16 元/平方米	
装饰墙面	瓷砖	19 元/平方米	包括内、外墙
	三合板	19 元/平方米	
	墙布（墙纸）	7 元/平方米	
	喷塑	14 元/平方米	
门	卷闸门	24 元/平方米	
	纱门、窗	19 元/扇	
	包门	60 元/扇	
	木门	50 元/扇	
	铁门	80－140 元/扇	
雨篷		25 元/个	
坐便器		55 元/个	

续表

项目		补偿标准	备注	
浴缸		165 元/个		
铝合金门窗		35 元/平方米		
水池		25 元/个		
水井	压水井	730 元/口	深度 5 米以上	无水井不补偿
	老式	360～600 元/口		
	简易	240 元/口		
	机砖井	120 元/米		
炉灶	单口	180 元/个		
	双口	240 元/个		
	三口以上	300 元/个		
楼梯	室外钢材	240 元/只		
	室外水泥	300 元/只		
装饰地板	木地板	30～100 元/平方米		
	地板砖	30～40 元/平方米		
	水磨石	18 元/平方米		
	大理石花岗岩	50－100 元/平方米		
	107 胶	7 元/平方米		
水表		240 元/只	含水管、配件	
电表		240 元/只	含电线、配件	
室外地坪	水泥、砖石	15 元/平方米		
地基已建成		120 元/平方米	有证建筑	
电杆	水泥	15 元/根		
	木	7 元/根		
温房	玻璃棚	24 元/平方米		
	塑料棚	31 元/平方米		
猪圈	砖、石	24 元/平方米		
	简易	14 元/平方米		
迁坟		440 元/单棺		
		560 元/双棺		
草堆		4 元/担		
砖粪坑		5 元/担		

附表五

树（花）木类补偿费标准

树干直径（厘米）	补偿标准（元/棵）		
	树木	花木	果树
幼苗	0.4	0.4	0.6
1.0 – 3.9	4	6	7
4.0 – 6.9	7	10	19
7.0 – 9.9	10	15	25
10.0 – 15.9	15	19	32
16.0 – 19.9	19	25	38
20.0 – 24.9	25	32	44
25.0 – 35.0	32	38	50
竹林（盘）		10	

注：

1. 凡在百棵以上一律按林地或园地标准补偿，可移动的盆栽物不予补偿；

2. 砍伐的树木，物归原主；

3. 非人工培植出土高度1米以下的野生小树不予补偿；

4. 测量树干直径从树木出土1米处计算；

5. 各类篱苗补偿标准0.05～0.06元/棵，草本植物不予补偿。

附表六

青（种）苗类补偿费标准

单位：元/亩

名称	补偿标准		说明
菜地（指专业菜农成片种植的经营性菜地）	一类	1750	土地平整肥沃，有温室，排灌水设施齐全。
	二类	1550	土地较平整肥沃，有大棚，排灌水设施较齐全。
	三类	1350	除一类、二类以外的其他菜地。
粮地	1130		
果园	一类	3700	种植在5年以上
	二类	2970	种植在3～5年
	三类	2250	种植在3年以下
林地	1130		包括竹林、苗圃

续表

名称	补偿标准		说明
鱼塘	精养	1750	放养超过二年的不予补偿
	一般	1130	
水塘（蔺草、藕、菱）	1130		

《合肥市被征地农民养老保障办法》

（合政〔2008〕1号）

第一章　总则

第一条　为切实做好被征地农民养老保障工作，维护被征地农民的合法权益，根据《国务院办公厅转发劳动保障部关于做好被征地农民就业培训和社会保障工作指导意见的通知》（国办发〔2006〕29号）、《安徽省人民政府关于做好被征地农民就业和社会保障工作的指导意见的通知》（皖政〔2005〕63号）、《合肥市征收集体所有土地办法》（市政府令第136号）的规定，制定本办法。

第二条　被征地农民养老保障对象，是指征地需安置的农业人口中年满16周岁以上（含16周岁，下同）的人员，但征地前已享受城镇企业职工养老保障或机关、事业单位离退休（职）待遇，以及享受城镇未参保集体企业退休人员基本养老保障待遇的人员不予列入。前款规定中征地需安置的农业人口按照《合肥市征收集体所有土地办法》的有关规定确认。

第三条　被征地农民养老保障对象由农村集体经济组织（或村民委员会、社区居民委员会，下同）按政策规定提出名单，在被征地村民小组公示不少于5日以后，由乡（镇）人民政府（街道办事处）审核，并报区人民政府（开发区管委会）确认后，由市国土资源部门会同市劳动保障、财政、公安部门审定。

第四条 市劳动保障部门是被征地农民养老保障工作的主管部门，负责被征地农民养老保障政策拟定、建立被征地农民参保缴费记录和个人账户管理等工作。

市国土资源、财政、公安、审计、监察等部门按照各自职责协同做好被征地农民养老保障工作。

第二章 保障基金的筹集

第五条 被征地农民养老保障基金统一纳入市财政专户，实行收支两条线管理。基金来源包括：

（一）70% 的土地补偿费；

（二）安置补助费扣除抚养补助费、自谋职业补助费以外的部分；

（三）基金的利息及其他增值收入；

（四）其他可用于被征地农民养老保障的资金；

（五）上述四项资金不足支付时，政府从国有土地使用权出让收入中划入的资金。

第六条 被征地农民养老保障基金由统筹基金和个人账户资金组成。在筹集的养老保障基金中，按 6000 元/人划入个人账户，其他全部进入统筹基金。

个人账户按照银行同期城乡居民一年期整存整取存款利率计息。

第七条 申请用地单位应当自征地批复下发之日起 90 日内将被征地农民保障资金缴入市财政部门设立的被征地农民养老保险基金专户。被征地农民保障资金未足额收缴到位的，国土资源部门不得办理供地手续。

第三章 保障待遇

第八条 参加被征地农民养老保障的人员，在女年满 55 周岁、男年满 60 周岁时，从次月开始领取被征地农民养老保障金。被征地农民征地时已达到或超过规定年龄（女年满 55 周岁、男年满 60 周岁）的，从实际征地时间的次月领取被征地农民养老保障金。

第九条　被征地农民养老保障金的标准为每人每月 260 元，其中基础养老金 210 元，个人账户养老金 50 元。基础养老金从统筹基金中支付，个人账户养老金从个人账户资金中支付，个人账户资金支付完毕后，从统筹基金中支付。

被征地农民养老保障金标准随城市居民最低生活保障水平的调整进行相应调整。

第十条　个人账户资金可以继承。被征地农民在未领取养老保障金之前死亡的，继承额为个人账户的本息之和；被征地农民在享受养老保障金期间死亡的，继承额为个人账户的本息余额。

第十一条　鼓励被征地农民参加城镇企业职工基本养老保险（以下简称"城保"）。

对已就业的，由用人单位为其办理参保手续，养老保险费由用人单位和个人共同缴纳。

对以自由职业者身份参加城保的，政府给予不超过 15 年的社会保险补贴，补贴标准为每人每月 100 元。补贴资金先由被征地农民养老保障基金的个人账户支付，不足部分由统筹基金支付。

第十二条　参加城保的被征地农民在达到退休年龄时，缴费满 15 年的，按规定享受城保待遇，不享受被征地农民养老保障待遇。在享受城保待遇时，被征地农民养老保障个人账户资金有结余的，余额一次性支付给本人。

参加城保的被征地农民在达到退休年龄时，缴费不满 15 年的，在退回已经领取的社会保险补贴后，按办法规定享受被征地农民养老保障待遇。

第四章　本办法实施前被征地农民的保障

第十三条　2004 年 1 月 1 日至本办法实施前的被征地农民，属于《合肥市征用集体所有土地暂行办法》（合政〔2003〕138 号）和《关于转发合肥市市区被征地农民基本生活保障实施办法的通知》（合政办〔2004〕11 号）规定确定的保障对象，已筹集的保障资金由各区（开发区，下同）按照每人 1.8 万元标准（一并提供具体人员名单），在扣除按照合政办〔2004〕11 号文件规定标准已支付给享受待遇人员的保障费用后，统一缴入市被征地农民养老保障基金财政专户。

原按每人 6000 元建立的个人账户（未建立的，按每人 6000 元建立，已享受待遇人员其个人账户余额为：6000 元－50 元×已领月数）的管理，按本办法第六条第二款及第三章有关规定执行。

自 2008 年 5 月起保障金的标准由每人每月 100 元调整至 260 元。

符合参加城保条件的被征地农民，可以按照本办法第十一条、十二条规定参加城保，并享受相应的补贴和保障待遇。

第十四条 1988 年 10 月 8 日至 2003 年 12 月 31 日期间批准征地，并已按当时政策规定及程序确定的被征地农民（不包括已进行就业安置或已参加城保的人员），按本办法第三条规定确定保障对象。

对已达到领取保障金年龄的人员，自 2008 年 5 月起，按照每人每月 260 元发放保障金。所需资金由市、区按照 3∶1 的比例筹集。

符合参加城保条件的被征地农民，可以按照本办法第十一条、十二条规定参加城保，并享受相应的补贴和保障待遇。

第五章　法律责任

第十五条 任何单位和个人不得弄虚作假、冒名顶替骗取被征地农民养老保障资金，违者依法追回资金，并追究相应的法律责任。

《Y 县被征地农民养老保障实施办法》

（2008 年印发）

第一章　总则

第一条 为切实解决被征地农民养老保障问题，保持社会和谐稳定，根据省政府《关于做好被征地农民就业和社会保障工作的指导意见》（皖政〔2005〕63 号）和市政府《关于印发合肥市被征地农民养老保障办法的通知》（合政〔2008〕1号）精神，结合我县实际，制定本办法。

第二条 本办法所称被征地农民为：在本县范围内，经县以上人民政府批准，土地被征收或征用后，以村民组为单位，人均耕地不足0.3亩的或户承包土地被征70%以上，自愿放弃剩余承包土地交由本集体经济组织安排使用的，且征地时年满16周岁（含16周岁），并享有第二轮土地承包经营权的在册农业人口。

第三条 县劳动保障部门是被征地农民养老保障工作的主管部门，县农村社会养老保险基金管理中心负责被征地农民参保、待遇核定和养老金发放等工作。县财政、国土资源、农业、公安等部门各司其职，密切配合，共同做好被征地农民养老保障工作。

第二章 保障基金的筹集

第四条 建立被征地农民养老保障基金，由统筹基金和个人账户基金两部分组成，统一纳入县财政专户，专项用于被征地农民养老保障。

第五条 被征地农民养老保障基金来源：

（一）70%的土地补偿费；

（二）安置补助费；

（三）基金的利息及其他增值收入；

（四）其他可用于被征地农民养老保障的资金；

（五）上述四项资金不足支付时，政府从国有土地使用权出让收入中划入的资金。

第六条 从筹集被征地农民养老保障基金中，按每人3600元划入个人账户，其余全部进入统筹基金。

个人账户基金按照银行同期城乡居民一年期整存整取存款利率计息。

第七条 申请用地单位应当自征地批复下发之日起90日内，将被征地农民养老保障基金缴入县财政局设立的被征地农民保障基金财政专户。被征地农民养老保障基金没有足额到位的，县国土资源部门不得办理供地手续。

第三章　保障待遇

第八条　被征地农民领取的养老保障金包括基础养老金和个人账户养老金，基础养老金从统筹基金中支付，个人账户养老保险金从个人账户基金中支付。个人账户基金支付完毕后，从统筹基金中支付。

第九条　参加养老保障的被征地农民，从男年满 60 周岁、女年满 55 周岁的次月起领取养老保障金。

本办法实施前已达到或超过上述年龄的，养老保障金从本办法实施之月起领取。今后征地时，已达到或超过上述年龄的被征地农民，养老保障金从实际征地时间的次月发给。

第十条　被征地农民养老保障金的标准为每人每月 180 元，其中，基础养老金 150 元，个人账户养老金 30 元。

合肥循环经济示范园已领取养老保障金的被征地农民，从 2008 年 5 月起养老保障金标准提高到每人每月 180 元，其中统筹基金支付由 100 元提高到 150 元，个人账户基金支付由 20 元提高到 30 元。

被征地农民养老保障金标准随城市居民最低生活保障标准的调整进行相应的调整。

第十一条　个人账户资金可以继承。被征地农民在领取养老保障金之前死亡的，继承额为个人账户的本息之和；被征地农民在享受养老保障金期间死亡的，继承额为个人账户的本息余额。

第十二条　自 1988 年 10 月 8 日至本办法实施前，按当时政策规定及程序确定的被征地农民（不包括已进行就业安置或已参加城镇企业职工基本养老保险人员），由各乡（镇）人民政府审核，报县政府批准。

对已到领取年龄的，按照每人每月 180 元发放养老金，其领取养老金所需资金由县、乡（镇、开发园区）按照 3∶1 的比例共同筹集。乡（镇）人民政府（开发园区管委会）对确定为领取对象的人员应当于上一年 12 月底前登记名册报县农村社会养老保险基金管理中心，并将当年由乡（镇）承担的养老保障资金一次性缴入县被征地农民养老保障基金财政专户。

第十三条 鼓励被征地农民参加城镇企业职工基本养老保险。

对已就业的，由用人单位为其办理参保手续，养老保险费由个人和集体共同缴纳。

对以自由职业者身份参加城镇企业职工基本养老保险的，县政府给予不超过15年的社会保险补贴，补贴标准为每人每月60元。补贴资金先由被征地农民个人账户支付，不足部分由统筹基金支付。

第十四条 参加城镇企业职工基本养老保险的被征地农民在达到领取年龄时，缴费满15年的，按规定享受城镇企业职工基本养老保险待遇，不享受被征地农民养老保障待遇。在享受城镇企业职工基本养老保险待遇时，被征地农民养老保障个人账户基金有结余的，余额一次性支付给本人。

参加城镇企业职工基本养老保险的被征地农民在达到领取年龄时，缴费不满15年的，在退回已经领取的社会保险补贴后，按本办法规定享受被征地农民养老保障待遇。

第四章　办理程序

第十五条 被征地农民参加养老保障的办理程序：

（一）在县政府征地公告后一周内，村（居）委会、社居委按照政策规定，以户为单位，确认保障对象名单，并将其结果在村民小组张榜公示一周。

（二）经公示无异议的，由村（居）委会、社居委负责填写"被征地农户基本情况登记汇总表"，并附所征地机关证明文件和材料，报乡（镇）人民政府审核，对符合参保条件的被征地农民名单再次公示一周，仍无异议后报县劳动和社会保障部门。

（三）县劳动和社会保障部门会同县国土资源、财政、农业和公安部门共同审核确认后，报县政府批准。

（四）乡（镇）人民政府（开发园区管委会）接到批复后，持参保人员花名册、身份证、户口簿等资料到县农村社会养老保险基金管理中心办理参保手续，将《Y 县被征地农民养老保障证》交由参保人个人保管。

达到领取年龄的，由本人提前 3 个月持《Y 县被征地农民养老保障证》到乡（镇）劳动保障事务所申请办理被征地农民养老保障金领取申报手续，经县劳动和社会保障部门审批后，可按月领取被征地农民养老保障金。

第十六条 参保对象死亡的，其直系亲属应及时向乡（镇）劳动保障事务所报告，凭遗体火化证明或派出所户口注销证明办理结账手续。

县劳动和社会保障部门逐年对领取养老保障金人员资格进行认定。

第五章　法律责任

第十七条 任何单位和个人不得弄虚作假、冒名顶替骗取被征地农民养老保障资金，违者依法追回资金，并追究相应的法律责任。

第十八条 国家机关工作人员在被征地农民养老保障工作中玩忽职守、滥用职权、徇私舞弊的，依法给予行政处分；构成犯罪的，依法追究刑事责任。

第六章　附则

第十九条 本办法自 2008 年 5 月 1 日公布实施。

《合肥市人民政府办公厅关于深化户籍管理制度改革的意见》

（合政办〔2013〕21 号）

各县（市）、区人民政府，市政府各部门、各直属机构：

为认真贯彻落实国务院办公厅有关文件精神，按照《安徽省人民政府办公厅关于积极稳妥推进户籍管理制度改革的意见》（皖政办

〔2011〕65号）和《合肥市国民经济和社会发展第十二个五年规划纲要》要求，促进人口合理有序流动，推动城乡社会经济协调发展和社会和谐稳定，经市政府同意，现就深化我市户籍管理制度改革提出如下意见。

一　指导思想和基本原则

（一）指导思想。

深入贯彻落实党的十八大精神，按照科学发展观要求，统筹城乡发展，顺应城镇化发展需要，逐步放宽人才引进的落户条件、放宽县人民政府驻地镇及其他建制镇的落户条件，积极引导非农产业和农村人口向城镇转移，努力实现城乡基本公共服务均等化，促进城乡经济社会协调发展。

（二）基本原则。

一是分类实施。统筹兼顾经济社会发展水平和综合承载能力，对市辖区、巢湖市市区和各县人民政府驻地镇及其他建制镇实施不同的落户条件。

二是完善配套政策。建立和完善户籍管理制度改革相关配套机制，着力推进城镇基础设施和公共设施建设，积极创造有利于农村人口有序向城镇聚集的政策环境。

三是保障农民权益。充分尊重农民进城和留乡问题上的自主选择权，切实保障农民合法权益。

二　户口迁移的主要内容

（三）在本市市辖区有合法稳定职业连续满3年并有合法稳定住所（含租赁），同时按照国家规定参加社会保险达到2年的人员，本人及其共同居住生活的配偶、未婚子女，可以在就业地申请登记为非农业常住户口。租赁房屋的，户口登记在非农业单位集体户。

（四）在巢湖市市区、各县人民政府驻地镇有合法稳定职业满1年并有合法稳定住所（含租赁），同时按照国家规定参加社会保险达到1

年的人员，本人及其共同居住生活的配偶、未婚子女，可以在就业地申请登记为非农业常住户口。

在其他建制镇有合法稳定职业并有合法稳定住所（含租赁），同时按照国家规定参加社会保险的人员，本人及其共同居住生活的配偶、未婚子女，可以在就业地登记申请为非农业常住户口。租赁房屋的，户口登记在非农业单位集体户。

（五）我市就业人员，在省级以上体育运动比赛或职业技能竞赛活动中取得成绩前三名的、持《合肥市高层次创新创业人才服务证》的，本人及其共同居住生活的配偶、未婚子女，可在就业地申请登记为非农业常住户口。

（六）我市经济社会发展急需的人才和有突出贡献的人才，由用人单位提出申请，经主管部门审核，报市政府批准，本人及其共同居住生活的配偶、未婚子女、父母等随迁人员，可在就业地申请登记为非农业常住户口。

（七）我市大中专院校学生，入学时根据本人意愿，可以不办理户口迁移手续。高校毕业生可以凭《全国普通高等学校本专科毕业生就业报到证（通知书）》，在其就（创）业地办理落户手续，登记为非农业常住户口。

（八）在我市就业，具有中级工以上职业资格人员或者中等职业学校毕业生与用人单位订立劳动合同并按照国家规定参加社会保险达到1年的，获得设区市的市级以上劳动模范、先进工作者称号的人员，本人及其共同居住生活的配偶、未婚子女，可以在就业地申请登记为非农业常住户口。

（九）在我市投资兴办实业、有合法稳定的办公经营场所并依法纳税，法定代表人及其共同居住生活的配偶、未婚子女，可以在就业地申请登记为非农业常住户口。

（十）逐步放宽"夫妻投靠、父母投靠子女、未婚子女投靠父母"的户口迁移条件。

（十一）集体土地上户口迁移，依下列情形处理：

一是未落实就业单位的本地生源大中专应届毕业生，可以在入学前户口登记地落户，登记为非农业常住户口；复员退伍军人、刑满释放人员，可以在户口注销地恢复户口登记。其他户口已迁出的人员，户口不得迁移至迁出前户口登记地。

二是集体经济组织成员可以办理夫妻投靠、子女出生入户登记，非集体经济组织成员可以办理子女出生入户登记。

三是其他符合落户条件的就业、投资或者居住地在集体土地上的人员，应在非农业单位集体户上登记户口。

三 相关政策衔接

（十二）实行暂住人口居住证制度。依据国务院、省政府有关规定，抓紧制定我市居住证管理规定，实行暂住人口居住证管理制度，切实保护长期在城镇工作生活暂不具备落户条件或不愿意将户口迁入城镇的暂住人口的合法权益。

（十三）保障农民土地权益。农民的宅基地使用权和土地承包经营权受法律保护。现阶段，农业人口落户城镇，是否放弃宅基地和承包的耕地、林地，必须完全尊重农民本人的意愿，不得强制或变相收回。要全面推进农村集体土地确权和登记工作，严格执行禁止城镇居民在农村购置宅基地的政策，依法保护农民土地权益。

（十四）完善就业保障机制。对农村人口已落户城镇的，要纳入城镇公共就业服务体系，加强就业指导、职业培训和就业援助，促进其在城镇稳定就业。

（十五）完善社会救助和福利服务保障机制。对农村人口已落户城镇的，按照属地管理原则，符合条件的应纳入城镇低收入困难群众基本生活保障体系、社会福利服务体系、养老服务体系。对于因病造成生活困难的城镇低保对象，纳入城镇医疗救助范围，享受医疗救助待遇。加强城市社区公益性服务设施建设，切实满足城市扩容后社区服务管理和救助保障等公共服务的需要。

（十六）完善住房保障机制。对农村人口已落户城镇的，符合条件的应当享受当地政府住房保障政策。逐步建立以公共租赁住房为重点的住房保障新体系。按照政府组织、社会（企业）参与的原则，积极引导鼓励各类产业园区、学校、医院、大中型企业建设和筹集公共租赁住房，逐步改善稳定就业的外来务工人员、大中专院校毕业生、引进人才及产业工人等住房困难人员的居住条件。

（十七）完善教育保障机制。合理配置城镇教育资源，完善各级各类学生就读政策和资助体系，保障已落户城镇居民和在城镇务工、经商人员的子女享受与现有城镇学生的同等待遇。

（十八）完善医疗保险制度。对农村人口已落户城镇的，在城镇稳定就业且具备相应缴费能力的，或与用人单位建立劳动关系的，应当参加城镇职工基本医疗保险。没有用人单位的，可以灵活就业人员身份参加城镇职工基本医疗保险，也可参加城镇居民基本医疗保险。

（十九）完善养老保险制度。对农村人口已落户城镇的，有用人单位的，由用人单位统一参加城镇职工基本养老保险并按规定缴费；没有用人单位的，可以灵活就业人员身份参加城镇企业职工基本养老保险。不符合参加城镇职工基本养老保险条件的，可按规定参加城镇居民社会养老保险。

四　工作要求

（二十）加强组织领导。户籍管理制度改革事关人民群众切身利益、经济持续健康发展和社会和谐稳定。各县（市、区）人民政府、有关部门要从全局和政治的高度，充分认识做好这项工作的重要性和必要性，切实把思想和行动统一到国家和省、市决策部署上来，加强领导、周密部署，确保户籍管理制度改革各项政策措施和工作部署的落实。

（二十一）做好舆论引导。户籍管理制度改革政策性强，社会关注度高，新闻媒体要坚持正确的舆论引导，全面准确阐释中央、省、市有关精神，合理引导群众预期。强调户籍管理制度改革要与经济社会发展水平相适应，与推进城镇化的各项措施相配套，大力宣传我市在解决农民工实际问题，保障农民工合法权益等方面的好经验、好做法。

（二十二）研究制定配套政策和措施。深化户籍管理制度改革工作涉及面广、政策性强，关系到群众切身利益。各县（市、区）人民政府、有关部门要积极支持、主动配合、认真履职，形成合力。发展改革、财政、公安、民政、教育、卫生、人口计划生育、人力资源和社会保障、城乡建委、国土资源、房产、农业、工商等部门要结合实际，尽快研究制定与户籍管理制度改革相适应的配套政策和措施。

市公安局要会同有关部门进一步加强对各地落实国家、省和市有关户籍管理制度改革政策措施的指导和监督，注意研究新情况，解决新问题。各县（市、区）人民政府要结合本意见，落实各项保障措施，要将执行本意见的情况报告市政府。

本意见自 2013 年 7 月 1 日起施行，有效期 3 年。

合肥市人民政府办公厅

2013 年 5 月 30 日

《合肥市人民政府关于进一步推进户籍制度改革的实施意见》

（合政〔2015〕210 号）

各县（市）、区人民政府，市政府各部门、各直属机构：

为贯彻落实《国务院关于进一步推进户籍制度改革的意见》（国发〔2014〕25 号）和《安徽省人民政府关于进一步推进户籍制度改革的意见》（皖政〔2015〕53 号）的精神，促进有能力在城镇稳定就业和生活的常住人口有序实现市民化，稳步推进城镇基本公共服务常住人口全覆盖，结合我市实际，就进一步推进我市户籍制度改革，现提出如下实施意见。

一　总体要求

（一）指导思想。以邓小平理论、"三个代表"重要思想、科学发展观、"四个全面"战略布局为指导，深入贯彻党的十八大和十八届三中、四中、五中全会以及中央城镇化工作会议、省委省政府、市委市政府关于进一步推进户籍制度改革的要求，放宽户口迁移政策，吸引人才和解决就业人员落户，营造创业环境，释放创新活力，优化人口结构，统筹推进工业化、信息化、城镇化和农业现代化同步发展，推动城区和小城市及小城镇协调发展、产业和城镇融合发展。统筹户籍制度改革和相关经济社会领域改革，保障城乡居民的合法权益。

（二）基本原则。

坚持积极稳妥、规范有序。积极稳妥推进，优先解决存量，有序引导增量，合理引导农业转移人口落户城镇的预期和选择。

坚持以人为本，尊重意愿。充分尊重城乡居民自主定居意愿，依法保障城乡居民合法权益，不得采取强迫做法办理落户。

坚持因地制宜，分类实施。立足基本市情，充分考虑经济社会发展水平、综合承载能力和提供基本公共服务的能力，科学合理设定城区、县（市）户口迁移条件，实施差别化落户政策。

坚持统筹配套，提供基本保障。推进户籍制度改革和基本公共服务均等化，不断扩大教育、就业、医疗、养老、住房保障等城镇基本公共服务覆盖面。

（三）发展目标。进一步调整户口迁移政策，统一城乡户口登记制度，全面落实居住证制度，稳步推进义务教育、就业服务、基本养老、基本医疗卫生、住房保障等城镇基本公共服务覆盖全部常住人口。到2020年，基本建立与全面建成小康社会相适应的新型户籍制度。

二　进一步调整户口迁移政策

（四）合理放宽城区落户条件。在城区合法稳定就业连续满2年并有合法稳定住所（含租赁），同时按照国家规定参加城镇社会保险达到

1 年的人员，本人及其共同居住生活的配偶、未成年子女等，可以在就业地申请登记常住户口。租赁房屋的，户口登记在集体户。

（五）全面放宽巢湖市市区及县（市）辖建制镇落户条件。在巢湖市市区、各县人民政府驻地镇和县（市）辖建制镇有合法稳定住所（含租赁）的人员，本人及其共同居住生活的配偶、未成年子女、父母等，可以在当地申请登记常住户口。租赁房屋的，户口登记在集体户。

（六）优化人才落户政策。高层次创新创业人才、研究生以上学历人员，本人及其共同居住生活的配偶、未成年子女等，可以自主选择落户地直接办理。在我市就业的普通高校、职业院校、技工院校、中等职业学校的毕业生，本人及其共同居住生活的配偶、未成年子女等，可以在就业地申请登记常住户口。

（七）解决专业技能人员落户。在我市就业的人员，获得县级以上劳动模范、先进工作者称号，在市级以上体育运动比赛或职业技能竞赛取得成绩前三名，具有中级工以上职业资格或者为其他紧缺人才的，本人及其共同居住生活的配偶、未成年子女等，可以在就业地申请登记常住户口。

（八）鼓励投资创业人员落户。在我市投资兴办实业或者自主创业，有合法稳定的办公经营场所并依法纳税，投资人及其共同居住生活的配偶、未成年子女等，可以在就业地申请登记常住户口。

（九）进一步放宽夫妻投靠、未成年子女投靠父母户口迁移条件。居民家庭户共同居住生活的夫妻、未成年子女，可以办理户口投靠迁移。

（十）父母投靠子女户口迁移。符合我市落户政策的户口迁入人员，通过购买等获得商品住宅房，可以按照有关规定办理父母投靠子女户口迁移。

（十一）妥善解决未落常住户口问题。公民计划外生育子女落户，各县（市）区、开发区不得自行设置前置条件；其他未落常住户口人员，经调查核实，可以办理登记常住户口。

三 创新人口管理

（十二）建立城乡统一的户口登记制度。取消农业户口与非农业户口性质区分，统一登记为居民户口。公安机关取消户口性质变动审批，户口登记不再标注户口性质，不再出具关于户口性质的证明。各相关部门要建立与统一城乡户口登记制度相适应的教育、卫生计生、就业、社保、社会救助、住房、土地、拆迁安置及人口统计等配套政策。

（十三）健全人口信息管理制度。建立健全实际居住人口登记制度，加强和完善人口统计调查，全面、准确掌握人口规模、人员结构、地区分布等情况。建设和完善覆盖全市人口、以公民身份号码为唯一标识、以人口基础信息为基准的市级人口基础信息库，分类完善劳动就业、教育、收入、社保、房产、信用、卫生计生、税务、婚姻、民族等信息系统，逐步实现跨部门、跨地区信息整合和共享，为制定人口发展战略和政策提供信息支持，为人口服务和管理提供支撑。

四 相关政策衔接

（十四）完善农村产权制度。全面推进农村土地承包经营权、宅基地使用权确权、登记、颁证工作。落实集体经济组织成员资格认定，积极开展农村产权制度改革，切实保护集体经济组织成员的集体财产权和收益分配权。建立健全农村集体产权交易市场，保证农村产权流转交易公开、公正、规范运行。坚持依法、自愿、有偿的原则，引导农业转移人口有序流转土地承包经营权。现阶段，不得以退出土地承包经营权、宅基地使用权、集体收益分配权作为农民进城落户条件。根据中央统一部署，逐步探索建立农民土地承包经营权、宅基地使用权、集体收益分配权自愿、有偿退出机制。

（十五）建立健全卫生计生权益保障政策。将农业转移人口及其他常住人口纳入社区卫生和计划生育服务体系，实现卫生计生基本服务均等化。实行城乡统一的计划生育家庭特别扶助制度。对实行计划生育的育龄夫妻免费提供基本项目计划生育技术服务。农业转移人口享受与城镇居民同等的基本公共卫生服务，其基本公共卫生服务由城市社区卫生服务中心（站）免费提供。各级政府要合理配置社区卫生资源，调整优化社区卫生布局，确保及时为转户农民建立健康档案，为重点人群提供健康体检和健康管理服务。

（十六）建立健全养老保险制度。加快建立覆盖城乡的社会养老服务体系，实施统一的城乡居民基本养老保险制度，完善社会保险关系转移接续政策，落实城乡养老保险制度衔接相关办法，做好参保人员跨制度衔接，促进基本养老服务均等化。农业转移人口在城镇单位就业的随同单位参加城镇职工养老保险；灵活就业的，以灵活就业人员身份在户籍地参加城镇职工养老保险；随迁未就业的家庭成员，可参加迁入地城乡居民基本养老保险。

（十七）建立健全医疗保险制度。在农村参加的医疗保险规范接入城镇社会保障体系，完善并落实医疗保险关系转移接续办法和异地就医结算办法，在现有统筹层次基础上，分步推进城镇居民医疗保险与新农合整合，建立统一的城乡居民基本医疗保险制度和医疗救助制度。农业转移人口在转户前已参加新型农村合作医疗的，继续在原农村户口所在地享受当年医疗保障，期满后参加城镇职工或居民医保，转户后与用人单位签订劳动合同并建立稳定劳动关系的，参加城镇职工基本医疗保险，其他人员参加城镇居民基本医疗保险；纳入城市低保对象的，同时纳入城镇医疗救助范围，享受医疗救助待遇。

（十八）建立健全教育保障机制。保障农业转移人口及其他常住人口随迁子女平等享有受教育权利；将随迁子女义务教育纳入各级政府教育发展规划和财政保障范畴；完善公益性、普惠性学前教育政策，创造条件逐步满足随迁子女入学需求；随迁子女接受中等职业教育享受学校所在地免学费政策。结合随迁子女在流入地连续就学年限等情况，享有在当地参加中考、高考的资格，以及省示范高中指标到校录取等政策。

（十九）建立健全住房保障机制。把进城落户农民完全纳入城镇住房保障体系，加快实施保障性安居工程，合理布局建设公共租赁住房，鼓励产业园区配套建设公租房，鼓励园区具备条件的大中型企业配套建设公寓楼、集体宿舍，采取多种方式保障农业转移人口基本住房需求。健全制度，完善政策，把符合条件的外来务工人员家庭纳入住房保障范围。

（二十）建立健全就业保障制度。完善就业失业登记管理制度，面向农业转移人口全面提供政府补贴职业技能培训服务，加大创业扶持力度，促进农村转移劳动力就业。完善促进农业转移人口就业的基本公共服务，保障与城镇户籍就业人员平等享有就业创业服务、培训指导、劳动人事争议调解和仲裁等服务。

（二十一）建立健全社会救助和福利服务保障制度。完善以低保制度为核心的社会救助体系，实现低保制度在政策设计、操作流程、管理服务上的城乡一体统筹发展，稳步缩小城乡低保标准差距，实现城乡居民在社会救助方面权利公平、机会公平、规则公平。

（二十二）加强基本公共服务财力保障。建立财政转移支付同农业转移人口市民化挂钩机制。完善促进基本公共服务均等化的公共财政体系，逐步理顺事权关系，建立事权和支出责任相适应的制度。深化税收制度改革，完善地方税体系。完善转移支付制度，加大财力均衡力度，保障提供基本公共服务的财力。健全政府、企业、个人共同参与的成本分担机制。各级政府承担农业转移人口在义务教育、就业服务、基本养老、基本医疗卫生、公共文化服务、保障性住房以及市政设施等方面的基本公共服务成本投入。

五 工作要求

（二十三）加强组织领导。户籍管理制度改革事关人民群众切身利益、经济持续健康发展和社会和谐稳定，直接影响国家城镇化进程和改革成果惠及人民大众。各县（市）区政府、观规律，进一步统一思想，加强领导、周密部署，确保改革政策措施和工作部署的落实。

（二十四）明确部门责任。市公安局、市发改委、市法制办、市教育局、市民政局、市财政局、市人社局、市国土局、市农委、市建委、市房产局、市卫计委、市体育局、市文广新局、市残联等部门要按照职能分工，抓紧制定教育、社会保障、养老、就业、住房保障、卫生计生、体育、文化、残疾人等方面的配套政策，落实经费保障。

（二十五）深入宣传引导。户籍制度改革是我市社会管理制度的重大改革，群众关注度高、社会影响面大。相关部门要采取多种形式、通过多种渠道广泛宣传户籍制度改革的重大意义、相关内容和具体实施办法，引导群众积极参与。要密切关注社会反响和舆论动态，做好信息收集和社会舆情掌控工作，及时掌握改革动态，牢牢把握舆论导向，为实施户籍制度改革营造和谐的舆论氛围。

（二十六）强化督导检查。市政府户籍制度改革领导小组要加大指导、检查力度，切实保障在城镇落户人员的合法权利，确保在城镇落户的人员与当地原有城镇居民享有同等权利、履行同等义务，确保改革各项工作举措落实到实处、取得实效。市公安局、市发改委、市人社局、市政府督查目标办要会同有关部门加强对各地、各部门实施户籍制度改革工作的督促检查，确保户籍制度改革各项政策措施落到实处、取得实效。

本市已出台的相关政策与本实施意见不一致的，以本实施意见为准。

本实施意见自 2016 年 3 月 1 日起施行，有效期 5 年。

2015 年 12 月 29 日

附件：合肥市户籍制度改革任务分工进度表

合肥市户籍制度改革任务分工进度表

时间进度	单位	任务分工
市公安局	1. 合理确定城区落户条件； 2. 全面放开巢湖市市区、各县人民政府驻地镇和县（市）辖建制镇落户条件； 3. 取消农业户口与非农业户口性质区分，统一登记为居民户口； 4. 优化人才落户政策，不断提高高校毕业生、技术工人、职业院校毕业生、留学回国人员等常住人口的城镇落户率； 5. 妥善解决未落常住户口问题。	2016 年

时间进度	单位	任务分工
市发改委	1. 将全市城乡及人口发展纳入"十三五国民经济发展规划",提高城镇化率; 2. 整合劳动就业、教育、收入、社保、房产、信用、卫生计生、税务、婚姻、民族等信息系统,逐步实现跨部门、跨地区信息共享。	2020 年
市农委 市国土局 市林业局	1. 完善农村产权制度,全面推进农村土地承包经营权、宅基地使用权确权、登记、颁证,依法保障农民的土地、林地承包经营权、农村宅基地使用权、集体收益分配权; 2. 推进农村集体经济组织产权制度改革,制定集体经济组织成员资格认定办法和集体经济有效实现形式,保护成员的集体财产权和收益分配权; 3. 建立农村集体产权交易市场,坚持依法、自愿、有偿的原则,引导农业转移人口有序流转土地承包经营权。现阶段,不得以退出土地承包经营权、林地承包经营权、宅基地使用权、集体收益分配权作为农民进城落户的条件。	2020 年
市教育局	1. 加强教育基础设施建设,保障进城落户的农业转移人口和其他常住人口随迁子女免费接受义务教育; 2. 完善教育信息系统,逐步实现跨部门、跨地区信息整合和共享; 3. 保障农业转移人口及其他常住人口随迁子女平等享有受教育权利,逐步完善并落实随迁子女在流入地接受中等职业教育免学费和普惠性学前教育的政策,完善随迁子女在当地参加中考的实施办法,落实随迁子女在当地参加高考的政策。	2020 年
市民政局	1. 加快建立覆盖城乡的社会养老服务体系,实施统一的城乡居民基本养老保险制度,促进基本养老服务均等化; 2. 完善以低保制度为核心的社会救助体系,实现城乡社会救助统筹发展; 3. 完善城乡社区服务体系。	2020 年
市财政局	1. 建立财政转移支付同农业转移人口市民化挂钩机制; 2. 完善促进基本公共服务均等化的公共财政体系,逐步理顺事权关系,建立事权和支出责任相适应的制度,各级政府按照事权划分相应承担和分担支出责任; 3. 根据各单位推进户籍制度改革费用需求,统筹规划,纳入政府预算。	2020 年
市国资委	负责全市政务信息资源交换平台的建设工作,确保相关部门的人口信息能够实现数据交换和共享。	2020 年
市人社局	1. 完善就业失业登记管理制度,面向农业转移人口全面提供政府补贴职业技能培训服务,加大创业扶持力度,促进农村转移劳动力就业; 2. 推进城镇居民医疗保险与新农合整合,建立统一的城乡居民基本医疗保险制度和医疗救助制度; 3. 加快建立覆盖城乡的社会养老服务体系,实施统一的城乡居民基本养老保险制度,促进基本养老服务均等化。	2020 年

续表

时间进度	单位	任务分工
市卫计委	将农业转移人口及其他常住 6 个月及以上人口纳入社区卫生和计划生育服务体系,实现卫生计生基本服务均等化。	2020 年
市房产局	把进城落户农民完全纳入城镇住房保障体系,采取多种方式保障农业转移人口基本住房需求。	2020 年
市统计局	1. 建立与统一城乡户口登记制度相适应的人口统计调查制度; 2. 按照实际居住人口登记制度,加强和完善人口统计调查,全面、准确掌握人口规模、人员结构、地区分布等情况。	2020 年
市委组织部	牵头制定人才引进目标、引进人才的权益保障及其他相关政策,负责引进人才的认定工作。	2020 年
市委宣传部	1. 宣传在解决农业转移人口及其他常住人口落户城镇、保障合法权益、提供基本公共服务等方面的好经验、好做法; 2. 合理引导社会预期,回应群众关切的问题,凝聚各方共识,形成改革合力,为进一步推进户籍制度改革营造良好的舆论氛围。	2020 年
县(市、区)政府、开发区管委会	1. 统一思想,加强领导,按照市委、市政府的总体部署,落实户籍制度改革各项政策措施; 2. 落实集体经济组织成员资格认定,切实保护集体经济组织成员的集体财产权和收益分配权; 3. 完善基本公共服务均等化的公共财政体系,理顺事权关系,建立制度,各级政府按照事权划分相应承担和分担支出责任。	2020 年
各相关单位	1. 制定出台户籍制度改革相关配套实施细则,建立与统一城乡户口登记制度相适应的权益保障制度; 2. 结合户籍制度改革推进整体工作部署,做好单位职责范围内的信息系统建设、权益保障落实等相关工作。	2020 年

后 记

　　"城乡接合部"的选题源自我的直观感受,我们住在合肥,爱人在郊县上班,我经常往返于市区与郊区之间,见证了城市的变化和城市化的过程。大楼越盖越多、越盖越高;马路、高架路、地铁不断从市区向郊区延伸,路两旁是居民楼、开发区、工厂……城市越长越大,功能越来越齐全,幼儿园、小学、购物中心、路灯、排水系统、公园、草坪……农田让位给高楼、村庄逐渐消失,人口不断聚集,城区与郊区的界限变得模糊。

　　与生态景观的急剧变化相伴随的是空间上的区隔:高档住宅小区、普通商品房、城中村,生活在城中村的人们是这个城市挣扎的人群,他们有农民工、祖居户、幻想一夜暴富的传销者、从事见不得阳光的从业人员……他们也有梦想,梦想在城市扎根、生存。

　　与人口集聚不相匹配的是警力的缺乏,社会治安问题开始凸显。打不尽的传销、扫不完的黄赌毒、制假造假窝点同政府职能部门玩起"打地鼠"游戏……

　　接踵而至的并不全都是草坪、公园,还有垃圾、墓地、监狱、城市外迁的化工厂、钢铁厂、发电厂等邻避设施,垃圾场天天散发着恶臭,墓地和监狱考验着居民的胆量,钢铁厂排放黑烟,发电厂冒着白烟,不管你愿不愿意,它们都来了,就在你家隔壁。政府的承诺和现实感受之间总是存在差距,上访每天都在发生。

　　城乡接合部是时空压缩背景下城镇化各种矛盾的集中区,矛盾的背后是各种利益的博弈，尤以土地利益分配为代表。政府、企业和农民是土地征收中的利益相关者，政府凭借权力要获得更多的土地金；企业凭借资本要获得更多的利润，房价涨得越高越好；农民的权利在面对权力和资本时是脆弱的，然而弱者有弱者的武器，权利和权力会寻找在正式制度之外的耦合，比如合伙造假、违法建设的泛滥等；资本也会让农民为自己创造盈利的空间，比如花钱请农民上访而拖延工期。

城乡接合部在城镇化背景下上演了多幕剧，要厘清幕后不同角色行为的规律，则是一项研究。本项研究的灵感来自地理学，地理学家的研究走在前面，1936年德国地理学家赫伯特·路易斯就提出城市边缘区的概念，国内顾朝林等人则在20世纪80年代开始关注此问题。每个学科都有自己独特的分析工具，这也是区分不同学科的界限，如地理学的地理信息系统（GIS）技术、遥感（RS）技术，行政管理学研究城乡接合部应该使用政策分析，我们既有政策文本分析，也有地方性知识中政策执行的深度描写。

本项研究是作者主持的教育部人文社科研究规划课题"基于协同理论的大城市边缘区治理"（项目编号：15YJA630077）的最终研究成果，与课题相关的成果已经在相关刊物上发表，包括徐晓波的《小官何以巨腐——以土地征收补偿中的具体权力与抽象权力划分为例》（《理论与改革》2017年第3期）、《邻避设施选址的利益分析——以合肥市为例》（《阜阳师范学院学报（社会科学版）》2016年第3期），张容、贺东航的《社会化小农视野下的村庄治理：问题与路径》（《云南社会科学》2016年第4期），张容、王臻荣的《中间层再造：解决村治困境的尝试性探索》（《兰州学刊》2016年第12期），夏玉珍、李泽的《社会认同的差序结构及其社会治理意义——以WH市D城中村的社区商贩整治为例》（《兰州学刊》2016年第7期），宣萱的《服务视角下建构城市基层区域化党建格局》（《新东方》2015年第6期），柳发根的《内在化自治理的乡村逻辑——以江西L村修路为例》（《云南行政学院学报》2016年第6期）等。感谢以上刊物和作者对本课题的支持。

感谢华中师范大学公共管理学院，感谢尤光付老师、张立荣老师、卢新海老师、徐增阳老师、刘筱红老师、姚锐敏老师、傅广宛老师、张启春老师、冷向明老师，我在这里读了硕士、博士，这里是我人生新的起点。2002 年 4 月 21 号，我怀着忐忑的心情来到武汉，来到华中师范大学，我成为华中师范大学管理学院 2002 级的硕士研究生。当我从傅家坡汽车站乘车回合肥，经过东湖，看到湖边上绿茵茵的垂柳，心中充满了希望。我睡着了，不安与焦躁在从武汉到黄石两个小时的睡眠中烟消云散。记得刘筱红老师在我读硕士研究生时，安排即将毕业的硕士给我们上课，这种实战演练让学生在找工作试讲时，受益匪浅；尤光付老师是我的硕士研究生导师，那时尤老师为我解决了很多经济上的困难；读博士研究生时，对申报课题时信心不足，尤老师一再鼓励我、为我鼓劲加油，我衷心说一声：谢谢尤老师、谢谢尤老师的爱人姚璇女士；姚锐敏老师上《行政法学》，思维严谨、逻辑清楚，他鼓励我们思维要放开，要敢想；傅广宛老师的每一篇论文我都当作范文认真研究，只是由于学生驽钝，没能学到老师的真功夫；感谢徐增阳副院长、冷向明副教授在申报课题时给予的指导，徐增阳副院长为我申报课题提供了很多便利条件。感谢中国社会科学院政治学研究所杨海蛟教授，杨老师为人谦和、学养深厚，在学业上一直鞭策鼓励我。

感谢华中师范大学人事处任友洲处长、张文超副主任。感谢我的硕士同学、华中师范大学社会学院薛平均副书记、马克思主义学院副院长毛华斌副教授、华中科技大学国家治理研究院赵泽林副教授。感谢华中师范大学城市环境学院 2013 级博士研究生刘大均，为论文图表所做的处理工作。

感谢马鞍山市人大常委会副主任杨勇义、原市人大副主任华黎明和龚明，他们为本人的工作、学习、生活给予极大的支持。感谢我工作单位的领导常务副校长章正，副校长陈建生、程一楠、丁仕平、左慧琴、汪章华、蒋露以及崔静副教授。

感谢 Y 县县委书记杨宏星、县长路军，安排了此次长达半年的调研；感谢 Y 县人大副主任，县委党校常务副校长王源岳先生、副校长葛圣伦，对调研提供的大力支持；感谢 Y 县县委政研室主任陈爱国、副主任黄敏对调研的积极配合和支持，副主任黄敏在读工学博士，既要忙工作，又要忙学业，全程参与了调研，这本不是她分内事，不胜感激；感谢Y县县委党校刘兴锦老师、张敬兰老师、我的同学黄升永老师，他们熟悉环境，提供了很多有价值的材料。

感谢华中师大校友、安徽省委党校科社部主任汪兴福教授对我的鞭策。

感谢社会科学文献出版社任文武老师、高启老师、李艳芳老师，为本书付梓所做的耐心细致的工作。

感谢我的家人，感谢我的父亲，父亲一直认为读书是件非常崇高的事情，这是他根深蒂固的观念，即使做生意发再大的财也不如读书；感谢我的母亲，母亲去世已经多年，但我觉得她还活着，她一直陪伴着我，这也是我往前走的动力。这是我的第一本书，谨以此书献给我的母亲；感谢我的姐姐、姐夫，他们帮我们照看小孩，使我少了一份牵挂；感谢帮我们带孩子的张大姐，大姐是个厚道人，教子有方，好人有好报；感谢我的爱人沈静女士，她教高中生物，每次考试几个平行班评比，分数精确到小数点后两位数字，压力可想而知，好在爱人的课上得好，同事说她"能把普通班带成特长班，把特长班带成英才班"，既要忙工作，又要照看孩子，操持家务，不容易，谢谢！感谢我的儿子徐景行，儿子总能让我在疲惫不堪时得到轻松，儿子对我说："爸爸不写文章了，爸爸写文章，当当看不到爸爸了。"我要对儿子说，爸爸写完论文，一定陪你看日出日落，和你一起回老家看爷爷、去宁夏看外公、外婆。

2018 年 8 月于合肥

图书在版编目(CIP)数据

城乡接合部土地收益分配问题研究 / 徐晓波著. --
北京：社会科学文献出版社，2018.10
ISBN 978 - 7 - 5201 - 3515 - 3

Ⅰ.①城… Ⅱ.①徐… Ⅲ.①土地经营 - 收入分配 -
研究 - 中国 Ⅳ.①F321.1

中国版本图书馆 CIP 数据核字(2018)第 219411 号

城乡接合部土地收益分配问题研究

著　　者／徐晓波

出 版 人／谢寿光
项目统筹／任文武
责任编辑／高　启

出　　版／社会科学文献出版社·区域发展出版中心(010)59367143
　　　　　　地址：北京市北三环中路甲 29 号院华龙大厦　邮编：100029
　　　　　　网址：www.ssap.com.cn
发　　行／市场营销中心 (010) 59367081　59367018
印　　装／天津千鹤文化传播有限公司

规　　格／开本：787mm × 1092mm　1/16
　　　　　　印张：18　字数：265 千字
版　　次／2018 年 10 月第 1 版　2018 年 10 月第 1 次印刷
书　　号／ISBN 978 - 7 - 5201 - 3515 - 3
定　　价／78.00 元

本书如有印装质量问题，请与读者服务中心 (010 - 59367028) 联系